ESPÍRITU SANTO

SANTO

REVELADO EN LA BIBLIA

EL ESPÍRITU SANTO

REVELADO EN LA BIBLIA

STANLEY
M. HORTON

La misión de Editorial Vida es ser la compañía líder en comunicación cristiana que satisfaga las necesidades de las personas, con recursos cuyo contenido glorifique al Señor Jesucristo y promueva principios bíblicos.

EL ESPÍRITU SANTO REVELADO EN LA BIBLIA
Edición en español publicada por
Editorial Vida – 1980
Miami, Florida

Edición Revisada © 1992 por Editorial Vida

Originally published in English under the title:
    What the Bible Says About the Holy Spirit.
    Copyright ©1976
Gospel Publishing House.

Traducción: *René Arancibia M.*
Diseño interior: *Base creativa*
Diseño de cubierta: *Leo Pecina*

ISBN: 978-0-8297-0419-8

CATEGORÍA: Teología cristiana / Neumatología

IMPRESO EN ESTADOS UNIDOS DE AMÉRICA
PRINTED IN THE UNITED STATES OF AMERICA

11 12 13 ❖ 33 32 31 30 29

PRÓLOGO

En el día de Pentecostés el apóstol Pedro hizo referencia a la profecía de Joel para explicar el fenómeno que presenció la gente. Él dijo: «Y en los postreros días, dice Dios, derramaré de mi Espíritu sobre toda carne» (Hechos 2:17).

¿Quién, de entre los estudiosos de la Biblia, puede dudar que estamos viviendo en los últimos días? Los indicadores bíblicos de que este es el tiempo del fin están por todo nuestro alrededor. Para quienes no comprenden el plan profético de Dios, estos son días de angustia. Para los hijos de Dios son, sin embargo, días de aliento y de esperanza. La Biblia nos asegura que podemos esperar un gran derramamiento del Espíritu antes del retorno de nuestro Señor y Salvador, Jesucristo.

Resulta comprensible que Satanás; haga todo cuanto puede para obstaculizar la obra de Dios. Si no puede conseguir que las personas rechacen la enseñanza de las Escrituras, les instará a que se excedan en la medida. De este modo, al estimular el fanatismo o la negligencia, espera que fracase el plan de Dios.

Parte de la respuesta de Dios a los esfuerzos del diablo es el énfasis que hacen corrientemente muchos autores en el Espíritu Santo. Al mismo tiempo que manifestamos nuestro aprecio a todos los escritos provenientes de muchos dedicados estudiosos de la Palabra, vaya nuestra especial gratitud al Doctor Stanley M. Horton por esta monumental obra. Ha de llenar de manera admirable un gran vacío que ha existido en la literatura Pentecostal.

Este volumen es literalmente un comentario sobre el Espíritu Santo. Tal como el autor lo ha expresado: «El propósito de este libro es sencillamente hacer un recorrido por cada uno de los libros de la Biblia y obtener una impresión renovada acerca de lo que ella enseña respecto del Espíritu Santo y de su obra».

En esta obra usted habrá de encontrar excelencia exegética, solidez doctrinal y aplicación práctica. Más que eso, sin embargo, usted hallará un toque inspirador que hará que resulte una delicia referirse a este libro, bien sea para la investigación como para la lectura devocional.

Los que conocen al autor saben que es un humilde y dedicado siervo del Señor, que aprecia la persona y obra del Espíritu Santo. Su vida es una manifestación del fruto del Espíritu; su ministerio, una manifestación de la capacitación del Espíritu.

En circunstancias que este libro es escrito por uno de los grandes eruditos pentecostales de nuestra época, las grandiosas verdades son tratadas en tal manera que todos puedan comprender y sacar provecho de su instrucción. Y cuando usted lo haya leído, tendrá la misma sensación que yo he tenido, es decir, que en la providencia divina este libro llega a la iglesia para un tiempo como éste.

Tomás Zimmerman

Índice

Prólogo 5

1. Introducción: El Espíritu en el mundo de hoy 9

2. El Espíritu en el Pentateuco 17

3. El Espíritu en la historia de Israel 33

4. El Espíritu en los profetas escritores 55

5. El Espíritu en la vida y el ministerio de Jesús 77

6. El Espíritu en la enseñanza de Jesús 99

7. El Espíritu en el libro de Hechos 127

8. El Espíritu en la vida cotidiana 157

9. El Espíritu en el ministerio de los creyentes 185

10. El Espíritu en el ministerio de la Iglesia 209

11. El Espíritu en las demostraciones sobrenaturales 239

1

INTRODUCCIÓN: EL ESPÍRITU

EN EL MUNDO DE HOY

«Ha parecido bien al Espíritu Santo, y a nosotros» (Hechos 15:28). ¡Cuán claramente indica esto la realidad del Espíritu Santo y la relación personal que gozaban con Él los creyentes del primer siglo!

La escena nos muestra el Concilio de Jerusalén, el primer concilio de la Iglesia primitiva. Había surgido la pregunta, ¿cómo podían los creyentes judíos mantener relación fraternal con los cristianos gentiles, siendo que éstos no eran circuncidados, no comían comida *kocher* y provenían de la cultura griega sumamente inmoral de aquella época? Los apóstoles, los ancianos y una gran multitud de creyentes se había reunido para resolver el asunto. Algunos fariseos convertidos insistían en que los convertidos gentiles debían circuncidarse y guardar la ley de Moisés. Pedro les hizo recordar cómo Dios había dado el Espíritu Santo a los gentiles en la case de Cornelio, antes que tuviesen oportunidad de hacer buenas obras, por no decir nada respecto de guardar la ley. Pablo y Bernabé contaron de los milagros que Dios había realizado por intermedio de ellos entre los gentiles.

Santiago, el hermano de Jesús, dio finalmente una palabra de sabiduría que agradó a toda la iglesia. Entonces ellos escribieron cartas en que se hablaba de su decisión. Pero estas cartas no decían: «Ha parecido bien a Santiago, como anciano principal de la iglesia de Jerusalén», ni decían tampoco: «Ha parecido bien a Pedro y a los apóstoles», ni siquiera: «Fue el consenso de los hermanos, según lo indicó la mayoría de los votos». En todas sus «disputas» (investigación, discusión, debate; Hechos 15:7), ellos estaban conscientes de la presencia de una Persona divina entre ellos, la que los guiaba y los conducía a la verdad. De este modo, no era meramente lenguaje piadoso cuando decían: «Ha parecido bien al Espíritu Santo y a nosotros».

Esta conciencia de la realidad del Espíritu Santo se halla presente a través de toda la Biblia, desde el Génesis hasta el Apocalipsis. Muchos escritores del Antiguo Testamento se refieren al Espíritu, y solo tres de los libros del Nuevo Testamento no lo mencionan (y todos éstos son muy cortos: Filemón y 2 y 3 de Juan).

Es cierto que Jesucristo es la figura clave en todos los planes de Dios. El Espíritu Santo mismo enfoca la atención sobre Cristo y busca glorificarle (Juan 15:26; 16:14). Pero esto no quiere decir que el Espíritu Santo sea ignorado en la Biblia, o que sea alguna vez tratado como una especie de vaga influencia o de energía imperceptible. Se le reconoce como una persona verdadera, con inteligencia, sentimientos y voluntad.

Explícita e implícitamente la Biblia trata al Espíritu Santo como una Persona claramente discernible. «El que escudriña los corazones sabe cuál es la intención del Espíritu, porque conforme a la voluntad de Dios intercede por los santos» (Romanos 8:27). «El Espíritu todo lo escudriña» (1 Corintios 2:10). Es así como Él actúa con inteligencia y sabiduría. (Véanse Efesios 1:17; Isaías 11:2.) Tiene emociones y es susceptible de ser ofendido o vejado (contristado, herido; Efesios 4:20; Isaías 63:10). Él distribuye dones a cada uno «como él quiere» (1 Corintios 12:11). Guió a la Iglesia primitiva y dirigió los movimientos misioneros claves en formas definidas, específicas y personales. (Véanse Hechos 13:2; 16:6.) Juan llega al extremo de usar pronombres personales masculinos para atraer la atención a la personalidad del Espíritu. (La palabra *Espíritu* en griego siempre es neutra, y gramaticalmente requiere pronombres neutros.)

Lo que es todavía más importante, resulta evidente que los hombres y mujeres que la Biblia nos muestra que fueron movidos por el Espíritu, le conocían en una manera personal y definida. Si preguntara usted a los jueces o a los profetas del Antiguo Testamento si el Espíritu Santo había venido sobre ellos, jamás responderían con un «así lo creo», o, «espero que así sea». Leemos que «el Espíritu del Señor vino sobre (lo revistió) Gedeón, y … éste tocó el cuerno» (Jueces 6:34). No fue éste un toque suave y secreto. Cuando un león joven rugió ante Sansón, «El Espíritu de Jehová vino sobre Sansón, quien despedazó al león como quien despedaza un cabrito» (Jueces 14:6).

Cuando el Espíritu del Señor vino sobre Saúl, éste profetizó y fue «mudado en otro hombre» (1 Samuel 10:6, 10). Después de una serie de ilustraciones de causa y efecto, Amós dice: «Si el león ruge, ¿quién no temerá? Si habla Jehová el Señor, ¿quién no profetizará?» (Amós 3:8). Había dentro de él una compulsión interna que lo movía y que era tan fuerte como el temor que infunde el león en el hombre a quien persigue. Miqueas sabía que estaba «lleno de poder del Espíritu de Jehová» para lidiar con los pecados de Israel (Miqueas 3:8).

Tampoco hay incertidumbre en cuanto a la realidad y la acción definida del Espíritu Santo en el Nuevo Testamento. Por causa de Juan el Bautista, el Espíritu vino sobre Jesús en forma visible, como de paloma. El sonido de un viento y lenguas de fuego anunciaron su presencia en el Día de Pentecostés.

Aun cuando sus otras manifestaciones a la Iglesia fueron invisibles, fueron sin embargo muy claramente definidas. En tres ocasiones se halla registrado específicamente que los creyentes hablaron en otras lenguas (Hechos 2:4; 10:46; 19:6). En una ocasión el lugar fue sacudido (Hechos 4:31) y todos hablaron la palabra de Dios con confianza. El consuelo (aliento) del Espíritu Santo fue un factor muy importante en el crecimiento de la Iglesia primitiva (Hechos 9:31). Ellos no tenían que adivinar si el Espíritu estaba presente o si no estaba. Ellos lo sabían positivamente.

El Espíritu Santo proveyó el calor, el dinamismo y el gozo que caracterizaron al movimiento completo del evangelio durante el siglo primero. Cada parte de la vida cotidiana de los creyentes, incluidos su trabajo y adoración, estaba dedicada a Jesucristo como Señor, y se hallaba bajo la dirección del Espíritu Santo. Por cierto que esto no significa que sus propias mentes o su inteligencia quedaban excluidas, o que eran movidos solo por la emoción. La emoción tenía «un lugar vital, el que el exagerado énfasis intelectual de muchos protestantes en la actualidad no logra valorizar adecuadamente». Pero se esperaba de ellos que escudriñaran las Escrituras, que aceptaran pruebas razonables, y que en comprensión (pensamiento) fueran hombres (maduros). (Véanse 1 Corintios 14:20; Hechos 17:11; 28:23.)

No obstante, su vida cristiana entera y su adoración, trascendían lo meramente natural y humano. Lo sobrenatural era una parte de la experiencia de cada uno. En su vida diaria ellos no intentaban desarrollar algunas cosas a nivel humano y otras a nivel del Espíritu. Las cualidades que ellos necesitaban con el fin de trabajar juntos y de presentar un testimonio mediante sus vidas no eran gracias ordinarias, sino el fruto del Espíritu (Gálatas 5:22, 23). Jamás se les ocurrió pensar que si una persona hacía un gran esfuerzo podría vivir una vida buena y agradar a Dios. Ellos sabían que necesitaban la ayuda constante del Espíritu. En su adoración sabían que eran totalmente insuficientes de sí mismos para alabar y glorificar al Señor. Esperaban que estuvieran presentes el canto en el Espíritu, la oración en el Espíritu, y los dones y ministerios del Espíritu (1 Corintios 14:15. 26). No reclamaban milagros externos todos los días, pero cada día era un milagro, pues vivían y caminaban en el Espíritu.

Esa experiencia personal con el Espíritu Santo es todavía una de las marcas distintivas del cristianismo. En un curso que me introdujo al estudio de las religiones comparadas, el profesor señaló que las religiones no cristianas dicen cosas buenas. Algunas tienen altos niveles morales. Unas pocas enfatizan la existencia de un Dios verdadero. Otras aun tienen una especie de trinidad (o más bien una tríada). Muchas presentan un camino de salvación de alguna especie. Algunas aun hablan de una resurrección. Pero ninguna de ellas ofrece algo semejante al Espíritu Santo. Todas ellas dejan que la gente haga con sus propias fuerzas las buenas cosas que piden. Podría decirse que lo que ellas procuran hacer es que la gente se levante a sí misma tirando de los cordones de sus zapatos.

Jesús dijo: «No os dejaré huérfanos» (Juan 14:18). Procedió entonces a prometer un Consolador, Ayudador, Abogado, Maestro y Guía. El Espíritu Santo cumple todas estas funciones. Es un Amigo personal adecuado para todas nuestras necesidades.

Crece el número de los escritores y eruditos que reconocen esto. John V. Taylor, en un libro reciente, llama la atención al argumento de Trevor Ling de que lo que distingue a la religión del Antiguo y Nuevo Testamento de las grandes religiones de Asia es «la naturaleza de la experiencia profética… el profeta, durante la experiencia de revelación, llega a estar consciente de la naturaleza personal de la realidad trascendente que se ha apoderado de él».

No obstante, parece ser que la dependencia del Espíritu Santo y de la sabiduría de lo alto no eran muy populares entre los maestros y filósofos de los tiempos del Nuevo Testamento. Pablo advirtió a Timoteo que se cuidara de los argumentos (objeciones, contradicciones, antítesis) de la falsamente llamada ciencia (conocimiento, 1 Timoteo 6:20). Algunas de las objeciones pueden haber estado en esta misma línea de rechazo a la persona y a la relación personal del Espíritu Santo. Al menos, no pasó mucho tiempo antes que los falsos maestros llegaron al punto de declarar que el Espíritu era solamente «la energía ejercida de Dios». Pero todas las objeciones y antítesis de estos maestros conducían solo a la confusión. La dependencia de Cristo y del Espíritu Santo es el único camino que conduce a la paz.

Como actitud que va en aumento, el mundo de hoy ha quitado a Dios de su trono y ha colocado en su lugar al ego y a la razón humana. La tendencia es a exaltar el ego mediante el éxito, el dinero, la posición social, la fama. Aun los proyectos para ayudar a otros o para aliviar los sufrimientos de la humanidad a menudo son motivados por un deseo de satisfacción con los logros personales. El mundo dice, en manera semejante al faraón de la antigüedad: «¿Quién es Jehová, para que yo oiga su voz?» (Éxodo 5:2). Para el hombre secular de la actualidad resulta sumamente humillante inclinarse ante Cristo y aceptar el hecho de que es pecador y que no puede hacer nada para conseguir su salvación. Sin embargo, es un hecho que «el Alto y Sublime, el que habita la eternidad, y cuyo nombre es el Santo» habita «en la altura y la santidad (el cielo)», pero todavía tiene especial deleite en venir y habitar «con el quebrantado y humilde de espíritu» (Isaías 57:15).

El reconocimiento de que no somos autosuficientes, sino totalmente dependientes de Cristo y del Espíritu Santo para hacer cualquier cosa que agrade a Dios, y la prontitud para dar a Él toda la alabanza, es el secreto del éxito del movimiento pentecostal en la actualidad. Aun más que eso, los pentecostales mantienen la firme posición de creyentes en la Biblia, lo que les diferencia de los así llamados liberales. La línea de demarcación se halla no solo en la aceptación del nacimiento virginal, de la cruz, o de la resurrección. Es más bien lo sobrenatural mismo. Los que se oponen al evangelio sencillo de Cristo, los que procuran privar a la Biblia de sus milagros, los que mutilan el Nuevo Testamento y hacen de Jesús una figura vacía — un maestro descolorido y errado — todos construyen sus teorías sobre un prejuicio contrario a lo sobrenatural.

La mayoría de estos opositores a lo sobrenatural argumentan que deben quitar lo sobrenatural de la Biblia con el fin de hacer que el evangelio sea aceptable y aplicable al hombre moderno. En verdad, lo opuesto es lo correcto. Constantemente me encuentro con personas cuyas vidas han sido transformadas y revitalizadas por el Espíritu. Un ejemplo reciente fue el de un sacerdote episcopal de Florida. Cuando se le pedía que oficiara en un culto fúnebre, solía mascullar lo más rápido que le era posible pasajes como el que dice: «Los muertos en Cristo resucitarán primero. Luego nosotros los que vivimos, los que hayamos quedado, seremos arrebatados juntamente con ellos en las nubes para recibir al Señor en el aire, y así estaremos siempre con el Señor» (1 Tesalonicenses 4:16, 17). Él esperaba que nadie comprendiera lo que decía, por cuanto él no podía creerlo y tampoco concebía que lo creyeran los demás.

Se hallaba empeñado en la lectura del libro del Obispo Robinson *Honest to God* (Sincero con Dios) junto con las obras de otros teólogos de la doctrina de que Dios está muerto y la de algunos filósofos existencialistas. Procuraba, según dijo, «hallar alguna excusa para que un hombre sin convicciones como yo permaneciese en el ministerio». Finalmente, cierto día determinó que había realizado su último culto en la iglesia. Decidió que había concluido con el ministerio. Esa noche fue invitado a un hogar donde halló a un grupo de felices cristianos llenos del Espíritu. En presencia del movimiento genuino del Espíritu Santo todos sus argumentos se derrumbaron. Halló a Cristo, recibió el bautismo en el Espíritu Santo, y entró a un nuevo y maravilloso ministerio pentecostal. Ahora él ama la Biblia y aguarda con gozosa esperanza la venida de Jesucristo. Incidentes de esa clase podrían multiplicarse por centenares.

Es digno de notarse que todas las grandes denominaciones de los Estados Unidos, en sus primeros tiempos, levantaron barreras de credos en contra del liberalismo y contra la crítica destructiva de la Biblia. Pocas son las que han tenido éxito en mantener al margen esa clase de incredulidad. Hoy los pentecostales se hallan en primera línea en la batalla contra el enemigo de la verdad, que es también el enemigo de nuestras almas. El hombre moderno necesita la plena iluminación que viene mediante la persona del Espíritu cuando mora interiormente con poder.

Gracias a Dios, hay en la actualidad un interés creciente, tanto en el evangelio de nuestro Señor Jesucristo como en la persona y obra del Espíritu Santo. Hace algunos años atrás, cuando me hallaba en el seminario, uno de mis profesores preguntó en una clase de Nuevo Testamento de cien personas provenientes de veinticinco diferentes denominaciones: «¿Cuántos han oído un sermón sobre el Espíritu Santo durante los últimos cinco años?» Solo tres o cuatro de nosotros levantamos nuestras manos. Él añadió: «¿Y en los últimos diez años?» Dos o tres más levantaron la mano. En aquel tiempo había pocos libros sobre el Espíritu Santo. Debido en parte al testimonio fiel de los pentecostales, esto ya no es así. La literatura sobre el Espíritu Santo abunda en segmentos de la Iglesia cada vez más grandes.

El propósito de este libro es simplemente ir a través de la Biblia libro por libro y tener un cuadro fresco de lo que ella enseña respecto del Espíritu Santo y de su obra. Luego un capítulo final habrá de resumir y aplicar lo que descubramos.

Se ha elegido el examen libro por libro por cuanto se acomoda bien con la forma en que se escribió la Biblia. En la Biblia hallamos una revelación progresiva, paso por paso, de Dios y de su plan.

En el Antiguo Testamento el énfasis principal que se necesitaba se hallaba en el único y verdadero Dios. Israel era como una isla en media de todo un mundo de politeísmo. Era necesario tratar con esto primeramente. Mientras se adoraran ídolos «debajo de todo árbol verde», como suceda en los días de Jeremías y de Ezequiel, Israel no estaría listo para la revelación plena de la deidad del Mesías y de la personalidad del Espíritu Santo. Por eso solo se elude a ellos en el Antiguo Testamento.

Ya en los tiempos del Nuevo Testamento los judíos habían aprendido su lección. En el mundo entero se les conocía como adoradores de un solo Dios. Había llegado el tiempo para el siguiente paso en la revelación y plan de Dios.

2

EL ESPÍRITU EN EL
PENTATEUCO

La Biblia nos presenta desde el comienzo mismo al Espíritu de Dios. «En el principio creó Dios los cielos y la tierra. Y la tierra estaba desordenada y vacía (despoblada, deshabitada); y las tinieblas estaban sobre la faz del abismo (el océano primitivo), y el Espíritu de Dios se movía sobre la faz de las aguas» (Génesis 1:1, 2). De este modo, el Espíritu de Dios está asociado con la actividad creativa de Dios.

En verdad, la Biblia atribuye todas las obras de Dios en un sentido absoluto a cada miembro de la Trinidad, tanto individual como colectivamente. Cada una de las Personas divinas tiene su función específica. Sin embargo, todas ellas trabajan en perfecta armonía y en cooperación en todo tiempo.

La Creación es un primer ejemplo. La Biblia habla de Dios el Padre como el Hacedor del cielo, de la tierra, del mar y de todo lo que está en ellos (Hechos 4:24). También habla del Hijo (el mismo Verbo dador de vida que se hizo carne y que habitó entre nosotros) como el Agente secundario en la creación. «Todas las cosas por él fueron hechas; y sin él (aparte de él) nada de lo que ha sido hecho, fue hecho» (Juan 1:3). Aquí la fraseología nos muestra que Dios habló por medio de su Hijo del mismo modo como lo hizo mediante los profetas. Él fue la Palabra viva por medio de quien Dios hizo que los mundos existieran. Desde el principio Él fue el Mediador entre Dios y el hombre (1 Timoteo 2:5).

El Espíritu también es reconocido en otros lugares. El salmista dice: «Envías tu Espíritu, son creados, y renuevas la faz de la tierra» (Salmo 104:30). El Espíritu se conecta de esta manera tanto con la creación como con la providencia continua de Dios (véase también Isaías 40:12, 13). Otros pasajes que se refieren al Espíritu también usan terminología que indica aliento de Dios (Job 26:13; 33:4; Salmo 33:6).

La Biblia enfatiza también que los cielos y la tierra fueron creados por su poder y sabiduría (Salmo 136:5; Proverbios 3:19; 8:23-30; Jeremías 10:12; 51:15). Se presenta su poder de un modo gráfico mediante la mención de manera concreta de sus manos y sus dedos (Salmo 8:3; 95:5; 102:25; Isaías 45:12; 48:13). Se equilibra eso mediante un énfasis en que todos ellos fueron hechos por su Palabra (Salmo 33:6, 9; 148:5).

Espíritu, Viento, Aliento

La mayoría de los eruditos interpreta «espíritu» en Isaías 34:16 con el significado de aliento, ya que es paralelo a «boca». Muchos en la actualidad tienen dificultad también en traducir Génesis 1:2 como «Espíritu». La Nueva Biblia Inglesa *(New English Bible),* en su afán por seguir el pensamiento de algunos eruditos judíos y de otros entre los más liberales, dice: «La tierra estaba sin forma y vacía, las tinieblas cubrían la faz del abismo, y un poderoso viento soplaba sobre la superficie de las aguas». Esa versión tal vez se deba al deseo de darles gusto.

La verdad es que la palabra hebrea para espíritu *(ruach)* del mismo modo como la palabra griega *(pneuma)* puede significar viento, aliento, o espíritu. Se usa para representar una amplia gama de expresiones con relación a la naturaleza, la vida de los animales, del hombre y de Dios. Alguien ha sacado la cuenta de que hay por lo menos 33 diferentes variantes de significado que puede dársele a la palabra en diferentes contextos.

En Éxodo 14:21 se emplea la palabra *ruach* para designar el fuerte viento que sopló hasta que los israelitas pudieron cruzar sobre tierra seca. «El aire del día» (Génesis 3:8) es una referencia a las brisas frescas de la tarde. En el desierto, un «viento de Jehová» trajo codornices desde el mar (Números 11:31). Poéticamente, el salmista habla de «las alas del viento» (Salmo 18:10; 104:3). El Señor también envió un «gran viento» cuando Jonás huyó hacia Tarsis (Jonás 1:4).

Génesis 2:7 usa una palabra diferente para el aliento de vida (hebreo, «vidas»). Pero 6:17 emplea *ruach* para aliento, y 7:22 combina las dos palabras («aliento de espíritu de vida»), y así se demuestra la estrecha relación de las ideas de espíritu y de aliento. Job también usa esta palabra cuando habla de tomar aliento (Job 9:18; véase también 19:17).

La mayoría de los escritores considera que el sentido original de la palabra empleada para espíritu *(ruach)* es viento, brisa, aire en movimiento. Algunos insisten en que siempre, tanto en griego como en hebreo, mantiene este significado fundamental, bien sea en el sentido de viento o de aliento; es decir, aire que se mueve por dentro o por fuera del hombre. Otros consideran que ya sea que se traduzca Espíritu o aliento, cuando se refiere a cosas vivas se trata del don de Dios, que viene de Él y regresa a Él (Génesis 6:3, 17; 7:15, 22; Job 33:4; 27:3; Salmo 104:29, 30; Eclesiastés 12:7). En este sentido, «espíritu» puede considerarse como una energía de vida, o energía que concede vida, que solo Dios posee en forma permanente por su propia naturaleza (Isaías 31:3; Juan 5:26). Por consiguiente, es de aceptación general que la naturaleza separada del Espíritu Santo no es revelada completamente en el Antiguo Testamento. Se le pone a la par con el poder de Dios o la presencia personal de Dios en acción.

A la luz de esto, la lectura «un poderoso viento» no parece apropiada en Génesis 1:2. Aquellos comentaristas liberales que piensan que «el Espíritu de Dios» es una traducción equivocada posiblemente estén demasiado influenciados por ideas naturalistas y evolucionistas. Algunos tratan de compararlo con Génesis 8:1, donde Dios hizo pasar un viento sobre la tierra de modo que las aguas del diluvio comenzaran a bajar.

Algunos liberales admiten que la traducción «poderoso» de la *New English Bible* resulta insuficiente. Ellos concuerdan en que si se usa la palabra Dios en calidad de adjetivo, «un dios de un viento», debe significar cuando menos «divino, sobrenatural, solemne».

El Espíritu que revolotea

Las palabras bíblicas deben estudiarse en su propio contexto. La fraseología de Génesis 1:2 no es absolutamente igual a la de Génesis 8:1. El verbo es totalmente diferente. Génesis 1:2 establece que el Espíritu de Dios se *movía* (continuamente) sobre la faz de las aguas. La palabra *movía* se emplea de esa manera solo en otro lugar (Deuteronomio 32:11). Allí describe un ave madre que cubre su nidada de manera vibrante, protectora. (El significado no es de «empollar». No es el caso de un pensamiento mitológico o de empollar huevos.) «Un poderoso viento» no revolotea. Es contradictorio, casi absurdo, describir a un violento viento, el cual algunos comparan aun con un tornado, como si revoloteara suavemente sobre las aguas.

Un examen más de cerca de todo el capítulo primero de Génesis muestra que Dios es el sujeto de la mayoría de las declaraciones del capítulo. Leemos que Dios creó, Dios vio, Dios llamó, Dios hizo, Dios bendijo. El cuadro entero nos muestra a Dios en acción. No un dios cualquiera, sino el único Dios verdadero. A consecuencia de esto vemos que los hebreos miran la palabra Dios aquí como un nombre definido. Una regla común en la gramática hebrea hace que la palabra

Espíritu sea definida también. De este modo, la única traducción que cuadra con todo el contexto es «el Espíritu de Dios». Tal como ya hemos visto, esto armoniza con la enseñanza clara del resto de la Biblia en el sentido de que el Padre, el Hijo y el Espíritu Santo trabajaron en cooperación perfecta en la integridad de la obra de la creación.

Cierto es que Génesis no hace énfasis sobre esto. El mundo no estaba listo para la revelación de la Trinidad. A causa del politeísmo que rodeaba a Israel, era más importante demostrar que la creación tuvo su origen en el único verdadero Dios y no en los muchos dioses de las naciones de aquel tiempo. Por la misma razón, Génesis 1:2 no explica exactamente cuál fue la obra del Espíritu de Dios. Era evidentemente preparatoria para el orden y propósito que fueron cumplidos por Dios en los seis días de creación que vinieron a continuación. Nos permite saber que aun cuando todo era oscuridad, Dios estaba activo. Aunque la tierra no tenía todavía su forma final y se hallaba deshabitada, no era un caos. Dios estaba allí.

Sin embargo, Dios permanece separado de su creación. Actúa sobre ella pero no se constituye en parte de ella. El énfasis que se nota a medida que se continúa el proceso de creación se halla en el hecho de que todo procede de Dios. La vida no se eleva de la tierra de sí misma, sino que es el resultado de la Palabra creadora. En cada paso Dios habla, Dios crea, Dios hace. Aun cuando Él ordena que el mar y la tierra seca produzcan criaturas vivientes («almas de vida»; almas vivientes, seres vivos cada uno con su propia vida como un individuo), Él se adelanta para crearlos o hacerlos. (Véase Génesis 1:20, 21, 24, 25.)

La creación del hombre

El clímax llega cuando Dios dice: «Hagamos al hombre a nuestra imagen, conforme a nuestra semejanza» (Génesis 1:26). Aunque nada se dice aquí respecto del Espíritu Santo, la Biblia muestra que la imagen y semejanza tienen relación con la naturaleza moral y espiritual del hombre. Pablo ora que los creyentes sean «fortalecidos con poder en el hombre interior por su Espíritu» y va más allá hasta instarles a que se vistan «del nuevo hombre, creado según Dios (a imagen y semejanza de Dios) en la justicia y santidad de la verdad» (Efesios 3:16; 4:24). Por tanto, es razonable creer que el Espíritu Santo estaba tan activo en Génesis 1:26-28 como lo estaba en Génesis 1:2, si es que no más.

Génesis 2:7 proporciona más detalles. Dios formó (modeló, dio forma como lo haría un alfarero) al hombre del polvo (húmedo) de la tierra (tierra roja), y sopló en su nariz aliento de vida (hebreo, *vidas)*, y el hombre llegó a ser un alma viviente (ser, persona, individuo). Además, aun cuando no se menciona al Espíritu Santo, es razonable creer que se hallaba activo junto con el Padre y el Hijo.

Los comentarios más antiguos tratan de hallar importancia en el plural hebreo, «aliento de vidas», haciendo que se refiera a la vida animal y a la intelectual, o vida física y vida espiritual. La vida muestra que el propio espíritu del hombre procede de Dios y retornará a Él (Eclesiastés 12:7; Lucas 23:46; véase además Juan 19:30, donde Jesús entregó su Espíritu). Otros pasajes enfatizan también que Dios es la fuente de vida y que su Espíritu la produce (Job 22:7; 33:4). Si Él lo retirara, toda clase de vida se acabaría (Job 34:15).

Sin embargo, la posesión del «aliento de vidas» se emplea para describir a todos los que murieron en el diluvio (Génesis 6:17; 7:22), así como a los animales que entraron en el arca (Génesis 7:15). Así que, un punto de vista más razonable reconoce que el plural hebreo no se refiere a distintas clases de vida aquí. En hebreo el plural se emplea a menudo para algo que está lleno o que fluye. (Agua siempre aparece en plural en hebreo.) Se usa también para algo que muestra muchos aspectos o expresiones. (Las palabras rostro y cielo también son siempre plurales en hebreo.) La atención en Génesis 2:7 no está tanto en la calidad de la vida sino en la fuente de la misma. El «aliento de vidas» pudiera simplemente significar el aliento de Dios o el Espíritu que produce vida, que le da al hombre su «aliento de vida» su facultad de vivir. En cualquier caso, el Nuevo Testamento contrasta lo que Adán recibió con lo que Cristo es. Él, el último Adán, es más que un alma viviente. Él es un Espíritu que da vida (1 Corintios 15:45).

El Espíritu que contiende, que juzga

Cuando el hombre pecó fue desvinculado de la comunión que gozaba con Dios en el huerto del Edén. Pero el hecho de que el Espíritu de Dios continuó en tratos con el hombre después de la caída es aparente en Génesis 6:3, donde se anuncia la conclusión de dicho trato. «No contenderá mi espíritu con el hombre para siempre, porque ciertamente él (la humanidad) es carne; mas serán sus días (los de la humanidad) ciento veinte años».

Este es un pasaje difícil en muchos sentidos. Probablemente los ciento veinte años se refieren a un período de gracia que Dios concedía a la humanidad antes que viniera el diluvio y los destruyera a todos (con la excepción de Noé y su familia). La palabra *contender* se interpreta con los significados de gobernar, juzgar, proteger, morar, o intervenir. La traducción «morar en» que ha sido elegida por algunas versiones modernas (incluida la *Revised Standard Version*) como también por varias versiones antiguas no tiene otro valor que el de la suposición. Parece que en el hebreo no hay base para ella. Sin embargo, muchos eruditos la aceptan y al versículo le dan el significado de que el Espíritu de Dios (como principio vital o como el aliento de Génesis 2:7) no habría de mantener su morada (su lugar de asiento) en el hombre a causa del pecado y la debilidad de éste. Pero la mayoría de los que adoptan esta posición se muestran muy inseguros e indecisos sobre el particular.

La traducción *gobernar* es una aplicación del significado «juzgar». (El hecho de que los jueces juzgaban vino a significar que ellos gobernaban.) Proteger es otro aspecto de «juzgar» en el sentido en que un juez debiera ser un protector de los débiles. Este significado tiene algún respaldo de las lenguas semíticas relacionadas. La mayoría de los intérpretes modernos da a «mi Espíritu» la significación del espíritu que Dios sopló en el hombre. Esto puede ser posible, pero es un empleo que no se halla en ningún otro lugar de la Biblia. En cualquier otro lugar, «mi Espíritu» tiene la significación del Espíritu Santo, el Espíritu de Dios.

En realidad, el significado más sencillo del verbo traducido «contender con» es «juzgar entre». El nombre Dan («juez») se deriva de la misma raíz (Génesis 49:16). Aunque no es la palabra más común para juez, se emplea para designar al Señor cuando juzga y vindica a Israel (Deuteronomio 32:36; Salmo 50:4; 72:2; 135:14) como también cuando juzga al mundo (1 Samuel 2:10; Salmo 110:6). Esto parece calzar mejor que cualquiera de los otros significados propuestos. En cierto sentido, juzgar corresponde también con la interpretación tradicional de contender con él como lo señala Leupold, la humanidad antes del diluvio no carecía de la Palabra de Dios, la que le había llegado por medio de hombres piadosos como Enoc y Noé. El Espíritu Santo actuaría como juez, al usar la Palabra dada hasta ese tiempo para instruir, exhortar, censurar y convencer a los hombres. En este sentido, el juicio del Espíritu sería verdaderamente una contienda con los hombres «para mantenerlos alejados de sus malos caminos».

Otra pregunta surge cuando algunos escritores intentan ligar este pasaje con Judas 6 y hacer que los ángeles que pecaron tengan participación en la causa del diluvio. Esto levanta más problemas a causa del gran énfasis que aquí se hace sobre la humanidad y sobre la carne (débil, frágil, carne humana no regenerada). Al menos, tiene poco apoyo aquí la idea de que el Espíritu cese de juzgar.

Abraham y los patriarcas

Después que el hombre fracasó en la torre de Babel y que la nueva variedad de lenguas trajo confusión y produjo la dispersión, el libro de Génesis cesa de tratar con la humanidad como un todo. El resto del libro tiene que ver con Abraham y con la línea elegida que proviene de él. La mayor parte de las menciones del Espíritu Santo en el resto del Antiguo Testamento tienen que ver con Israel.

Alguien ha dicho: «La historia de la Biblia es la historia de los hombres llenos del Espíritu». «Tal vez esto no resulte muy aparente en la historia de los patriarcas, pero sería muy extraño si Abraham, a quien Pablo considera uno de los más grandes ejemplos de fe (Romanos 4:1-22; Gálatas 3:6-18), no fuese un hombre del Espíritu.

Efectivamente, existe una clara indicación de que lo fue, aun cuando las circunstancias parezcan algo extrañas. Abraham había dicho que su esposa era su hermana (en verdad, ella era su medio hermana) y había dado ocasión para que fuese llevada al harén del rey Abimelec.

Cuando se hacia un tratado en que se permitía que un hombre poderoso permaneciera en un país vecino, la costumbre exigía que el tratado fuese sellado mediante el depósito de una hija o hermana en el harén, en calidad de rehén, para garantizar la buena conducta del huésped. Dios se hizo cargo de la situación y protegió a Sara por medio de advertir a Abimelec que la devolviera a Abraham. Puesto que Abraham era profeta, oraría luego por Abimelec (Génesis 20:7).

Profeta significa vocero de Dios. (Véase Éxodo 7:1; 4:16 para notar cómo las palabras *profeta* y *vocero* se emplean indistintamente. Véase también Deuteronomio 18:18-22.) Todavía más importante, los profetas eran hombres del Espíritu: «santos hombres de Dios hablaron siendo inspirados (llevados, dirigidos) por el Espíritu Santo» (2 Pedro 1:21).

Abraham merecía la designación de profeta, por cuanto Dios habló a menudo con él y le dio instrucciones no solo para sí mismo sino también para otros. Abraham también habló a otros y los invitó a adorar a Dios. Sus altares fueron invitaciones a adorar públicamente a Dios y fueron también testimonios de la verdad del único Dios. Su intercesión por Sodoma fue también el tipo de cosas que caracterizó a los profetas. La mayoría de los profetas fueron intercesores, especialmente Moisés (Números 14:13-20; Deuteronomio 9:20); y Samuel (1 Samuel 7:5; 12:19, 23); Jeremías (7:16); y Amós (7:2, 5).

Dios respondió la oración de Abraham en favor de Abimelec (Génesis 20:17). Más tarde, el salmista aplicó el principio enseñado en este pasaje al resto de los patriarcas: Isaac, Jacob y José (Salmo 105:9-22). En lo concerniente a ellos, este salmo dice: «No toquéis, dijo, a mis ungidos, ni hagáis mal a mis profetas» (105:15). José, en forma muy especial, fue reconocido por la unción de la cual habla el salmista. Después que interpretó el sueño de Faraón, Faraón dijo: «¿Acaso hallaremos a otro hombre como éste, en quien esté el espíritu de Dios?» (Génesis 41:38). Faraón vio que no había otra explicación para la sabiduría y clarividencia que demostraba este esclavo hebreo que tan recientemente había estado en la cárcel. José era de veras un hombre lleno del Espíritu, equipado por el Espíritu de Dios para la obra para la cual fue llamado.

La construcción del tabernáculo

Los israelitas que siguieron a José a Egipto fueron esclavizados, y el hombre que Dios escogió para libertarlos fue también un hombre lleno del Espíritu. Dios reconoció a Moisés como el mayor profeta de su tiempo. Otros profetas contemporáneos experimentarían que Dios les hablaba mediante sueños y visiones solamente, pero a Moisés Dios le habló directamente, «cara a cara», como en una conversación con un amigo (Números 12:6-8).

Es verdad que en el suceso de la zarza que ardía Moisés se quejó que él no podía hablar bien y que Dios señaló a Aarón como el profeta o vocero de Moisés. Pero Dios todavía le habló a Moisés, y Moisés le hablaría después a Aarón. De ese modo, Moisés seguía siendo el verdadero profeta (Éxodo 3:4; 4:10-16).

En cada punto de las relaciones de Moisés con Faraón e Israel, Dios siguió hablándole a Moisés. En Sinaí Dios le habló directamente a la gente en la entrega inicial de los diez mandamientos (Éxodo 20:1-17). Pero la gente se espantó tanto a causa de la voz de Dios y de las señales y sonidos acompañantes que se retiraron a la parte más lejana del valle. Entonces le rogaron a Moisés que él hablara con ellos en vez de Dios (Éxodo 20:18, 19). De ese modo, solo se le permitió a Moisés ascender a la cumbre del monte Sinaí donde él recibiría la ley escrita en tablas de piedra, así como las instrucciones para el tabernáculo.

El tabernáculo era un proyecto cuya intención era la de ayudar a los israelitas a que aprendieran a trabajar unidos, como también un lugar donde Dios pudiera manifestar continuamente su presencia. Todos podían participar. Aquellos cuyos corazones estuviesen dispuestos podían traer oro o plata. Si no tenían esto, podían traer bronce (cobre). El azul, la púrpura, la escarlata y el lino fino eran necesarios, y también se necesitaba el pelo de cabras. Podían aportar igualmente su destreza (Éxodo 25:1-9; 35:5-9, 20-26). Pero en toda circunstancia hay quienes nada tienen y nada pueden hacer. Los tales debían venir para ser enseñados. Dios prometió llenar a dos hombres — Bezaleel y Aholiab — con el Espíritu para que aguzaran su propia destreza y para habilitarlos para enseñar también a otros (Éxodo 31:2, 3; 35:30, 31).

Esta plenitud del Espíritu sería la fuente de «sabiduría … inteligencia … ciencia y … todo arte». En otras palabras, el Espíritu les supliría de ayuda sobrenatural en conexión con las tareas prácticas de la preparación de materiales para el tabernáculo, el que resultaría útil y hermoso a la vez.

Sabiduría en el Antiguo Testamento significa por lo general sabiduría práctica y destreza que hace posible que uno consiga lo que se propone. *Inteligencia* incluye generalmente perspicacia y decisiones inteligentes. Ciencia incluye el conocimiento que ve lo que debe hacerse y la mejor manera de hacerlo. Todo esto vino del Espíritu. Bezaleel y Aholiab no habían de depender solo de sus habilidades y destreza natural. Aun cuando tendrían que trabajar duramente, habían de depender al mismo tiempo del Espíritu y recibir ayuda de Él. Fíjese, no obstante, que no todos los obreros fueron llenos, sino solo aquellos dos que fueron especialmente nombrados y escogidos por el Señor.

Moisés y los ancianos de Israel

La Biblia no menciona específicamente la conexión del Espíritu con Moisés sino hasta Números 11:10-30. Los Israelitas se habían trasladado desde Sinaí hasta el desierto y murmuraban (se quejaban) respecto del maná. Esteban cansados de tener maná para el desayuno, maná para el almuerzo y maná para la cena. No hacían otra cosa sino pensar en el pescado, los melones, los puerros y los ajos que habían comido anteriormente con tanta abundancia en Egipto. En realidad, el maná no era tan malo. Podía prepararse en diferentes formas. Pero la incredulidad y la autocompasión les hacían olvidar la esclavitud que estaba ligada a todas esas especies alimenticias en Egipto. La incredulidad les llenaba también de un espíritu rebelde que no les permitía aceptar la provisión o la dirección de Dios. No estaban dispuestos a confiarse en las manos de Dios. Pronto toda la multitud lloraba pidiendo «carne» (o pescado).

Esto sobresaltó a Moisés. La presión era demasiado grande. Le dijo a Dios que él no era capaz de cuidar de esta multitud de bebés espirituales. Efectivamente, le dijo a Dios que si iba a dejar que él solo llevara toda la carga, sería mejor que lo matara en el acto. De cualquier modo, la tarea había de matarle tarde o temprano.

La respuesta de Dios fue, en un sentido, una suave reprensión. Le dijo a Moisés que seleccionara a setenta ancianos de Israel, hombres maduros, con habilidad probada y que los constituyera en oficiales sobre el pueblo. (Véase Éxodo 18:18-26.) Había de conducirlos hasta el tabernáculo, donde permanecerían en un semicírculo con Moisés. Luego el Señor descendería y tomaría del Espíritu que estaba sobre Moisés y pondría de ese mismo Espíritu en ellos. Ayudarían a Moisés a sobrellevar la carga del pueblo (Números 11:17).

En otras palabras, lo que Dios dijo a Moisés fue: «¿Qué te hace pensar que ésta es tu carga, o que tienes que soportarla con tus propias fuerzas? El Espíritu de Dios es suficientemente grande y totalmente capaz de llevar la carga y suplir la necesidad». Moisés no perdería al hacer esto. El Espíritu infinito no desmerece cuando es compartido con otros. Los escritores antiguos (como Orígenes) compararon al Espíritu que estaba en Moisés con una lámpara que se usó para encender otras setenta sin que perdiera nada de su brillo.

No se describe el modo en que profetizaron los setenta. Algunos insisten que ellos cayeron en alguna clase de frenesí (como el rey Saúl cuando se resistió al Espíritu Santo, 1 Samuel 19:23, 24). Pero eso supone otra vez equivocadamente que era demasiado pronto en la historia de Israel para la profecía en el sentido de exhortación de los hombres o súplica a Dios. El frenesí nunca fue una característica de la profecía hebrea. Lo único que se indica aquí es una dócil sumisión al Espíritu por los setenta y una respuesta voluntaria a su iluminación.

La frase «y no cesaron» (Números 11:25) es una traducción deficiente. En realidad el hebreo dice: «y ellos no agregaron, incrementaron o lo hicieron de nuevo». Deuteronomio 5:22 emplea el mismo verbo y se traduce «y no añadió más». El uso más común del verbo es el de hacer de nuevo algo que ya se había hecho antes. De modo que hay un acuerdo general en cuanto a que la experiencia de esos ancianos fue temporal. El Espíritu vino sobre ellos como una unción para el servicio y para enseñar a Moisés que él podía y debía depender del Espíritu. El ministerio de los ancianos era el de ayudarlo a llevar la carga y la responsabilidad de enseñar y exhortar a la gente. Pero Moisés siguió siendo el principal profeta o vocero de Dios en Israel.

Vida por debajo de lo normal

El hecho de que Moisés aprendiera su lección está manifestado por la respuesta que dio a Josué (Números 11:29) en un incidente ocurrido poco después de esto. Dos de los ancianos convocados por Moisés, Eldad y Medad, no concurrieron al tabernáculo, pero el Espíritu vino sobre ellos igualmente. Y todavía más, el Espíritu permaneció sobre ellos mientras profetizaban fuera del campamento de Israel. Entonces Josué corrió donde Moisés y lo informó de que, diferentemente de los otros, éstos no habían cesado. Todavía estaban profetizando en el campo. (El hebreo usa aquí un participio que señala una acción continua.) Josué pidió a Moisés muy seriamente que les prohibiera (los acallara, los hiciera parar) hacerlo.

La respuesta de Moisés fue una suave represión a Josué. « ¿Tienes tú celos por mí?» En otras palabras, «¿Estás celoso de mi autoridad o de mi ministerio de profeta?» Moisés reconoció que el movimiento del Espíritu no estaba bajo su control ni se hallaba limitado a lugares o tiempo en particular. Josué no debía pensar que la autoridad de Moisés se hallaba en peligro por el hecho de que estos dos no acudieron al lugar correcto. Ni había él de pensar que el ministerio de Moisés se hallaba de alguna manera amenazado o que desmerecía por el hecho de que el Espíritu descansaba sobre ellos y les hacía seguir profetizando.

Moisés reconoció también algo todavía más importante cuando añadió: «Ojalá todo el pueblo de Jehová fuese profeta, y que Jehová pusiera (diera) su Espíritu sobre ellos». Él se dio cuenta de que el pueblo quejoso, rebelde e incrédulo se encontraba viviendo por debajo de lo que eran sus privilegios. El nivel normal para todo el pueblo de Dios debía ser como el de Eldad y Medad. Todos debían ser profetas en los cuales el Espíritu de Dios descansara continuamente. Tiempo más tarde, Jeremías (31:31-34) y Ezequiel (36:25-27) tuvieron una vislumbre de una época en que esto sería verdaderamente cierto respecto de Israel. Joel (2:28, 29) también lo profetizó para toda carne. Pero en cuanto a Moisés, fue solo un deseo que nunca vio cumplido. No fue sino hasta el día de Pentecostés que vino el Espíritu y comenzó a cumplirse la profecía de Joel al ser llenado cada uno de los creyentes presentes con el Espíritu (Hechos 2:4, 16).

Israel protegido por el Espíritu

El Espíritu Santo podía no solo lidiar con Moisés y con el pueblo de Israel; también estaba en condiciones de hacerlo con sus enemigos. Para llegar a las llanuras de Moab, que se encontraban cruzando el Jordán desde Jericó, los israelitas dieron un rodeo por el país de Moab. Luego se trasladaron al norte y obtuvieron grandes victorias sobre el pueblo de Galaad y de Basán en la margen oriental del Río Jordán. El rey Balac tuvo miedo porque él sería el próximo (Números 22:2, 3). Se equivocaba, por supuesto; el próximo paso de Israel sería cruzar el Jordán para llegar a la tierra prometida; pero Balac no sabía eso. Comprendía, sin embargo, que Israel no ganaba sus batallas por causa de superioridad numérica o de armamento. Tenía que ser lo que Israel declaraba que era: su Dios estaba con ellos.

Balac determinó, por consiguiente, que el único modo de contener a Israel era tornar a su Dios contra ellos. De modo que envió mensajeros en todas direcciones en busca de alguien que tuviese poder con Jehová. Finalmente, cerca del río Éufrates, no lejos de donde vivían los parientes de Abraham, descubrieron a un profeta malvado de nombre Balaam (2 Pedro 2:15; Judas 11; Apocalipsis 2:14) del cual se dice también que era adivino (Josué 13:22). Él era en verdad un adivino y consejero pagano que utilizaba varios medios para conjurar los espíritus, descubrir maleficios o hacer encantamientos, si se le pagaba. De algún modo él había oído del poder de Jehová y aparentemente había añadido su nombre a su lista.

Puede parecer extraño que Dios usara a un hombre semejante, pero Dios protegía a su pueblo de un enemigo al cual ellos no conocían, y para hacerlo Él se proponía usar su Espíritu Santo.

El propósito de Balac era contratar a Balaam para hacer que Dios maldijera a Israel en lugar de bendecirle. La Biblia muestra que Dios trató con Balaam en forma extraña. Primero, le mostró que un animal mudo tenía mayor sensibilidad espiritual de la que poseía Balaam (Números 22:21-35). Segundo, Dios puso un terror tan grande en Balaam que éste no se atrevía a decir al rey Balac nada que el Señor no le dijera. Balaam codiciaba tanto el dinero que con gusto le hubiese dicho a Balac lo que éste deseaba oír, si le hubiese pagado bien, pero ahora Dios podía contar con él.

Balaam todavía tenía la idea de que podía convencer a Dios de que maldijera a Israel. Su actitud pagana se muestra en la forma en que encaró el problema. Hizo los arreglos para que se ofrecieran siete sacrificios sobre la cumbre de una montaña que miraba al campamento de Israel. En seguida ensayó sus encantamientos (brujerías). Pero la palabra de Dios fue de bendición para Israel, no de maldición. Balaam fue entonces a otra montaña y ofreció siete sacrificios más. Los paganos tenían la idea de que los dioses tenían necesidad de los sacrificios. Por consiguiente, pensaban que si ofrecían el sacrificio correcto en el lugar correcto, podrían obligar a un dios a hacer lo que ellos querían. Balaam pensaba que no había nada malo en los sacrificios. Siete era un número perfecto y los bueyes y carneros eran los sacrificios más costosos que podían ofrecer. De modo que llegó a la conclusión de que lo que debía estar mal era el lugar. Probaría con otra montaña.

Una vez más, Dios dio una palabra de bendición. Así que probaron con una tercera montaña y con otros siete sacrificios. Pero esta vez Balaam renunció a sus encantamientos, echó una mirada al campamento de Israel, y el Espíritu de Dios vino sobre él. El Espíritu hizo más que poner una palabra en su boca (como en 23:5, 16). Esta vez todo su ser fue afectado. Mediante el Espíritu se le reveló el Señor, y la visión del Todopoderoso le hizo postrarse reverente delante de Él. No hay indicaciones en el original de que Balaam hubiera caído en un trance o frenesí. Sus ojos permanecieron abiertos. Él estaba consciente de lo que sucedía a su alrededor.

Mientras permanecía postrado delante del Señor le fueron abiertos los ojos en otra forma. Él vio las carpas de Israel que se extendían como si fuesen prósperos huertos y jardines, y teniendo como su heredad la victoria y la fortaleza. Para concluir, él repitió a Israel la promesa que le fue dada primeramente a Abraham (Génesis 12:3), «benditos los que te bendijeren, y malditos los que te maldijeren» (Números 24:9).

Balac se disgustó grandemente con esto y le dijo a Balaam que volviera a su casa sin la prometida recompensa. Pero Balaam, todavía postrado delante del Señor, dio una profecía más. Ya no procuraba manipular a Dios o controlar sus propósitos. Estaba sencillamente rendido; y vio el futuro distante. «Saldrá Estrella de Jacob, y se levantará cetro de Israel» (Números 24:17). La mayoría de los escritores antiguos ven eso como una profecía del Mesías. En vista del contexto, sin embargo, algunos en la actualidad consideran las palabras «estrella» y «cetro» como nombres colectivos que tienen referencia con Israel y con la época en que se establecería el reino y conquistaría a Moab. Sin embargo, es posible todavía tomar el énfasis de Balaam sobre el futuro distante y ver a Moab como un tipo de los enemigos de Dios que serán conquistados por Cristo. En todo caso, resulta claro que Balaam se rindió verdaderamente al Espíritu por una vez. Infortunadamente, esa rendición fue solo temporal. Su codicia por el dinero lo venció. Más tarde él vendió sus servicios a los madianitas y murió combatiendo contra Israel (Números 31:8).

Josué, un hombre en quien mora el Espíritu

Formando un fuerte contraste con Balaam, cuya experiencia fue tan fugaz, Josué fue un hombre en quien el Espíritu residía en manera permanente (Números 27:18). Balaam captó solo una vislumbre de la bendición de Dios sobre Israel y jamás aprendió a atesorarla para sí mismo. Josué fue un siervo fiel del Señor y fue elegido para conducir a Israel hasta Canaán para que reclamara la bendición.

Josué no fue probablemente uno de los setenta sobre los cuales Dios puso el Espíritu alrededor del tabernáculo. A los tales se les llama ancianos.

Él es designado especialmente como uno de los jóvenes que fueron siervos de Moisés (Números 11:28). Pero en algún momento durante los cuarenta años de peregrinar por el desierto, él fue lleno del Espíritu de Dios y de sabiduría (Deuteronomio 34:9). Todavía más importante, él permaneció íntegro y aprendió a depender del Espíritu para sabiduría (perspicacia, habilidad de ejecutar los propósitos de Dios y llevarlos hasta su plena realización).

Vemos entonces que aun cuando Moisés estaba a punto de morir, Dios tenía listo un dirigente para que tomara su lugar. Moisés había sido el profeta, el hombre del Espíritu durante cuarenta años. La entrada a la tierra prometida sería un período crítico y no sería fácil que alguien tomara el lugar de Moisés. Josué estaba bien adiestrado. Ya había conseguido victorias (Éxodo 17:9-14). Sin embargo, la clave era el Espíritu. El mismo Espíritu que movió a Moisés, movería ahora a Josué.

Algunos le dan a la frase «porque Moisés había puesto sus manos sobre él» (Deuteronomio 34:9) el significado de que Dios llenó a Josué en razón de que Moisés había puesto las manos sobre él. Pero ciertamente esto no fue así. En Números 27:18 resulta claro que Josué ya era lleno del Espíritu. La palabra *porque* (Deuteronomio 34:9) puede también significar «de modo que». Así, la imposición de manos, en manera semejante a la ordenación del Nuevo Testamento, fue sencillamente un reconocimiento público del ministerio que Dios ya le había dado. Como resultado de la imposición de manos, la gente escuchó a Josué y le aceptó como el sucesor de Moisés. De este modo, con la ayuda del dirigente que Dios les dio estaban en condiciones de ir adelante.

3

EL ESPÍRITU EN LA
HISTORIA DE ISRAEL

Al llegar a los libros históricos, no hallamos mención específica del Espíritu Santo sino recién en el libro de los Jueces. Aun cuando Josué fue lleno del Espíritu, hubo una presencia quieta en su vida más bien que manifestaciones externas notorias. A veces, sin embargo, parece que retrocedió hasta el punto de confiar en su propio juicio en lugar de buscar ser guiado por el Espíritu de Dios (Josué 7:2-4; 9:14). Pero éstas fueron las excepciones. Por lo general, Josué obedeció al Señor, vio a Dios cumplir muchas promesas, y dejó a Israel con un desafío para servir al Señor y solo a Él (Josué 24:14, 15).

Todo anduvo bien mientras Josué vivió y mientras vivieron los ancianos que habían cruzado el Jordán y habían visto la gloria y el poder de Dios. En tres grandes campañas, Josué subyugó la tierra de tal modo que «descansó de la guerra» (Josué 11:23). Luego él procedió a dividir la tierra entre las tribus. Sin embargo, no habían sido conquistadas todas las ciudades de los cananeos, ni los Israelitas habían obedecido el mandamiento de Dios de desalojarlos de la tierra (Números 33:55; Josué 23:12, 13), Efectivamente, se le había asignado a cada tribu la tarea de completar la conquista de su propio territorio. Tal como Dios le hizo recordar a Josué, quedaba todavía mucha tierra por conquistar (Josué 13:1).

También las tribus fracasaron en obedecer al Señor en esto. Vez tras vez el libro de los Jueces repite que las diversas tribus no expulsaron a los cananeos (Jueces 1:21, 27, 28, 29, 30, 31, 33). No pudieron conquistar algunas ciudades. Pero a los cananeos que conquistaron los pusieron a trabajar como leñadores y en la extracción de agua de los pozos (Josué 9:2). Cuando Israel se fortaleció pudo haberlos desalojado, pero prefirieron cobrar tributo de ellos (Josué 16:10; 17:13; Jueces 1:28). Solo en muy pocas ocasiones ellos avanzaron en fe y volvieron a ver la manifestación del poder de Dios. La mayor parte del tiempo se contentaron con quedarse retrasados y disfrutar de su nueva prosperidad. Desafortunadamente, los israelitas nunca aprendieron a manejar la prosperidad.

Con el aumento de la prosperidad vino una declinación en lo espiritual. La generación más vieja fue de tal modo absorbida por sus placeres que la adoración se constituyó en algo formal. Cuando no se descuidó la educación de los más jóvenes, el mal ejemplo de los padres hizo que sus palabras carecieran de significado. Como resultado, se levantó una nueva generación «que no conoció a Jehová, ni la obra que él había hecho por Israel» (Jueces 2:10).

Esto no quiere decir que estos jóvenes nunca habían oído del Señor o de los milagros. Ellos sabían lo relacionado con la liberación de Egipto. Sin lugar a dudas habían oído la historia de la caída de Jericó muchas veces. Pero la palabra saber (Jueces 2:10) significa más que tener conocimiento acerca de algo. Lo trágico de todo esto era que ellos aun cuando habían oído de estas cosas no conocían al Señor por sí mismos. Nunca habían visto su poder de obrar milagros en su propia experiencia.

Como resultado, la generación joven fue atraída a los festejos, a las borracheras y a la moral relajada de la cultura cananea, como también al prestigio de sus antiguos templos y lugares altos. Cuando sucedió esto, Dios retiró su bendición y envió ejércitos para que cumplieran sus juicios sobre las tribus. Estos enemigos fueron los mismos cananeos cuya religión e inmoralidad ellos habían adoptado. Esto sucedió en repetidas ocasiones durante el periodo de los jueces.

Aun cuando las tribus de Israel tenían un liderato establecido en los ancianos y sacerdotes, la ayuda de éstos resultó escasa. Efectivamente, ellos también fueron influenciados por el modo de vivir de los cananeos con mucha frecuencia. Una comparación de Jueces 10:6, 7; 13:1; 16:31; y 1 Samuel 4:18; 7:1 pone de manifiesto que los cuarenta años del sacerdocio de Elí en Silo acontecieron en el mismo tiempo que el período de juez de Jefté en Galaad y de Sansón en Dan. De este modo parece evidente que la conducta licenciosa y la influencia pagana que caracterizaron a Elí y a sus hijos eran demasiado comunes durante todo el período. Era una época cuando «cada uno hacía lo que bien le parecía», según se declara por dos veces en Jueces (17:6; 21:25).

Jueces elegidos por Dios

Aun aquellos que Dios eligió para ayudar y librar al pueblo durante este tiempo no estuvieron enteramente libres de sus fracasos. Pero el Espíritu de Dios obraba, a veces a pesar de ellos. Efectivamente, parece que Dios eligió gente sin importancia y ni siquiera bien conocida, de modo que pudiera verse que el poder era de Dios y no del hombre. Parece que a menudo Dios escoge a los humildes y a los despreciados para que sean sus agentes que lleven liberación y restauración espiritual: «lo débil del mundo escogió Dios, para avergonzar a lo fuerte ... a fin de que nadie se jacte en su presencia» (1 Corintios 1:27, 29). Cuando estos hombres y mujeres fueron levantados, movidos y llenados por el Espíritu del Señor tornaron el corazón del pueblo a Dios, lo condujeron a la victoria, y lo inspiraron para servir al Señor.

De modo que los jueces no eran simples héroes nacionales. Tampoco intentaron conservar su poder o fundar una dinastía. Cuando el pueblo quiso hacer rey a Gedeón, él se negó. «No seré Señor sobre vosotros, ni mi hijo os señoreará: Jehová señoreará sobre vosotros» (Jueces 8:23). Dios era el Rey de ellos. También era su Salvador, y el Espíritu de Dios estaba activo entre ellos para dar su poder salvador y redentor a la gente y reinar por Él. La vida política y la vida espiritual estaban estrechamente relacionadas. En realidad, cada parte de su vida debía mostrar la relación con su Señor, el único Dios verdadero. No se les permitía construir departamentos en sus vidas, colocando la religión en uno y los negocios y la política en otros. En todo ellos necesitaban la ayuda que podría venir solo mediante el derramamiento del Espíritu.

Tal como ya hemos visto, los tiempos de algunos de los jueces coincidieron. Otros jueces (Tola, Jair, Ibzán, Elón y Abdón) escasamente se mencionan. Obviamente, no es la intención del libro presentar una historia completa. Más bien parece concentrarse en los jueces de los cuales se declara específicamente que fueron movidos por el Espíritu Santo.

Algunos suponen que la acción del Espíritu en estos jueces estuvo solo en la esfera física. Hasta los targumes judaicos hablaban del Espíritu en los jueces como «el Espíritu de heroísmo». Pero es evidente en muchos casos, como veremos, que los jueces hicieron más que ganar victorias y realizar hazañas. Juzgaron o gobernaron al pueblo y refrenaron la idolatría. Para esto, ellos necesitaron sabiduría, entendimiento y conocimiento que el Espíritu del Señor podía darles. Salvación y redención, y no meras victorias sobre los enemigos, fue el verdadero propósito de lo que el Espíritu hacía mediante los jueces.

La primera mención del Espíritu del Señor se halla en conexión con Otoniel. Mediante el Espíritu él juzgó y gobernó a Israel. Mediante el Espíritu también fue usado para librarlos de un conquistador arameo o de Mesopotamia (Jueces 3:10).

Algunos comentaristas señalan que donde leemos que el Espíritu vino sobre él, la traducción del hebreo sería «estaba sobre él». De este modo ellos quieren dar a entender que el Espíritu ya estaba en Otoniel antes que el Señor lo llamara. Pero el hebreo realmente indica secuencia histórica. El Espíritu procedió a venir sobre él y permaneció sobre él mientras hacía su labor de juez, de gobernante y de libertador. Vale la pena tener en cuenta, sin embargo, que Otoniel ya era un héroe en Israel antes que Dios lo llamara para ser juez. Mucho antes Otoniel había respondido al desafío de Caleb para capturar Quiriatsefer (Ciudad del libro) y recibió el premio adicional de que la hija de Caleb fuese su esposa (Josué 15:15-17; Jueces 1:11-13). Es muy posible que acciones de fe y de obediencia precedan la venida del don del Espíritu (véase Hechos 5:32).

La mayor porción de espacio en el libro de los Jueces le es concedida a Débora, Gedeón, Jefté y Sansón. De todos éstos, Débora es lo insólito en muchos sentidos. Ella fue no solo juez, sino que también fue profetisa (Jueces 4:4, 6). María fue profetisa antes que ella. Movida por el Espíritu, María había conducido a las mujeres de Israel con música y alabanza mientras ellas hacían sonar sus panderos y danzaban de gozo ante el Señor (Éxodo 15:20). No obstante, el ministerio de María fue temporal. Los celos que le inspiró Moisés, su hermano menor, hicieron que lo criticara de manera muy injusta. Dios la hirió con lepra, y aun cuando fue sanada después de 7 días, su ministerio aparentemente llegó a su fin. No se la vuelve a mencionar hasta su muerte (Números 12:1-15; 20:1).

La sabiduría de Débora

En calidad de profetisa, Débora fue una vocera de Dios, y hablaba según era movida (llevada, conducida) por el Espíritu de Dios (2 Pedro 1:21). Su don profético la calificaba para conducir, juzgar y gobernar la nación. (Véase Deuteronomio 17:18, 19.)

En efecto, Débora fue el único juez a quien se le reconoció y aceptó como juez antes de ganar una batalla militar o librar al pueblo de Dios de sus enemigos. Muchos son los comentarios que suponen que la única obra del Espíritu en el tiempo de los jueces fue la producción de una especie de éxtasis o entusiasmo divino. Pero no es eso lo que encontramos en el caso de Débora. Ella se sentaba bajo una palmera entre Ramá y Betel (probablemente a unos veinte kilómetros de Jerusalén) y la gente acudía a ella con sus problemas, disputas y consultas. Ellos venían porque reconocían que ella estaba en contacto con el Señor. Ella era casada, y no hay indicación de que descuidara a su marido. Pero hallaba tiempo para este ministerio. El Espíritu de Dios le daba continuamente sabiduría para que exhortara al pueblo y les consolara, desafiara y arreglara las diferencias que hubiera entre ellos. No necesitaba ser incitada para hacer esto, ni tenía necesidad de vellones para estimular su fe. Muchos consideran que fue la más espiritual entre los jueces.

Cuando el Espíritu señaló que era el tiempo de Dios para librar a Israel de los cananeos que les oprimían, ella llamó a un hombre, Barac, para que dirigiera al ejército. Sin embargo, la fe de Barac no estaba a la altura de la de ella, e insistió que ella le acompañara. Él no era un cobarde, pero veía las fuerzas del enemigo y deseaba estar seguro de que tenía con él a alguien que estaba en contacto con Dios. Otros también temían a los bien equipados ejércitos de los cananeos y rehusaron unirse a Débora y Barac. Así fue como ella tuvo que pronunciar una maldición sobre los habitantes de Meroz (en la tribu de Neftalí) porque «no vinieron al socorro de Jehová» (Jueces 5:23).

Vestidos para el Espíritu

En contraste con Débora, Gedeón tenía que ser alentado una y otra vez. Él procedía de una oscura familia de la tribu de Manasés. (Efraín, aunque descendía del hijo menor de José, tomó el liderato e hizo que la gente de Manasés se sintiera desechada y olvidada.) Dios tuvo que alentar a Gedeón con un ángel, con fuego procedente de una roca, con vellones, y con el sueño de un madianita antes que finalmente se atreviera a tomar el liderato y a creer en Dios para la victoria. Sin embargo, respondió al ángel y destruyó la idolatría en la casa de su padre.

Este acto de fe y de obediencia fue seguido pronto por una experiencia muy desacostumbrada con el Espíritu del Señor. Leemos que «el Espíritu de Jehová vino sobre Gedeón» (Jueces 6:34). Pero la palabra hebrea que aquí se emplea y que se traduce «vino sobre» es muy diferente de la que se encuentra en Jueces 3:10. La que se emplea aquí significa «se puso sobre, se vistió con».

Muchos eruditos bíblicos no ven la plena importancia de esto. La interpretación más común de Jueces 8:34 es que el Espíritu Santo vistió a Gedeón. Keil se queda corto cuando dice que el Espíritu «descendió sobre él, y se pone Él mismo alrededor de él como si fuera un saco de correo, o un equipaje fuerte, de modo que él se vuelva invulnerable e invencible en su poder». De manera similar, A. B. Davidson dice que eso implica «el completo recubrimiento de todas las facultades humanas en lo divino». Knight, aunque da la traducción correcta del hebreo, lo interpreta como que Gedeón «¡llevó sobre sí el Espíritu del Dios vivo! La poderosa acción que realizó al salvar a Israel no era solo su propia acción; era también la acción salvadora de Dios».

El targum judío explica esto simplemente como que el Espíritu de fortaleza de parte de Dios vino sobre Gedeón. Algunos escritores modernos lo tratan solo como si fuera otra repentina o violenta acometida del Espíritu, mientras que otros (como Bertheau, Fuerst y Ewald) dan una interpretación similar a la de Keil.

Pocos reconocen que el único significado del hebreo es que el Espíritu llenó a Gedeón. No fue Gedeón el que se revistió del Espíritu, sino que el Espíritu se revistió de Gedeón. Para que Gedeón se hubiese revestido del Espíritu, probablemente se habría usado otra forma del verbo hebreo. Gedeón fue la envoltura, «la cubierta del Espíritu, que gobierna, habla y testifica en él».

Utilizado a pesar de los errores

La creciente decadencia espiritual y moral que sobrevino con los repetidos fracasos de Israel se pone más y más en evidencia cuando llegamos al tiempo de Jefté y de Sansón. Jefté fue verdaderamente uno de los despreciados de este mundo. Su padre había sido un líder en Galaad, pero su madre fue una prostituta (posiblemente una de las sacerdotisas cananeas, las que eran llamadas sacerdotisas «sagradas» y formaban parte de la religión cananea). Sus hermanos lo echaron de casa cuando hubo crecido, y se vio obligado a hacerse un guerrero o asaltante independiente con el fin de sobrevivir. Sin embargo, se hizo de reputación por sus condiciones de líder, y cuando los amanitas que vivían hacia el oriente amenazaron a Galaad, sus hermanos le suplicaron que volviera y fuese su jefe.

Jefté procuró arreglar las cosas mediante una carta dirigida a los amonitas, pero cuando ellos rehusaron responderle se hizo necesario actuar. Entonces el Espíritu del Señor vino sobre Jefté y éste se movió con rapidez a la batalla. Se usa la misma frase hebrea respecto del Espíritu que vino sobre Jefté que la que se usó cuando vino sobre Otoniel (Jueces 3:10; 11:29). Pero Jefté fracasó en depender del Espíritu Santo y pensó que tenía que regatear con el Señor con un voto necio. Aun en tales circunstancies, el Espíritu Santo no lo abandonó y la victoria fue lograda.

Sansón el nazareo

Sansón tenía todas las ventajas que Jefté no tuvo. Sus padres eran piadosos. El ángel del Señor se les apareció y ordenó a su madre que no bebiese vino ni sidra y que no comiese cosas inmundas, pues su hijo había de ser nazareo desde su nacimiento (Jueces 13:7, 14). Cuando Sansón creció el Señor lo bendijo. Sin embargo, no es fácil comprender sus acciones una vez que llegó a la madurez. Tal como Keil dice:

«La naturaleza de los actos que realizó es lo menos parecido a lo que hubiéramos esperado de un héroe impelido por el Espíritu de Dios. Sus acciones no solo tienen la estampa de la aventura, de la temeridad y la testarudez, cuando se las mira exteriormente, sino que casi todas ellas están asociadas con asuntos amorosos; de tal modo que parece como si Sansón hubiese deshonrado y frustrado el don que se le confió, haciendo que éste sirviera a sus apetitos sensuales, preparando de esta manera el camino para su propia ruina, sin prestar ayuda efectiva a su pueblo».

Los teólogos liberales, al considerar exteriormente los hechos de Sansón, denominan a veces sus visitaciones del Espíritu como «accesos de furia demoniaca», «excesos», o «anormales».

Quienes consideran anormales las obras del Espíritu, cometen sin embargo una equivocación. No es necesario que miremos eso tan solo en apariencias. Desde un punto de vista que permite sentir los tratos pacientes de Dios con su pueblo, podemos ver en Sansón una lección objetiva de la gracia y del poder del Espíritu Santo que brilla con mayor fuerza contra un fondo oscuro. De nuevo es Keil quien lo expresa de manera inmejorable:

«En Sansón el nazareo, sin embargo, el Señor no solo se propuso colocar ante su pueblo un hombre que se elevara por encima de la generación caída en heroica fortaleza, mediante su firme fe y confianza en el don de Dios que le había sido encomendado, para que abriera ante el pueblo la perspectiva de una renovación de su propia fortaleza, y para que por medio de este tipo él pudiera despertar tal fortaleza y habilidad como los que estaban adormecidos en la nación. Sansón había de exhibir a su época generalmente un cuadro que por un lado fuese la representación de la fortaleza que el pueblo del Señor podía adquirir para vencer a sus más poderosos adversarios mediante la fiel sumisión al Señor su Dios, y por otro, de la debilidad en la que se habían sumido por infidelidad al pacto y por sus relaciones con los paganos».

Movido a acciones de poder

A menudo se le da demasiada atención al cabello de Sansón. Pero nada se dice respecto de esto en el comienzo de la historia. En cambio, toda la atención se centra en la manera en que el Señor lo bendijo y comenzó a moverlo o a incitarlo a la acción. El verbo manifestarse (Jueces 13:25) tiene la idea de lanzar o impeler. Implica también que él fue conmovido y sacado de la esfera de lo natural para ser llevado a lo sobrenatural. No quiere decir esto, según algunos suponen, que el Espíritu se apoderó de él y lo obligó a hacer cosas que estaban totalmente fuera de su control. Significa más bien que cuando el Espíritu vino sobre él, él no pudo contentarse con aceptar las cosas como eran. Fue impelido a entrar en acción en el poder del Espíritu.

La Biblia menciona otras tres veces en que el Espíritu vino sobre Sansón (Jueces 14:6, 19; 15:14). En cada uno de estos casos se emplea un verbo que es todavía diferente de los que se han empleado con anterioridad. El significado de este verbo es de abalanzarse o irrumpir. Precisamente cuando Sansón lo necesitaba, el Espíritu trajo a Sansón un gran brote de poder y fortaleza. También está implicado el hecho de que el Espíritu se manifestó en la hora precisa. Repetimos que esto no significa que Sansón fuera obligado a hacer algo contra su voluntad. Él tenía el control de sus facultades y sencillamente se rindió al tremendo poder del Espíritu, al que había aprendido a esperar. Aun después que su falta de consagración interior finalmente le hizo caer, leemos que dijo: «Esta vez saldré como las otras y me escaparé» (Jueces 16:20). Cada vez él dio un paso de fe y esperó que el Espíritu de Dios se moviera junto con él, y nunca antes de esta oportunidad había sido frustrado.

En cada caso, por tanto, la cooperación de Sansón con el Espíritu fue el secreto de su fortaleza. Efectivamente, no existe indicación de que Sansón fuese un gigante o que tuviese músculos impresionantes o fuera de lo acostumbrado. Los filisteos no podían explicarse el secreto de su fuerza, lo que no hubiese sido el caso si él hubiera sido un modelo de cultura física.

Y ni siquiera la Biblia dice que efectivamente la fuerza de Sansón estuviese en su cabello. Lo que Sansón le dijo a Dalila fue que él era un nazareo de Dios. El cabello era el símbolo exterior del voto y la consagración nazareos. Leemos que después que fueron cortadas las siete guedejas de su cabello su fuerza se apartó de él. Sin embargo, cuando Sansón despertó, la Biblia no dice que él fracasó porque su cabello hubiera sido cortado, sino porque «Jehová ya se había apartado de él» (Jueces 16:20).

Cuando su cabello creció de nuevo, su fuerza no retornó automáticamente. Él lo constituyó en un símbolo de una renovada consagración a Dios y a la obra de liberación a la cual Dios lo había llamado. Luego él oró a Dios y le pidió que lo fortaleciera o le diera fuerzas una vez más. «Con toda su fuerza» (Jueces 16:30) es en realidad una frase hebrea que se usa muy a menudo, especialmente respecto del poder de Dios para liberación y juicio. Podría traducirse «con toda la fuerza de Dios». La victoria final de Sansón no se debió en manera alguna a su propia fuerza. Más bien vino mediante otra poderosa acción del Espíritu de Dios, la que trajo el mismo poder que Sansón había conocido en cada una de las ocasiones anteriores.

En el libro de Jueces el Espíritu de Dios jamás se presenta como una mera influencia proveniente de un Dios lejano. Dios mismo está siempre presente en forma personal y en el poder de su Espíritu. Para aquellos que estuvieron dispuestos a recibirle, él vino también en la forma en que Isaías profetizó que vendría el Mesías: como el «Espíritu de sabiduría y de inteligencia, Espíritu de consejo y de poder, Espíritu de conocimiento y de temor de Jehová» (Isaías 11:2). De este modo, había una plenitud a disposición de la cual no todos se apropiaron.

Samuel, Saúl y David: ungidos por el Espíritu

Aun cuando Samuel fue un juez y un profeta, no se declara específicamente que el Espíritu le moviera. En los libros de Samuel la atención se centra mayormente en la forma en que el Espíritu ungió a los reyes.

La unción con aceite era un símbolo de esta unción. Los profetas fueron ungidos a veces con aceite (1 Reyes 19:16) con el fin de separarlos y consagrarlos para su ministerio. Los sacerdotes siempre eran ungidos con aceite (Éxodo 30:30; 40:13-15; Levítico 8:12, 30; 16:32). Los reyes lo fueron a menudo (1 Samuel 10:1; 16:3, 13; 2 Samuel 5:3; 1 Reyes 1:34; 19:15; 2 Reyes 9:3). El aceite que se empleaba era de una clase especial, un aceite santo que no debía ser imitado, hecho de aceite de olivos compuesto de cuatro especias (Éxodo 30:23, 24). Se usó para ungir los vasos y muebles sagrados en el tabernáculo y en el templo, como un símbolo de que estaban dedicados al servicio de Dios. Pero en aquellos pasajes en que se unge a la gente, el aceite representa claramente la unción del Espíritu. A través de la Biblia el aceite es en forma permanente un símbolo importante del Espíritu Santo. Nos habla de la verdadera unción, la «unción del Santo» (1 Juan 2:20), la que en el Nuevo Testamento se extiende a todo creyente.

Samuel, el profeta que ungió a reyes, fue seguramente un hombre del Espíritu. Dios hablaba frecuentemente con él, poniéndolo en la misma categoría que Moisés (Números 12:6-8). Cuando Samuel era joven, Dios estuvo con él y repetidamente se le reveló, dándole profecías que pronto fueron cumplidas. De este modo, Israel lo aceptó como profeta, y fue establecido como vocero de Dios en un período muy negro en la historia de la nación. El arca había sido robada, Silo y su templo habían sido destruidos (Jeremías 7:12; 26:6, 9). Los filisteos dominaban la tierra.

El avivamiento une las tribus

Después de los veinte años del ministerio de Samuel encontramos a Israel que «lamentaba en pos de Jehová» en lugar de hacerlo en pos del arca (compare 1 Samuel 4:21, 22 y 7:2). Lo que quiere decir que el ministerio de Samuel hizo que la gente se volviera de las formas de la religión al Señor mismo. Esto condujo finalmente a un avivamiento espiritual que hizo que las doce tribus se unieran por primera vez desde los días de Josué.

Muchos de los jueces gobernaron solo sobre algunas tribus, Sansón solo sobre una. Samuel persuadió a todas las tribus para que abandonaran la idolatría que se les había introducido y para que sirvieran únicamente al Señor. Luego los reunió a todos en Mizpa, donde ayunaron y confesaron sus pecados (1 Samuel 7:6). Los filisteos tomaron esto como una reunión política. Ellos habían procurado mantener a la gente aparte e impedir que se unieran. Cuando el ejército filisteo hizo su aparición, la gente no se dispersó. Le pidieron a Samuel que orara. Samuel ofreció un cordero como una ofrenda quemada, y Dios tronó contra los filisteos, sembrando la confusión entre ellos. Todo lo que Israel tuvo que hacer fue despejar los restos. De allí en adelante Samuel juzgó al pueblo, lo que cumplía mediante viajes en un circuito regular

(1 Samuel 7:15-17). Una vez más, la obra del Espíritu es evidente, aun cuando no se menciona.

Cuando ya se aproximaba el fin de la vida de Samuel, Israel quiso un rey. Samuel no se sintió feliz por ello. Sintió que era rechazado, y se dio cuenta de que el pueblo necesitaba un rey por motivos equivocados, pero Dios le dio un ministerio para que ungiera reyes y para que fuese intercesor por Israel.

La unción de Saúl

El hacer una comparación de las unciones de Saúl y de David revela algunas significativas semejanzas y diferencias. En ambos casos Dios preparó a Samuel de antemano para que realizara la obra. También en ambos casos Dios respaldó la acción simbólica de la unción con aceite con un verdadero derramamiento del Espíritu.

Sin embargo, Saúl se muestra más sorprendido por la unción que David. Saúl, aun cuando era un hombre maduro, no había aprendido a buscar al Señor. Fue su siervo quien sugirió que buscaran al vidente (el que ve con percepción sobrenatural) Samuel (1 Samuel 9:6, 9). Después de ungirle, Samuel dijo a Saúl que se encontraría con varias personas, luego con una compañía de profetas con un salterio (pequeña arpa triangular), pandero, flauta y arpa (lira en forma de guitarra). Ellos estarían profetizando (hablando en lugar de Dios en canción). El Espíritu del Señor vendría sobre Saúl y el profetizaría con ellos y sería «mudado en otro hombre» (1 Samuel 10:6).

En realidad, se produjo un cambio interior antes que Saúl se encontrara con los profetas. Tan pronto como se apartó de Samuel. Dios le dio otro corazón (1 Samuel 10:9). Por un tiempo, entonces, el profetizó entre estos profetas.

Otros pasajes indican que el ministerio de los profetas tuvo un incremento durante este tiempo (probablemente después del avivamiento espiritual registrado en 1 Samuel 7). Un gran grupo de profetas se reunió alrededor de Samuel, quien fue el dirigente que Dios les señaló (1 Samuel 19:20). Posteriores referencias hablan de escuelas de profetas en las cuales se reunían los hombres para aprender de los profetas. La enseñanza era una parte importante del ministerio de ellos. También lo era la adoración. Anteriormente vimos cómo María, bajo la inspiración profética del Espíritu, hizo uso de un pandero para guiar a las mujeres en la adoración. En el tiempo de Samuel se añadieron más música y más instrumentos musicales, y estos profetas aprendieron a rendirse al Espíritu mientras tocaban sus instrumentos y cantaban alabanzas a Dios.

Sin duda esto ayudó a preparar el camino para el énfasis sobre los instrumentos musicales y la canción que David añadió a la adoración oficial conducida por los sacerdotes y levitas. No parece haber ningún gran precedente para esto. Comenzó como un movimiento espontáneo del Espíritu de Dios. De este modo, la profecía en canción no tenía que ver primariamente con la predicción del futuro. Ni tampoco tenían ese propósito las profecías de hombres como Moisés y Samuel, y ni aun Isaías y Jeremías. La profecía era hablar para Dios. La profecía realizada con música y canción era sencillamente canto e interpretación musical para Dios bajo la inspiración del Espíritu.

David tenía un aprecio tan grande por esto que apartó a los levitas para este ministerio ungido por el Espíritu y alentó el uso de una variedad aún mayor de instrumentos musicales (1 Crónicas 25:1-7). Específicamente, ellos profetizaban «para aclamar y alabar a Jehová» pues estaban «instruidos en el canto para Jehová» (1 Crónicas 25:3, 7). El significado de esto parece ser que esperaban que el Espíritu ungiera las canciones que ellos aprendieron de David.

Cuando Saúl se unió a los profetas, prorrumpió en cántico, no a causa de su entusiasmo, ni a causa de un impulso interior propio, ni porque tuviese algún talento musical adormecido que fuera despertado por la inspirada música de ellos, sino porque él mismo fue movido por el Espíritu. De este modo él fue equipado por el Espíritu en una nueva forma para la tarea que tenía ante sí. Aun cuando Israel se equivocaba al pedir un rey, Dios les dio la clase de rey alto y elegante que ellos querían. Pero hizo aun más. Lo preparó, lo cambió y le dio su Espíritu. Ellos no podrían decir más tarde que Dios no había hecho todo cuanto podía por ellos.

David ungido

La experiencia de David fue diferente porque cuando Samuel lo ungió, «desde aquel día en adelante el Espíritu de Jehová vino sobre David» (1 Samuel 16:13). Aquí se usa el mismo verbo respecto de la venida del Espíritu como el que se usa en los casos de Sansón y del rey Saúl. Fue la misma acometida de gran poder. Pero hay una leve diferencia en la preposición que se emplea, y una gran diferencia en cuanto a la experiencia de David. El Espíritu vino *sobre* Sansón y Saúl. Las experiencias de ellos fueron temporales e intermitentes. Fue casi como si el Espíritu no estuviese presente con ellos en los intervalos (aun cuando lo estaba). El Espíritu vino a David (o, lo que es mucho más probable, *dentro* de David). También el caso de David fue diferente en el hecho de que no hubo reacción o señal exterior inmediata. Este poderoso brote de poder llenó el ser interior de David y dio inicio a la preparación sobrenatural para la tarea que Dios había de darle. Pero la experiencia no concluyó dentro de unos pocos minutos. Al día siguiente ese brote interior del Espíritu estaba todavía allí. Se trataba de una experiencia creciente, que iba en aumento.

También parece significativo que nada se diga respecto de dar a David un nuevo corazón, o de transformarlo en otro hombre. Parece evidente que David ya conocía al Señor. El Salmo 23 puede haber sido escrito cuando David ya era viejo, pero ciertamente refleja la experiencia de su juventud. Cuando era muchacho pastor en las colinas de Belén el dijo, al contemplar sus ovejas: «Jehová es mi pastor». En las largas vigilias nocturnas, bajo las titilantes estrellas, su corazón exclamó: «Los cielos cuentan la gloria de Dios, y el firmamento anuncia la obra de sus manos» (Salmo 19:1). Su corazón ya estaba cambiado, ya estaba abierto cuando vino el Espíritu. Entonces surgieron las canciones que constituyeron una gran parte del himnario sagrado de Israel y de la Iglesia, el libro de los Salmos.

La Biblia menciona solo dos veces más en las que el Espíritu vino sobre Saúl después de su experiencia inicial. Saúl no fue aceptado por todos cuando recién fue designado rey. Por esta razón él regresó a su granja. Luego cierto día llegaron noticias de que los amonitas exigían que todos los hombres de Jabes de Galaad se sacasen el ojo derecho como precio de un tratado de paz. Cuando Saúl lo oyó, el Espíritu de Dios vino sobre él con poder, y condujo a Israel a una gran victoria, la que lo estableció sobre su trono (1 Samuel 11:6, 15).

Sin embargo, Saúl no fue perseverante en su fe en el Señor. Lleno de terror y en forma caprichosa ofreció un sacrificio que tuvo como consecuencia que Dios quitara de la familia de Saúl el derecho de sucesión. Sus hijos no tendrían derecho al trono. Un hombre según el corazón de Dios tomaría el lugar de Saúl; uno que hiciera en todo la voluntad de Dios (1 Samuel 13:14; Hechos 13:22). Pocos años más tarde, Saúl volvió a desobedecer, a pesar de habérsele recordado respecto de la unción del Señor. Esta vez Dios quitó de Saúl el derecho de ser rey. Desde entonces en adelante Saúl reinó sin el apoyo y sin la autoridad de Dios (1 Samuel 15:1, 19, 26). Su fracaso se debió al hecho de que él no comprendió que la religión espiritual promovida en el Antiguo Testamento no era asunto de ver milagros y de lograr victorias. Era cosa de obediencia y de fe.

Después que Samuel ungió a David, el Espíritu del Señor se apartó de Saúl (1 Samuel 16:14). Resulta evidente de esto también que cuando el Espíritu del Señor se aparta, el Señor mismo también se aparta (véase Jueces 16:20).

Un espíritu malo de parte de Jehová

Cuando el Espíritu del Señor se apartó, Dios no solo dejó que Saúl siguiera su propio camino. «Le atormentaba (aterrorizaba) un espíritu malo de parte de Jehová» (1 Samuel 16:14, 16, 23; 18:10; 19:9). Esto resulta difícil de entender. No hay indicación de que este espíritu fuera un demonio, pues provenía del Señor. Algunos consideran que el significado de esto es que provenía del Señor solo en el sentido en que él lo permitía. Pero el texto hebreo parece más fuerte que eso. Efectivamente, en 1 Samuel 18:10 la expresión se abrevia como un Espíritu malo de parte de Dios, y en 19:9 al espíritu malo de parte de Jehová. Venía con mucha frecuencia (1 Samuel 16:23), y en una ocasión hizo que Saúl desvariara («profetizara», según algunos) (1 Samuel 18:10).

Tal vez podamos hallar una clave para la comprensión de esto en Isaías 45:7, donde Dios dice: «(Yo) formo la luz y creo las tinieblas … hago la paz y creo la adversidad». En este caso la adversidad es lo opuesto de la paz (incluyéndose el bienestar, la salud, la prosperidad y la bendición) no lo opuesto del bien. Dios no es autor de perversión moral o de pecado. En cambio El es un Dios santo que envía juicio sobre los pecadores, tal como lo hizo en Egipto (Éxodo 12:12).

La palabra adversidad se traduce también aflicción y calamidad. A menudo Dios habla como que sus juicios traen mal (1 Reyes 21:21; 22:20; Jeremías 4:6; 6:19). Más tarde, Sofonías profetizó (1:12) el juicio de Dios sobre los que reposaban negligentes en sus pecados y que decían: «Jehová ni hará bien ni hará mal». En consecuencia, el Espíritu enviado por el Señor a Saúl, no era un espíritu malo o un demonio en el sentido del Nuevo Testamento, sino un Espíritu de juicio. Algunos comparan esto con 1 Reyes 22:19-23. Otros lo consideran como si fuera un ángel vengador.

De este modo, la causa de este juicio sobre Saúl fue totalmente sobrenatural. Lo suyo no fue un mero malestar, enfermedad, o aberración mental. Este Espíritu de juicio lo atacó, se abalanzó sobre él, y se apoderó de él. La gracia de Dios había sido quitada, pero el juicio de Dios estaba en plena actividad.

Algunos arguyen que la interpretación musical de David que logró aquietar a Saúl es una demostración de que lo natural afecta a lo sobrenatural. Cierto es que la Biblia no traza una línea bien demarcada entre ambos, ni podemos hacerlo nosotros en nuestra experiencia. Pero debemos recordar que David no era un arpista cualquiera. El tenía la unción del Espíritu Santo.

La profecía de Saúl

La acción de Saúl de profetizar bajo la influencia de este Espíritu sobrenatural de juicio es algo también difícil de entender (1 Samuel 18:10). Es muy probable que no fuese una profecía normal. Se usa la misma forma verbal para hacer referencia a los delirios y el arrebato de los profetas paganos. Puesto que este Espíritu de juicio atormentaba a Saúl (16:14), también pudiera ser que esta «profecía» tomara la forma de expresiones sin control.

Debemos reconocer también que este «Espíritu de juicio» no se equipara con el Espíritu del Señor, aun cuando Saúl profetizó bajo su influjo. Este Espíritu que fue enviado por el Señor se hallaba sujeto a la voluntad de Dios. El Espíritu Santo es Dios mismo que se mueve dentro de la situación.

Un evento todavía más extraño es la profecía de Saúl ante Samuel cuando Saúl perseguía a David (1 Samuel 19:20-24). Tres veces Saúl envió mensajeros para que arrestaran a David, Pero cuando éstos llegaron donde Samuel, quien se hallaba en Ramá a la cabeza de una compañía de profetas, fue en los momentos en que los profetas profetizaban. Cada vez el Espíritu del Señor vino sobre los mensajeros y ellos también comenzaron a profetizar. En cada oportunidad la inspiración y la bendición del Señor les hizo olvidar su misión o que tuvieran un cambio de opinión respecto de ella.

Luego Saúl mismo decidió ir donde Samuel y arrestar a David. Vestido con su ropaje real, esperaba llegar e imponerse a ellos. Pero el Espíritu del Señor vino sobre él antes que hallara a Samuel, y comenzó a profetizar. Al llegar delante de Samuel se despojó de sus ropas reales y permaneció «desnudo» (vestido solo con su túnica) y profetizando toda la noche.

La situación aquí es totalmente diferente de aquella vez en que el Espíritu vino por primera vez sobre él después que fue ungido. Aquí el

Espíritu vino «sobre» (no «se abalanzó») él antes que se encontrara con los profetas. Él se hallaba aquí resistiendo al Espíritu. En lugar de estar preparado para desempeñarse como rey, se despojó de sus ropas reales. En lugar de profetizar entre los profetas, quedó tendido en el suelo. No hay evidencia de que hiciera esto porque quisiera humillarse delante de Dios. Aun su profecía en esta ocasión tal vez no haya sido otra cosa sino desvaríos provenientes de su resistencia al Espíritu. De esta manera mostró Dios que Él es soberano y a David le fue permitido escapar.

David y los Salmos

El hecho de que el Espíritu Santo continuará morando en David se halla indicado de manera negativa cuando David buscó el perdón después de su gran pecado y exclamó: «No quites de mí tu Santo Espíritu» (Salmo 51:11). Su actitud de sincero arrepentimiento aquí se halla en contraste directo con la del rey Saúl, quien admitió a veces haber pecado cuando era sorprendido, pero jamás manifestó arrepentimiento genuino. En cambio, Saúl volvió a hacer lo mismo de inmediato.

El reconocimiento que hace David del Espíritu de Dios como el Espíritu Santo resulta de este modo muy significativo. Puede ser que él no use el nombre con el reconocimiento pleno del Nuevo Testamento de la personalidad bien discernible del Espíritu, pero él ve que el Espíritu se halla personalmente activo en relación con sus necesidades.

Vale la pena estudiar en conexión con esto la totalidad del Salmo 51, especialmente los versículos que están inmediatamente antes y después del versículo 11. «Crea en (para) mí un corazón limpio» (puro, sin mezcla, v. 10). *Crear* es una palabra usada en la Biblia solo respecto de la actividad sin precedentes de Dios. Tenía que ser Dios, David no podía hacerlo por sí mismo. El mismo versículo continúa: «Renueva (restituye) un Espíritu recto (firme, constante, fiel, confiable) dentro de mí (en mi ser interior)». Se trataba en este caso de su Espíritu humano, al cual el pecado lo había despojado de su propósito firme de hacer la voluntad de Dios y de estar listo para moverse con él. «No me eches de delante de ti» (v. 11). La presencia de Dios es lo mismo que su Espíritu Santo. Fue mediante el Espíritu que David adquirió conciencia de la presencia de Dios. El hecho de que el Espíritu Santo todavía contendiera con él le demostró que Dios no lo había desechado ni tirado al montón de las escorias (véase 1 Corintios 9:27). «Vuélveme (restitúyeme) el gozo de tu salvación» (v. 12). Por todo un año él mantuvo la idea de que había cubierto su pecado, pero no fue sino hasta que Natán lo reprendió que despertó al hecho de que el gozo se había ido. «Y Espíritu noble me sustente (asista, ayude)» (v. 12). El Espíritu, que es santo, es también generoso. (La palabra noble es la misma palabra que habla de generosos de corazón y de voluntarios de corazón en Éxodo 35:5, 22). David deseaba la ayuda del Espíritu para que le sostuviera, no meramente para que le ayudara a no caer nuevamente, sino para que pudiera enseñar a otros y traer pecadores al Señor (v. 13).

La oración de David recibió respuesta. No solo el Señor lo restauró, sino que al fin de su vida pudo decir: «El Espíritu de Jehová ha hablado por mí (o, en mí), y su palabra ha estado en mi lengua» (2 Samuel 23:2). El era todavía el ungido de Dios, «el dulce cantor de Israel» (2 Samuel 23:1).

David había rehusado dos veces matar al rey Saúl por cuanto Saúl era el ungido del Señor. Ahora David era el ungido de Dios (hebreo, *meshiach*, mesías) en un sentido mucho mejor. En calidad de tal él llegó a ser un tipo que señalaba hacia el futuro y más grande David, el cual es el Mesías, el Profeta, Sacerdote y Rey ungido de Dios.

Hay solo algunas y breves menciones más del Espíritu en relación con David. Primera de Crónicas 28:12 indica que el plan del templo le vino a David mediante la inspiración divina del Espíritu.

En el Salmo 139:7 David hizo la pregunta: « ¿A dónde me iré de tu Espíritu? ¿Y a dónde huiré de tu presencia?» Con esto él no pretende dar a entender que lo haría. Sencillamente está reconociendo que el Espíritu, el poder y la presencia de Dios están en todo lugar.

El Salmo 143:10 reconoce que el Espíritu de Dios es bueno. El versículo podría traducirse: «Enséñame (hazme aprender de veras) a hacer tu voluntad, porque tú eres mi Dios. Que tu buen Espíritu me guíe a un terreno llano» (donde no haya piedras de tropiezo, ni obstáculos para la justicia, ni barreras para el progreso espiritual).

Una note más en 1 Crónicas 12:18 indica que el Espíritu Santo vino sobre (como si revistiera con ropas, llenó) a Amasai para que diera una palabra de aliento a David. (Se emplea la misma palabra hebrea respecto de Amasai que la que se usó con relación a Gedeón en Jueces 6:34).

Salomón

Aun cuando Salomón conocía la inspiración y el don de sabiduría que viene mediante el Espíritu, él habla del Espíritu solo una vez. En Proverbios 1:23 hallamos el clamor de la sabiduría: «Yo derramaré (libremente) mi Espíritu sobre vosotros, y os haré saber mis palabras» (en vuestra experiencia). La sabiduría que aquí se personifica es la sabiduría divina, o sabiduría de Dios. La expresión derramar se usa con más frecuencia respecto del derramamiento de un torrente de palabras (como en el Salmo 145:7). También se usa para designar el surgimiento de un manantial. De este modo, insinúa un derramamiento mayor del Espíritu por venir, un derramamiento conectado con un derramamiento de palabras mediante las cuales el Espíritu se expresa a sí mismo.

Reyes y Crónicas

Se menciona al Espíritu en el resto de Reyes y de Crónicas solo en conexión con los profetas. Cuando se dividió el reino después de la muerte de Salomón, los reyes de las 10 tribus del norte (que tomaron el nombre de Israel) descendieron a un nivel espiritual muy bajo. Todos adoraron los becerros de oro que colocó Jeroboam en Bet-el y en Dan. Muchos cayeron en la más grotesca idolatría. Aun en Judá, no obstante los avivamientos habidos bajo Asa, Josafat, Ezequías y Josías, la mayoría de los reyes cayó en prácticas idolátricas. De este modo, aunque los reyes fueron los que hicieron historia, los profetas hablaron en lugar de Dios y colocaron el cimiento del futuro.

Esto se observa en la estructura de los libros de Reyes. Se presenta a los reyes mediante una fórmula determinada, otra fórmula da la conclusión de su reinado. Los reyes como un todo son solo un esquema en los libros de Reyes. Pero no hay fórmula establecida para presentar a los profetas. Repentinamente aparecen en escena, como si el esquema de Reyes se hiciera a un lado y ellos fueran introducidos en la situación. (Véase 1 Reyes 17:1.)

Todos los profetas genuinos fueron, por cierto, inspirados y movidos por el Espíritu (2 Pedro 1:21). Uno de los primeros profetas sobre los cuales se nos dice que vino el Espíritu fue Azarías (2 Crónicas 15:1-8). El alentó al rey Asa para que quitara los ídolos y ayudó en el avivamiento que éste promovió. Su mensaje le hizo recordar a Asa las condiciones existentes en el tiempo de los jueces. Muy frecuente era el caso de que los mensajes de los profetas venían a incrementar la Palabra de Dios que ya estaba dada.

Más tarde, el Espíritu del Señor vino sobre Jahaziel para que alentara a Josafat a confiar en Dios, a quedarse quieto y a dejar que el Señor les diera una victoria. Por esta vez, no sería necesario que Judá peleara (2 Crónicas 20:14-17).

Aproximadamente en el mismo tiempo, Dios se movía por medio de Elías en el norte de Israel para llevar al pueblo a una decisión. Cuando después de tres años y medio de sequía él se encontró con Abdías, el siervo del rey Acab, Abdías tenía temor de que el Espíritu del Señor tomara a Elías y se lo llevara (1 Reyes 18:12). Esto nos hace recordar la manera en que el Espíritu tomó más tarde a Ezequiel (Ezequiel 37:1) y a Felipe (Hechos 8:39). Cuando menos, Abdías reconoció el gran poder del Espíritu de Dios. (Véase también 2 Reyes 2:16). Pero la evidencia de que el Espíritu estaba guiando de verdad a Elías vino cuando el fuego proveniente del cielo consumió el sacrificio en el Monte Carmelo y el pueblo dijo «¡Jehová es el Dios!» (1 Reyes 18:36-39).

Sin embargo, Elías tenía todavía otra lección que aprender (1 Reyes 19). Los milagros no necesariamente convencen a los incrédulos. Él tenía la esperanza de que el fuego del cielo haría que aun Jezabel se convirtiera. Cuando esto no sucedió, se desalentó grandemente y huyó. Fortalecido por dos comidas sobrenaturales, caminó cuarenta días hasta la región del Monte Sinaí. En aquel lugar, Dios le permitió llegar a saber que las manifestaciones de su Espíritu no son necesariamente dramáticas y externas. Un fuego, un terremoto y un poderoso viento no tuvieron mensaje para Elías. Pero entonces, en el silencio que siguió, un silbo apacible y delicado le hizo saber a Elías que no estaba solo, que habían siete mil que no habían doblado la rodilla ante Baal, y que Dios todavía tenía trabajo para que él lo ejecutara. Debía dejar de compadecerse de sí mismo y ponerse en acción.

De tal manera se caracterizó Elías por el Espíritu, que Eliseo, al saber que Elías había de ser arrebatado de su presencia, pidió que se le concediera una doble porción del Espíritu que él tenía (2 Reyes 2:9). Con esto él no se refería al espíritu humano o al entusiasmo de Elías, sino al Espíritu de Dios que estaba sobre él. Al pedir una doble porción, él no estaba pidiendo dos veces la cantidad del Espíritu (aun cuando hay quienes señalan que Dios obró dos veces la cantidad de milagros registrados en el ministerio de Elías en el ministerio de Eliseo). Lo cierto es que la doble porción era la porción del heredero. Había muchos profetas y un gran número de escuelas de profetas que se levantaron mediante el ministerio de Elías. Eliseo solicitó el privilegio de ser el sucesor de Elías en el ministerio y en cuanto a su condición de líder de las escuelas de profetas. Esto fue concedido, y los otros profetas reconocieron que el Espíritu de Elías estaba sobre él (véase 2 Reyes 2:15).

La gente reconoció a Eliseo como un hombre santo de Dios (2 Reyes 4:9). Igual cosa sucedió con los reyes, como también con Naamán, el general del ejército sirio (2 Reyes 5:14, 15). En una ocasión, sin embargo, se halló de tal manera rodeado de incredulidad que solicitó que un tañedor viniera y tocara y cantara para él. Mientras adoraba al Señor, creó su propia atmósfera de fe, y «la mano de Jehová vino sobre Eliseo» (2 Reyes 3:16). La expresión «la mano del Señor» se usa a menudo respecto del poder del Señor, y a menudo implica el movimiento del Espíritu.

Durante el tiempo de Elías, Dios usó también al profeta Micaías para que advirtiera a Acab acerca de la batalla que provocó su muerte (1 Reyes 22:17-23). Otros profetas habían alentado a Acab para que creyera que regresaría victorioso. Pero Micaías dijo que éstos estaban movidos por un espíritu de mentira para acarrear sobre Acab el juicio de Dios. Sedequías, uno de esos otros profetas, golpeó entonces a Micaías en la mejilla y preguntó: «¿Por dónde se fue de mí el Espíritu de Jehová para hablarte a ti?» (1 Reyes 22:24). Obviamente, Sedequías pensaba que él era el único verdaderamente inspirado por el Espíritu de Dios. Los eventos comprobaron que Micaías era el profeta verdadero. Pero la observación de Sedequías indica que la gente entendía que la verdadera profecía era inspirada por el Espíritu del Señor.

La Biblia señala a otra persona más en este período como especialmente llena del Espíritu (2 Crónicas 24:20). Cuando el rey Joás y su pueblo se apartaron del Señor, el Espíritu «se revistió» con Zacarías, y les reprendió. Por esta razón Joás lo hizo apedrear hasta que muriera; un martirio hacia el cual Jesús llamó la atención como el último que se registra en la Biblia hebrea, puesto que en ella Crónicas es el último libro.

Job

Job es el único libro restante de entre los libros más antiguos que menciona al Espíritu. En Job 26:13, «Su Espíritu adornó (alegró) los cielos». La mayoría considera que este adorno fue llevado a cabo por el Espíritu tomando como su agente al viento. «El hálito de Dios en mis narices» es paralelo a «mi alma... en mí» (Job 27:3). «Espíritu hay en el hombre» (Job 32:8, 18) es indudablemente una referencia al espíritu humano, pero el pasaje (juntamente con Job 33:4) reconoce que el hombre debe su espíritu al Espíritu de Dios (como en Génesis 2:7).

Eliú (quien comienza a hablar en Job 32:6) parece tener la idea, sin embargo, de que su propio Espíritu ha recibido una medida mayor de sabiduría y de poder mediante el Espíritu que lo que tenían los tres amigos de Job. En este sentido, Eliú sugiere que él tiene un don carismático. No obstante, esto es ignorado en los tratos de Dios con Job y con sus tres amigos en el resto del libro.

4

EL ESPÍRITU EN LOS
PROFETAS ESCRITORES

Todo el Antiguo Testamento considera a la profecía como la principal actividad del Espíritu entre su pueblo. El deseo de Moisés de que todo el pueblo del Señor fuesen profetas se halla condicionado por el hecho de que Dios pusiera su Espíritu sobre ellos (Números 11:29). La profecía del Joel es «Derramaré (yo, Dios) mi Espíritu sobre toda carne, y profetizarán vuestros hijos y vuestras hijas» (Joel 2:28). Esto era una parte importante de la seguridad de que el pacto de Dios finalmente se vería cumplido y de que el pueblo sería verdaderamente el pueblo de Dios. (Véanse Éxodo 6:7; 2 Samuel 7:24; Isaías 32:15; 44:3-5; Jeremías 31:31-34; Ezequiel 11:19; 36:25-28).

Joel, cuyo mensaje encaja bien con la época en que Joás era niño y el sacerdote Joiada ejercía el control, enfatiza un llamado al arrepentimiento (1:14; 2:12-17). Después del arrepentimiento, Dios prometía restauración (2:25) y avivamiento (2:28, 29).

Joel prosigue hablando respecto de señales que no habrán de presentarse sino hasta el fin de la era (2:30, 31) y promete juicio sobre naciones tales como Egipto y Edom, que eran enemigos permanentes de Judá (3:19). Por esta razón algunos dicen que la profecía de Joel respecto del derramamiento del Espíritu tiene un cumplimiento solo en el futuro, y que debe cumplirse solo con relación a los judíos en el Día del Señor.

Sobre toda carne

Un examen más detenido de lo que dice Joel, muestra, sin embargo, que ni siquiera el mismo Joel debe haber entendido la total amplitud de la promesa de Dios aquí, y no podemos limitarla solo a los judíos. Los profetas del Antiguo Testamento no ven la brecha de tiempo existente entre la primera y la segunda venida de Cristo. «Toda carne» significa claramente toda la humanidad. (Véanse Génesis 6:12, 13; Deuteronomio 5:26; Job 12:10; 39:14, 15; Salmo 65:2; 145:21; Isaías 40:6; Jeremías 25:31; Zacarías 2:13.)

Tampoco la expresión «vuestros hijos y vuestras hijas» significa restricción del derramamiento a Israel. Simplemente muestra que no hay restricciones respecto de edad o de sexo. De esta manera, la intención de la frase es remover las limitaciones y no colocarlas para que se refiera solo a los judíos.

El hecho de que los ancianos sueñen sueños (proféticos) y los jóvenes vean visiones (proféticas) es un énfasis añadido a la remoción de limitaciones. La distinción entre sueños y visiones aquí no tiene mayor significación, puesto que el Antiguo Testamento a menudo usa las dos palabras indistintamente. Pero el molde cultural que en aquellos días le daba la precedencia a la edad ya no había de tener vigencia. Todos tienen igual oportunidad para el ministerio del Espíritu.

También habían de ser removidas las restricciones sociales. El Espíritu será derramado en la misma rica abundancia sobre siervos (esclavos) y sobre las siervas. Esto también era algo inaudito en los tiempos del Antiguo Testamento. Los judíos de la posterioridad no podían creer esto. La interpretación que le dieron fue que se refería a los siervos de Dios en lugar de a esclavos genuinos. Los fariseos despreciaban a la gente común de Israel, y con mucha mayor razón a los esclavos (Juan 7:49). Uno de los dichos de ellos era: «La profecía no reside sino en los sabios, poderosos y ricos».

Bendición para todos

Lo cierto es que el propósito de Dios ha sido siempre bendecir a todos (Génesis 3:15; 12:3; 22:18; Juan 3:10). Dios no eligió a Abraham para excluir a todos los demás. Ellos ya estaban desvinculados de Dios por causa de su pecado. Dios escogió a Abraham para iniciar una línea de sangre que condujera al Mesías, la más grande expresión de la «simiente» de Abraham (Gálatas 3:16). Los judíos son un pueblo escogido, no por favoritismo (Hechos 10:34), sino para servicio. La intención de Dios era usarlos para preparar el camino para que viniera Cristo, de modo que otros también pudieran ser salvos. En otras palabras, Dios escogió a Abraham y a Israel por la misma razón por la cual envió a su Hijo: «porque de tal manera amó… al mundo» (Juan 3:16).

Así es como el derramamiento abundante del Espíritu se halla a disposición de todos, judíos o gentiles, ricos o pobres, jovenes o viejos, educados o sin educación, sin distinción de raza, color, u origen nacional. Tampoco habría de ser este derramamiento un evento para una sola época. El hebreo indica acción progresiva o repetida, de tal modo que el derramamiento del Espíritu está a disposición de todas las generaciones, Ciertamente, puede ser rechazado o ignorado, pero eso no quita el hecho de que continúe a disposición. *Después* (Joel 2:28) puede significar después del arrepentimiento y restauración. Puede referirse también de nuevo al versículo 23. La restauración que hace posible la venida del Espíritu debe, a la luz del resto de la Biblia, ser una restauración a la comunión con Dios mediante el sacrificio de Cristo en la cruz. De este modo, el Calvario era necesario antes de Pentecostés.

Algunos excelentes eruditos hebreos ven indicios de esto en Joel 2:23. La segunda mitad del versículo puede traducirse: «Porque él os dará el Maestro para justicia, y hará que descienda la lluvia, lluvia temprana y lluvia tardía antes que todo». De este modo, la expresión «después» hace que la provisión abundante del Espíritu sea una «segunda y posterior consecuencia del don del Maestro de justicia».

De esta manera, el envío literal de la lluvia en los días de Joel no solo cumplió su profecía de restauración después que ellos se arrepintieron; fue también una garantía de la más extensa promesa de que Dios derramaría su Espíritu después que viniera el Maestro de justicia, el Mesías. El único límite sería nuestra disposición para recibir.

Miqueas, lleno del Espíritu

Solo Miqueas e Isaías mencionan al Espíritu Santo en lo que se ha llamado la «edad de oro de la profecía» en Israel. Oseas (9:7) tiene una breve declaración concerniente al profeta que es necio (estúpido) y al varón de espíritu que es insensato (que actúa como un demente), pero éstas eran referencias a apóstatas, que se habían corrompido grandemente (Oseas 9:9). Oseas mismo era un hombre dedicado totalmente a Dios que aprendió a través de su propio corazón quebrantado el amor que Dios siente por los que se han apartado de Él.

Lo que dice Miqueas respecto de su llamado era indudablemente cierto de todos los profetas genuinos de Dios: «Estoy lleno de poder del Espíritu de Jehová, y de juicio (justicia, que incluye las decisiones correctas), y de fuerza (fortaleza intrépida), para denunciar a Jacob su rebelión, y a Israel su pecado» (Miqueas 3:8). En medio de una sociedad corrupta, Dios lo llenó con su Espíritu para que pudiera ver lo que era correcto ante Dios y lo que era incorrecto. Luego el Espíritu le dio

EL ESPÍRITU SANTO REVELADO EN LA BIBLIA

el poder, el valor y la fortaleza para encarar la situación (compare Juan 16:8). ¡Qué contraste había entre él y los profetas falsos que excusaban el pecado si la paga era buena!

Miqueas pregunta también: «¿Se ha acortado el Espíritu de Jehová?» (esto es, impacientado, descontento) (2:7). Su pregunta demanda una respuesta negativa. Dios no está impaciente. Él no ha llegado a estar descontento. Esto es que sus actos de juicio sobre Israel no son el resultado de algún cambio en su carácter. Él es el mismo buen Dios que siempre ha sido. Era la gente la que había cambiado. Se habían levantado contra Dios como si fuese su enemigo (2:8). Realmente no deseaban oír la Palabra de Dios. En efecto, «Si alguno andando con espíritu (más bien, de acuerdo con un espíritu, o según el viento) de falsedad mintiere diciendo: Yo te profetizaré de (o, con referencia a) vino y de sidra; este tal será el profeta (predicador) de este pueblo» (2:11). Los profetas falsos estaban dispuestos a predicar la clase de concupiscencia y placer que el pueblo deseara oír. Al hacer esto lo que hacían era ignorar el hecho de que el Espíritu Santo fue dado, no para promover el disfrute carnal, sino para lidiar con el pecado.

Una señal de juicio

Isaías también tuvo dificultades con los ebrios y con los sacerdotes que se burlaban de él. Cuando él hablaba de juicio y de las glorias futuras, ellos decían que no eran bebés (Isaías 28:9). Ya habían oído profecías semejantes con anterioridad. Para ellos las profecías de Isaías eran como el abecedario o como los balbuceos infantiles (efectivamente, en hebreo, Isaías 28:10 aparece como una especie de repetición de letras del alfabeto o como si se estuviera hablando en jerigonza).

Isaías replicó que «en lengua de tartamudos, y en extraña lengua hablará a este pueblo». Mediante esto quería dar a entender que si ellos no aprendían la lección de parte del Señor, la aprenderían de los asirios invasores, cuyo lenguaje a ellos les parecería como jerigonza (Isaías 33:19). Lo que Dios pretendía era que las profecías y la esperanza de la venida del Mesías y del Espíritu fuesen un reposo y un refrigerio. Pero ahora, lo que ellos señalaron como jerigonza se convertiría para ellos en una señal de juicio. Lo oirían, y por el hecho de que rechazaron el mensaje de Isaías, caerían «de espaldas» y serían llevados presos. Esto se cumplió cuando Senaquerib tomó las ciudades de Judá (Isaías 36:1) y, según sus registros, envió a doscientos mil de ellos a la cautividad, probablemente a Babilonia.

58

La primera mención que Isaías hace del Espíritu se halla conectada también con el pecado. Todos los que quedaran en Sion serían santos (dedicados a Dios, consagrados a Dios) — «cuando el Señor lave las inmundicias (excremento) de las hijas (habitantes, hombres y mujeres) de Sion, y limpie la sangre (charcos de sangre causados por los homicidios) de Jerusalén de en medio de ella, con espíritu de juicio (justicia) y con espíritu de devastación» — para preparar para la gloria (mesiánica) venidera (Isaías 4:3-5). Algunos consideran que esto es meramente un viento devastador y purificador, pero es Dios quien hace la obra. Su Espíritu trae el fuego de la ira divina para castigar el mal y destruir a los obradores de iniquidad, con el fin de acelerar la venida del Mesías.

El Espíritu en el Mesías

El clímax del cuadro que Isaías presenta del Mesías al principio y al final del libro muestra al Espíritu de Dios reposando sobre él (11:1-5; 61:1-4). En la primera parte del libro Isaías muestra al Mesías en calidad de Rey. El desarrolla un cuadro maravilloso que comienza con 7:14.

En ese tiempo el rey Acaz pensaba solicitar ayuda militar de Asiria. Isaías quería que confiara en el Señor (7:11) y le dijo que pidiera una señal sobrenatural (milagro) desde lo profundo (hacia el Seol) o desde arriba en lo alto (cielo). Pero Acaz ya tenía su propósito hecho, de modo que pretendió ser demasiado piadoso para poner a prueba a Dios. Ante eso, Isaías prorrumpió con palabras de condenación, no meramente de Acaz, sino de toda la casa (familia, linaje) de David. Todos ellos estaban cansando al Señor. «Por tanto, el Señor mismo os dará (plural, toda la casa y línea de David) señal (sobrenatural, milagrosa): He aquí que la virgen concebirá, y dará a luz un hijo, y llamará su nombre Emanuel (Dios con nosotros)» (7:14).

El pasaje siguiente es difícil, pero es claro que este versículo se refiere a un milagro por lo menos tan grande como aquel que se ofreció al rey Acaz. Virgen (hebreo, *almah*) ha sido traducida algunas veces como «mujer joven» porque no es la palabra corriente para referirse a una virgen. Pero la palabra corriente *(bethulah)* significa virgen de cualquier edad desde una joven hasta una anciana. La palabra que emplea Isaías aquí reduce el significado a una virgen en edad de contraer matrimonio. (Véase Génesis 24:16 donde se usa la palabra para referirse a Rebeca.) El nombre Emanuel hace que el «con nosotros» sea enfático. Él es el Dios con nosotros, que viene a estar con nosotros de una manera especial.

Para los judíos la tierra santa era la tierra de Dios, pero en Isaías 8:8 es la tierra de Emanuel. (Véase Juan 1:11 donde Él viene a lo suyo, es decir, a su propio lugar, su propia tierra y su propia gente no lo recibió).

El próximo paso en el cuadro que desarrolla Isaías muestra que el Niño de nacimiento virginal tiene el gobierno sobre su hombro (Isaías 9:6, 7). Su nombre ha de ser Admirable (una milagrosa maravilla), Consejero (nombre que tradicionalmente se le daba a Dios y a su Espíritu), Dios fuerte (el Dios heroico y valiente que consigue una gran victoria para su pueblo), Padre eterno (el Padre o Autor de la eternidad; véase Juan 1:1, 3) y Príncipe de paz (el Príncipe que traerá paz, bendición y bienestar espiritual; el Príncipe que introducirá la gloriosa era venidera). El establecerá el trono de David y lo hará para siempre. Dios mismo está dedicado y lleno de celo para llevar a cabo esto.

El capítulo siguiente confirma que el «Dios fuerte» se refiere indudablemente a la naturaleza divina del Hijo prometido. En 10:20, 21 el «Dios fuerte» es un paralelo del «Santo de Israel».

El Espíritu séptuplo

Luego, en Isaías 11:1-5, se identifica a este Niño de nacimiento virginal con una vara (brote nuevo) del tronco (cepa cortada) de Isaí, y una rama (hebreo *netser* de *nezer*, con la misma derivación que Nazaret y nazareno) de sus raíces. En otras palabras, para el tiempo en que este Hijo nacido virginalmente llegue a ser Dios con nosotros, la gloria del reino davídico habrá desaparecido, y la familia de David estará en decadencia y reducida a la pobreza. Pero cuando el Niño crezca habrá sobre él algo mejor que gloria terrenal. «Reposará (continuamente) sobre él el Espíritu de Jehová; espíritu de sabiduría y de inteligencia, espíritu de consejo y de poder, espíritu de conocimiento y de temor de Jehová» (11:2). Tal como un erudito bíblico lo ha señalado, el Espíritu del Señor es como el eje central de un candelabro de siete luces. Las otras manifestaciones del Espíritu se hallan en tres grupos: primero, con relación a la mente y al intelecto, segundo, con relación a la vida práctica, y tercero, directamente con relación a Dios.

Cada aspecto de este Espíritu séptuplo es significativo. Presentado como el *Espíritu de Jehová* es el Espíritu de profecía, el Espíritu que obra en la redención. Sabiduría es percepción capaz de ver a través de una situación las cosas tal como son. (Compare Juan 2:24, 25, donde Jesús sabe lo que hay en el hombre.) *Inteligencia* es la habilidad para discriminar entre el bien y el mal, independientemente de las circunstancias externas. Consejo es la habilidad para pesar los hechos y para llegar a conclusiones correctas. Poder es la valentía y fortaleza para llevar a cabo la voluntad de Dios. Conocimiento es el conocimiento personal de Dios que proviene de la comunión en amor con Él. El *temor de Jehová* es una reverencia que exalta a Dios y que es el principio de toda sabiduría (Job 28:28; Salmo 111:10; Proverbios 1:7; 9:10). Todo esto lo tendrá como una posesión permanente el Niño nacido virginalmente, el nuevo David, desde el momento en que el Espíritu séptuple descienda sobre Él. (Véanse Apocalipsis 4:5; 5:6, donde el Espíritu séptuple no solo arde ante el trono de Dios, sino que también está activo por medio de la autoridad del Cordero que fue inmolado).

Por el hecho de que el Espíritu está sobre Él, Él «no juzgará según la vista de sus ojos, ni argüirá por lo que oigan sus oídos» (11:3). Todo cuanto pueden hacer los hombres comunes es decidir sobre la base de lo que reciben mediante sus sentidos; de este modo los jueces y jurados a menudo cometen errores. Pero el Hijo ungido por el Espíritu no cometerá errores.

La siguiente parte del capítulo (11:6-9) da un salto a lo que serán las condiciones en el Milenio. Los profetas no vieron la brecha de tiempo entre la primera y la segunda venida de Cristo. Pero el énfasis de Isaías está en el hecho de que el ministerio del Espíritu mediante el Mesías proseguirá, y que las condiciones ideales de la edad venidera serán también la obra del Espíritu.

En aquel día, añade Isaías, «Jehová de los ejércitos será por corona de gloria y diadema de hermosura al remanente de su pueblo; y por espíritu de juicio (justicia) al que se sienta en juicio, y por fuerzas (fuerzas de intrepidez, como en Isaías 11:2) a los que rechacen la batalla en la puerta» (Isaías 28:5, 6). De aquí vemos que el mismo Espíritu séptuple que reposa sobre el Mesías también se pone a disposición del pueblo.

El Siervo ungido

La última parte de Isaías habla a menudo del Siervo de Jehová, de Aquel que ejecuta su trabajo. Israel fue llamado siervo de Jehová (Isaías 41:8), pero Dios tenía un trabajo de salvación que Israel no podía hacer. También Israel necesitaba la salvación. Sale, entonces, de Israel Uno que haría el trabajo completo del Señor y que cumpliría su salvación.

Isaías 42:1 lo presenta como el escogido, en quien Dios tiene contentamiento. Dios ha puesto su Espíritu sobre Él, y mediante el Espíritu Él traerá justicia (o las decisiones de Dios que son la base de la religión práctica y verdadera) a los gentiles (todas las naciones del mundo). Este Siervo será el Mediador del nuevo pacto de Dios, será una luz a los gentiles (42:6), abrirá los ojos de los ciegos, y sacará de la cárcel (de pecado) a los presos (42:7). En Isaías 61:1 este mismo Siervo de Jehová dice de sí mismo: «El Espíritu de Jehová el Señor está sobre mí, porque me ungió Jehová; me ha enviado a predicar buenas nuevas a los abatidos (pobres, humildes), a vender a los quebrantados de corazón, a publicar libertad a los cautivos (hechos cautivos en la guerra, esto es, en las batallas espirituales contra el pecado y Satanás), y a los presos apertura de la cárcel (liberación)». Él también proclama «el año de la buena voluntad de Jehová, y el día de venganza del Dios nuestro» (61:2). Además, Isaías, de la misma manera como Joel, no ve la brecha de tiempo entre la primera y la segunda venida de Cristo.

No obstante, el énfasis en este pasaje está en el año de la buena voluntad de Jehová, en las buenas nuevas que trae el Siervo ungido. Puede ser que el «año de la buena voluntad» es un modo de decir que el Mesías traerá un mayor y más profundo cumplimiento de aquello que se suponía debía traer a Israel el año del jubileo. En el año del jubileo se recuperaban las heredades perdidas (Levítico 25:10-13). La venida del Siervo ungido significaría entrar de nuevo a las bendiciones de Dios y a la herencia que Él tiene para su pueblo.

Todo esto implica la salvación que Él trae. Este Siervo de Isaías 61:1 es no solo el mismo de Isaías 42:1, sino que es también el Siervo que llevó nuestras enfermedades y que sufrió nuestros dolores y por cuyas heridas somos sanados: el que sufrió y murió en nuestro lugar para nuestra redención (Isaías 52:13 a 53:12).

También es el mismo que fue enviado por Dios con su Espíritu en Isaías 48:16 (donde el hebreo significa «Dios me ha enviado y ha enviado a su Espíritu»). Dios lo comisionó y lo envió para que cumpliera el propósito divino y para que fuese Restaurador de Israel y luz para los gentiles (Isaías 49:6). Es el que tiene lengua de sabios (por cuanto es enseñado por Dios) para alentar a los cansados (aquellos que están fatigados o a punto de rendirse), y quien también ofrece su espalda a los que le hieren (Isaías 50:4, 6). Él rescata a los que están sin esperanza alguna al final de su resistencia (Isaías 42:3), y el mismo «no se cansará (perder brillo, como una luz) ni desmayará (o precipitarse, o ser aplastado), hasta que establezca en la tierra justicia (religión práctica); y las costas (incluidas todas las tierras distantes) esperarán su ley (su enseñanza, o instrucción respecto de Él)» (42:4).

El Espíritu en el presente y en el futuro

Isaías tiene una manera especial de saltar desde los apóstatas de Israel en su propio tiempo hasta las glorias futuras, para luego volver atrás. Vemos esta especie de alternancia en los pasajes que tratan con la relación del Espíritu de Dios con la gente. Isaías 30:1 trata del rechazo de la guía, el poder y la pureza del Espíritu de Dios por un pueblo rebelde y por líderes inescrupulosos en los días de Isaías. El capítulo 32:15 habla del derramamiento futuro del Espíritu desde el cielo, lo que hará del desierto un campo fértil (como el Carmelo). Hay implicada una transformación, tanto de la tierra como de la gente (32:16-18), edemas de que todo el mundo ha de gozar algo mejor de lo que jamás había conocido antes.

Isaías 34:16 ata juntamente a la Palabra del Señor y al Espíritu, con la afirmación de que el Dios que es el Creador mantendrá sus promesas así como ha hecho provisión para toda su creación (véase Salmo 33:6, 9, 11). Isaías 40:7, 8 trata también con el Espíritu y con la Palabra, pero de un modo diferente. Compara al Espíritu de Dios que trae juicio sobre la humanidad con un viento quemante que marchita el pasto y las flores. Luego contrasta esto con la Palabra de Dios que permanece para siempre.

Puede verse otro tipo de contraste entre Isaías 40:13 y 44:3. En el primero de estos pasajes se reconoce al Espíritu de Dios como soberano, participando de la obra de la creación, sin necesidad de que alguien le aconseje o imparta sabiduría, así es como aparece casi inaccesible en su grandeza. Luego el mismo Espíritu con toda su bendición derramado como agua sobre un hombre sediento o como torrentes sobre la tierra seca (44:3). La restauración externa del pueblo y de la tierra son ligadas entonces directamente con la salvación y la renovación espiritual (44:5, 6).

Todavía se halla otro contraste en Isaías 59:19-21. El versículo 19 habla del gran poder de Dios que barre con todo lo que está delante de Él. El significado es similar a la traducción usual, pero el hebreo se lee mejor: «Y temerán el nombre de Jehová desde el occidente y su gloria desde el nacimiento del sol, porque Él (Dios) vendrá como el río (el Éufrates) angostado, siendo impelido por el Espíritu del Señor».

El pasaje precedente tiene relación con el juicio de Dios sobre sus enemigos. Cuando Él se mueve contra ellos, ningún enemigo puede permanecer delante de Él. Del mismo modo como el río Éufrates redobla su velocidad y barre todo lo que encuentra a su paso cuando llega a un lugar angosto entre altas márgenes, así el Espíritu de Dios es la fuerza impulsora contra los enemigos de Dios, y los barrerá a su paso.

En contraste con esto, el Redentor (el redentor de la sangre que redime la heredad) vendrá a Sion, aun a aquellos de Jacob (judíos) que se vuelvan a Dios de su transgresión (rebelión). El pacto de Dios para ellos es que su Espíritu que está sobre ellos (y que ha estado sobre ellos desde cuando fueron restaurados a Dios) y las palabras de Dios que el Espíritu pone en las bocas de ellos, no faltarán (no serán quitadas) (59:21).

La rebeldía contrista al Espíritu Santo

Hay un pasaje más en Isaías que tiene referencia al Espíritu Santo (63:7-16). Isaías hace una primera referencia al amor fiel de Dios por su pueblo y a la manera en que «en toda angustia de ellos él fue angustiado, y el ángel de su faz los salvó; en su amor y en su clemencia los redimió, y los trajo y los levantó todos los días de la antigüedad. Mas ellos fueron rebeldes, e hicieron enojar su santo Espíritu» (63:9, 10). De manera significativa, el Espíritu Santo es tratado aquí como una Persona que puede ser apenada (Efesios 4:30), y así es como opina la mayoría de los eruditos y comentaristas bíblicos más antiguos.

Este mismo Espíritu Santo estuvo en Moisés (63:11). Muchos consideran que por el hecho de que el Espíritu estaba en Moisés, en María, en los setenta ancianos, y en Josué, se hallaba en medio del pueblo de Israel. De esta manera, cuando ellos murmuraban, afligían al Espíritu Santo que estaba entre ellos. El énfasis del versículo 12 en el liderato de Moisés parece, sin embargo, significar que el Espíritu estaba específicamente en Moisés. De esta manera, cuando Números 11:17 habla del Espíritu sobre Moisés, no niega que Moisés también fue lleno del Espíritu.

Isaías 63:14 llega hasta el punto de comparar a un rebaño que desciende a un valle (conducido por un buen pastor a pastos verdes y a aguas quietas) con Israel que es conducido por el Espíritu Santo al reposo (de Canaán). Por medio de líderes llenos del Espíritu ellos fueron llevados a la victoria y a la bendición. Pero el verdadero Guía fue siempre el Espíritu del Señor.

La mano poderosa de Dios

Las experiencias de Ezequiel fueron desusadas, y él menciona al Espíritu más que cualquiera de los profetas restantes. Jeremías, en contraste, no hace mención en absoluto del Espíritu, aunque él menciona la mano del Señor a Jeremías (1:9; 6:12; 15:6; 16:21, por ejemplo). Luego, en Ezequiel, la mano del Señor a menudo se muestra como un paralelo del Espíritu del Señor (Ezequiel 1:3; 3:14, 22, 24; 8:1; 11:1).

Esto difiere poco del intercambio del «Espíritu de Dios» y el «dedo de Dios» en Mateo 12:28 y Lucas 11:20. La mano del Señor y el brazo del Señor se usan a menudo como símbolos del poder de Dios. En el énfasis actual sobre la suavidad del Espíritu es fácil olvidar que la Biblia tiene mucho más que decir respecto del poder del Espíritu, tal como ya hemos visto en los escritos de Isaías. Isaías muestra también que el Espíritu significa poder cuando se pronuncia un ay sobre Israel por volverse de Dios para buscar ayuda en Egipto, porque «los egipcios hombres son, y no Dios; y sus caballos carne, y no espíritu» (Isaías 31:3).

Debemos tener presente que estas experiencias de poder no implican frenesí, misticismo o trance en el sentido ordinario de la palabra. La mano de Dios estaba sobre Elías (1 Reyes 18:46), sin embargo, la simplicidad de su fe y de su oración presentan un fuerte contraste con el frenesí pagano y las contorsiones de los profetas aullantes y vociferantes de Baal (1 Reyes 18:26, 28, 36, 37). De igual manera Ezequiel, aunque sus experiencias con el Espíritu muestran mayor variedad que la mayoría, nunca cae en la clase de trance en que caían los profetas paganos. Por medio de Ezequiel el Espíritu trajo edificación, no confusión.

La primera mención del Espíritu en el libro de Ezequiel se halla en conexión con el querubín que vio Ezequiel en su visión de Dios (Ezequiel 1:12, 20, 21; 10:17). Cada querubín tenía cuatro caras, las que representaban toda la creación de Dios e indicaban de este modo que Dios está por encima de toda su creación. Junto al querubín había ruedas en ángulo recto unas con otras, de modo que podían ir en cualquier dirección (indicación de que Dios ni siquiera tiene que volverse para llegar a donde uno está). Las ruedas y el querubín se movían en armonía y en unidad cuando el Espíritu se movía.

Algunos consideran que el Espíritu aquí es meramente el aliento de Dios, pero el término hebreo no es «un espíritu» sino «el Espíritu». «El Espíritu de los seres vivientes» de 1:20 es también «el Espíritu». Este es entonces un cuadro simbólico de que Dios no solo está sobre su creación; su Espíritu se mueve en su creación para cumplir sus propósitos.

Levantado por el Espíritu

Otro grupo de pasajes muestra cómo es que el Espíritu se movía sobre Ezequiel personalmente (Ezequiel 2:2; 3:12, 14, 24; 8:3; 11:1, 5, 24).

En la primera ocasión el Espíritu entró en él y le hizo estar de pie de modo que pudiera oír el mensaje que Dios tenía para él (2:2). La misma cosa sucedió en 3:24, solo que esta vez Dios le dijo a Ezequiel que permaneciera en su casa. Dios le quitaría el poder de la palabra, excepto cuando quisiera que Ezequiel comunicara un mensaje suyo al pueblo. De este modo un pueblo rebelde se vería forzado a comprender que Ezequiel hablaba solo cuando hablaba para Dios, y que era un verdadero profeta de Dios.

En otras ocasiones el Espíritu lo levantó (3:12, 14; 8:3; 11:1, 24; 43:5). Una vez (3:12, 14), el Espíritu lo tomó (lo apresó), y él fue en la amargura y en la indignación de su espíritu a los judíos exiliados en Telabib, al este de Babilonia, y se sentó entre ellos. Más tarde, la forma de una mano lo cogió por una guedeja de su cabello y el Espíritu lo levantó entre la tierra y el cielo, y lo llevó «en visiones de Dios» a Jerusalén (Ezequiel 8:3). Allí, el Espíritu lo levantó nuevamente y lo condujo a la puerta oriental del templo (11:1). Finalmente, el Espíritu lo levantó y lo llevó «en visión del Espíritu de Dios» a Caldea (Babilonia). Entonces la visión se fue de él (11:24).

Varios años más tarde, en una visión del retorno de la gloria de Dios al futuro templo milenial, él se postró reverentemente con su rostro en tierra (43:3). Luego el Espíritu lo levantó y lo llevó al atrio interior, donde pudo ver que la gloria llenaba el templo.

Aquí se levantan dos interrogantes. ¿Cuál es la naturaleza del Espíritu? ¿Y cuál es la naturaleza del levantamiento y de las visiones?

Algunos escritores dicen que fue el *Espíritu* el que entró en Ezequiel, mientras que fue el *viento* el que lo trasladó. Otros, por el hecho de que el hebreo dice «Espíritu» más bien que «el Espíritu» en varios de estos pasajes, consideran que el énfasis se halla sobre el poder o energía, y que el Espíritu de Dios está implicado solo en un sentido vago. Sin embargo, el poder viene de Dios. Como dice Davidson concerniente a Ezequiel 2:2, donde el Espíritu hizo que Ezequiel estuviera de pie: «Si Dios desea que el hombre permanezca erguido delante de él, es solo el Espíritu de Dios el que capacita al hombre para que asuma la posición correcta».

Vemos más adelante que en 11:5 el Espíritu que cayó sobre Ezequiel es el Espíritu del Señor. Puesto que la acción de caer sobre parece no tener efectos diferentes que el entrar en de 2:2 (ambas le preparan para oír la Palabra del Señor), parece obvio que la referencia es al mismo Espíritu. También en 11:24 Ezequiel es llevado en una visión por el Espíritu de Dios, y en 37:1 se le hace salir mediante el Espíritu del Señor. Estos también son paralelos a otros pasajes en que se menciona el Espíritu. De este modo todos se refieren al Espíritu de Dios.

Visiones dadas por Dios

La pregunta de la naturaleza de las visiones y de cómo el Espíritu levantó a Ezequiel es más difícil. Cuando él va donde los exiliados en Tel abib, es impelido a la acción y efectivamente va de un lugar a otro. Sin embargo, cuando el Espíritu lo lleva a Jerusalén, es en «las visiones de Dios». Por el hecho de que «la mano de Jehová» (algo con la forma de una mano) lo agarró por una de las guedejas de su cabello y porque es llevado a varias partes del templo y sus atrios, muchos creen que Ezequiel fue transportado físicamente a Jerusalén. También se dice que cavó en la muralla del templo y que atravesó una puerta (8:7-9).

Visión, también, no es la palabra común para una visión profética. En algunos casos se traduce «aparición», y podría significar algo visto, es decir, una visión. (Ezequiel 23:15 dice: «Teniendo todos ellos *apariencia* de capitanes», la misma palabra.) De este modo, las visiones de Dios podrían significar sencillamente apariciones verdaderas o manifestaciones de Dios.

No obstante, hay problemas con esta interpretación. Nadie en Jerusalén pudo ver a Ezequiel mientras él contemplaba lo que allí sucedía. Ni se percataron ellos de la gloria que Ezequiel vio que se alejaba del templo y de la ciudad. Más tarde, la mano del Señor le hizo salir en el Espíritu y lo depositó en un gran valle, ancho y plano, el cual estaba lleno de huesos secos (37:1). Se declara que estos huesos representan a toda la casa de Israel (las doce tribus) esparcida entre las naciones (37:11-14). De este modo, no se pretende que el valle sea un valle real, sino un cuadro de la humanidad como un todo. Ezequiel es levantado espiritualmente a un lugar donde Dios pueda mostrarle esta visión.

Una vez más el Espíritu lo levanta y lo lleva al atrio interior del futuro templo milenial (43:5). La apariencia de la gloria en ese lugar es la misma como en las visiones que tuvo antes (43:3). Puesto que el templo milenial no existe todavía, resulta claro que lo que vio Ezequiel aquí fue también una visión, y que fue levantado a un nivel espiritual mucho más alto para verlo, pero no fue transportado físicamente hasta el mismo. Pero tal vez todo lo que podamos decir respecto del traslado de Ezequiel a Jerusalén en el capítulo 8 deba compararse con la experiencia de Pablo de su visión del paraíso y del tercer cielo: «Si en el cuerpo, a fuera del cuerpo, no lo sé; Dios lo sabe» (2 Corintios 12:3). Sin embargo, podemos estar seguros de que Ezequiel experimentó el poder del Espíritu de manera poderosa.

Un Espíritu nuevo en el pueblo de Dios

El resto de las referencias al Espíritu en Ezequiel trata del tiempo de la futura restauración de Israel (Ezequiel 11:19, 20; 18:31, 32; 36:26, 27; 37:14; 39:29). El énfasis repetido en estos pasajes es el corazón nuevo y el espíritu nuevo que Dios pone en su pueblo. Luego, Dios pone su Espíritu en ellos.

Primero, él habla de darles un corazón como también un espíritu nuevo (11:19). El nuevo espíritu hará posible una nueva unidad entre el pueblo de Dios más allá de cualquier cosa que hubiesen tenido antes. Dios sacará también de ellos el corazón de piedra, que era insensible y que estaba endurecido a la Palabra de Dios y a su Espíritu. Este será reemplazado por un corazón de carne; esto es, por una mente tierna y sensible a las cosas de Dios. (Un corazón de carne significa aquí sencillamente uno que funciona apropiadamente como Dios se propuso originalmente que funcionará; pero, como es usual en el Antiguo Testamento, el corazón incluye la mente). Luego, si ellos caminan en obediencia y fe, serán en verdad el pueblo de Dios, y Él será el Dios de ellos (11:20).

Dios deseaba verdaderamente que Israel disfrutara de este nuevo corazón y este nuevo espíritu en los días de Ezequiel. Pronto sería necesario el juicio si el pueblo seguía como iba. Pero Dios todavía los llamaba al arrepentimiento, a que dejaran sus pecados de rebeldía, y a que obtuvieran un corazón nuevo y un espíritu nuevo. Él no tenía placer alguno en traer juicio y muerte, ¿por qué, entonces, no se volvían a él y vivían? (18:30-32). Es decir, que ellos podían obtener un nuevo corazón y un nuevo espíritu por volverse a Dios y dejarle renovárselo mediante su Espíritu.

Ezequiel 36:25-27 va todavía un paso más adelante. Habla de la limpieza que Dios dará después de traer a Israel de vuelta a su propia tierra. Allí Dios les dará el nuevo corazón y el nuevo espíritu y reemplazará su corazón de piedra, como les prometió. Luego, pondrá también su Espíritu dentro de ellos para hacer posible que vivan en obediencia y fe en la tierra como su pueblo. Esto lo hará Él, no porque Israel se lo merezca, sino para que todos sepan que Él es el Señor, el Dios que guarda sus promesas (36:32, 36).

Exactamente lo mismo es lo que se pinta dramáticamente en la visión de los huesos secos. Dios le preguntó a Ezequiel si estos huesos podían vivir. Ezequiel no quiso decir que parecía imposible, de modo que dijo: «Señor Jehová, tú lo sabes». Luego Dios le dijo que profetizara sobre los huesos, y mediante el poder de la palabra profética, los huesos se unieron y hubo una restauración física: «pero no había en ellos espíritu» (37:8). Dios ordenó entonces a Ezequiel que profetizara por segunda vez y que hablara al viento, para que el espíritu viniera de los cuatro vientos para que soplara «sobre estos muertos, y vivirán» (37:9). Por medio del poder de la Palabra profética, el espíritu entró en ellos y se pusieron de pie, vivos. Después de explicar que los huesos representaban a las doce tribus de Israel esparcidas entre las naciones, sin esperanzas de retorno, Dios explicó también que el espíritu en ellos era una representación de su Espíritu (37:14). Esto es, como en el capítulo 36, la promesa fue que Israel será primeramente restaurado a la tierra en incredulidad. Dios haría una obra para limpiarlos, cambiarlos y darles su Espíritu.

En 39:28, 29 Dios explica de nuevo que este retorno de Israel hará que Él sea santificado entre muchas naciones. Ellos sabrán que Él es el Señor (verán que Él es la clase de Dios que dice ser) cuando la restauración se haya completado. El significado de la expresión «conocer» al Señor es similar al del libro del Éxodo, y Ezequiel parece tratar este retorno final como un segundo éxodo. Luego Dios añade que Él jamás ocultará su rostro de ellos otra vez (como lo hizo después del primer éxodo), «porque habré derramado de mi Espíritu sobre la casa de Israel».

Antes de dejar a Ezequiel, podría resultar provechoso fijarnos en el río de Ezequiel 47:1-12. A causa de que el agua es a menudo un símbolo del Espíritu Santo, muchos toman esto como una representación de una corriente de avivamiento donde nos internamos más y más en la vida del Espíritu. Sin lugar a dudas pueden extraerse lecciones espirituales de este pasaje, pero Ezequiel lo presenta como un río verdadero que trae vida al Mar Muerto y que cambia el desierto de Judea en una tierra agradable. Esto ha de tomar lugar en el Milenio.

En Daniel, los babilonios hablan del «espíritu de los dioses santos» en él (4:8, 9, 18; 5:11, 14). Este es precisamente la manera pagana de reconocer que Daniel tenía dones proféticos, como también es un reconocimiento de su conocimiento y de su sabiduría. De otra manera, Daniel no menciona al Espíritu.

También Hageo tiene una breve declaración, pero muy significativa. Dice él que (2:5) según el pacto que Dios hizo con Israel cuando salieron de Egipto, así su Espíritu se hallaba todavía (en representación de Dios) entre ellos. De este modo, ellos podían desechar todo temor. Este es una de las afirmaciones más claras en el Antiguo Testamento de que el Espíritu es eterno y de que es divino e inmutable.

No con ejército, ni con fuerza

Zacarías nos da otro pasaje muy significativo concerniente al Espíritu. Es la quinta visión de una serie de ocho, todas las cuales fueron dadas para animar a aquellos que estaban reconstruyendo el templo después de su destrucción por los babilonios. Estas visiones, no obstante, miran más allá de los eventos que rodean la reconstrucción del templo. Las ocho consideran la obra y los tiempos del Mesías. Dios deseaba que el príncipe Zorobabel y su pueblo que habían regresado de Babilonia supieran que lo que estaban haciendo era de significación no solamente local. Era parte de un gran plan que hallaría su consumación en la obra del Mesías. Un breve examen de esas visiones ayudará a colocar la quinta visión en su contexto apropiado.

La primera visión (Zacarías 1:8-11) es de una compañía de jinetes entre mirtos en un valle profundo (sugiriendo quizá la humildad y seguridad del pueblo de Dios). Por medio de ellos el mundo está reposado, indicando la seguridad de la victoria del pueblo de Dios. Los jinetes son dirigidos por uno que cabalga en un caballo alazán, uno que es más que un hombre o un ángel, uno que es el Mesías revelado como el protector y restaurador de su pueblo.

La segunda visión (1:18-21) es de cuatro cuernos, que representan cuatro poderes mundiales, y cuatro carpinteros (que trabajaban la madera o el metal). Los cuatro cuernos probablemente representan a Babilonia, Medo-Persia, Grecia y Roma (como en Daniel 2 y 7), aunque algunos creen que sean Asiria, Egipto, Babilonia y Medo-Persia. Los cuatro carpinteros representan las mismas potencies mundiales las cuales en su turno traen el juicio de Dios a la potencia que precedió.

La tercera visión (2:1-13) describe a un inspector (el Mesías) con un cordel de medir, indicando que por medio de Él vendrá el cumplimiento de las promesas de Dios de expansión, paz y gloria de Jerusalén.

Por medio de Él también, muchas naciones (gentiles) se unirán a Jerusalén y al pueblo de Dios (2:11).

La cuarta visión (3:1-10) muestra a Josué, el sumo sacerdote (Esdras 2:2; 3:2), vestido con vestiduras viles (cubiertas de excremento) lo que era una representación de los pecados del pueblo. Aún cuando el adversario lo acusa, las ropas sucias le son quitadas, el pecado es perdonado, y se le ponen vestiduras limpias y hermosas. Se dice luego que esto representa la obra del Mesías, el «Renuevo», esto es, el nuevo brote de la raíz de David (como en Isaías 11:1; 53:1; Jeremías 23:5).

De manera significativa, la quinta visión (4:1-14), que le da énfasis al Espíritu de Dios como el Dador de poder (Hechos 1:8), sigue inmediatamente después de este cuadro de perdón de pecados. Las visiones restantes dan cuadros adicionales de los pecadores que son destruidos y el pecado removido. Ellas muestran, sin embargo, que las agencias que traerán esto cerca del fin de esta edad estaban, en los días de Zacarías, bajo control.

La quinta visión claramente toma un paso definido más allá de la cuarta. Esto está señalado por el hecho de que el mensajero tuvo que levantar a Zacarías a una posición más elevada y aguda de conciencia o percepción espiritual para que pudiera recibir la visión. (Nótese que Zacarías no estaba verdaderamente dormido en el versículo uno). Puede verse también por el hecho de que Zacarías halló que la visión era muy difícil de entender. Muchos comentaristas modernos parecen tener más dificultades para entenderla que las que tuvo Zacarías, y hay mucho desacuerdo en la interpretación de los detalles.

Cuarenta y nueve luces

Una dificultad es que la visión misma es difícil de describir. Zacarías ve un candelero de oro sólido. (En los tiempos del Antiguo Testamento no se usaban las velas de sebo o de cera.) El candelabro tenía siete lámparas. Encima de él había un gran depósito del cual salían siete «tubos» que conducían a las siete lámparas. En realidad, en el hebreo se lee: «Siete siete tubos a las lámparas». Estos sietes repetidos han sido interpretados como si fuese un tubo a cada lámpara; siete en total; dos tubos a cada lámpara, 14 en total; o siete tubos a cada lámpara, 49 en total.

La última interpretación parece la mejor, pues la frase «siete sietes», según el uso en el hebreo, se toma en mejor forma distributivamente. La mayoría de los comentaristas que la toman de esa manera ven en los siete tubos de cada una de las siete lámparas una representación de plenitud de aprovisionamiento.

Otra dificultad para representar esto es que la Biblia no dice en qué forma estaban dispuestas las lámparas. Es probable que las lámparas no estuvieran en una línea, como lo estaban en el candelero en el templo de Herodes. Muy probablemente se hallaban en un círculo debajo del tazón «sobre brazos de igual longitud que se desprendían en intervalos regulares del eje central». De ese modo las lámparas darían luz en todas direcciones.

Sin embargo, parece que se perjudica la belleza del candelero de oro al representar siete «tubos» en cada lámpara. *Tubo* significa realmente un dispositivo para verter, un labio o caño. Los descubrimientos arqueológicos muestran que tales lámparas eran muy sencillas. Eran fuentes pequeñas, de poca profundidad, en forma de una concha, con labios comprimidos en los bordes, donde se colocaban las mechas.

Una mejor comprensión de este cuadro sería considerar que la frase «siete siete» signifique que el gran depósito que había en la parte superior tenía siete labios, y que de éstos fluía continuamente aceite hacia las lámparas, las que estaban dispuestas de tal modo que una lámpara se hallaba debajo de cada uno de estos labios. Luego, el sentido distributivo se aplicaría a las lámparas en tal forma que cada lámpara tuviese siete labios para mechas, las que darían 49 luces en total. Esto representaría no solo plenitud de provisión, sino una plenitud de luz que se extiende a todo el mundo (compárese Hechos 1:8 y Mateo 24:14). La luz que proporcionan el Espíritu y la Palabra debe continuar esparciéndose hacia las regiones más remotas del mundo hasta que concluya esta época.

La Palabra de Dios a Zorobabel a propósito de esto fue: «No con ejército, ni con fuerza, sino con mi Espíritu, ha dicho Jehová de los ejércitos» (4:6). Las palabras *ejército* y *fuerza* se emplean de manera indistinta en el Antiguo Testamento. A veces denotan poder, bravura, valentía, fortaleza inherentes; otras veces, poderío bélico, riquezas, organización y otras cosas externas. Toda clase de poder y de fuerza humanos jamás serán suficientes para hacer la obra de Dios.

Esto no era indicación de cambio alguno en la manera que Dios tiene de hacer las cosas. Su Espíritu ha sido el medio de ejecutar sus planes en cada fase de ellos, desde la creación en adelante. Aun en aquellas ocasiones en que Dios usó ejércitos, la victoria fue siempre del Señor. (Compara Éxodo 17:9-15, donde Josué avanzaba solamente cuando Moisés mantenía levantada la vara de Dios en dirección hacia el cielo). «Con mi Espíritu» es un principio fundamental que han de tener en cuenta todos los que son colaboradores con el Señor.

No puede haber dudas, entonces, de que el aceite es un tipo o símbolo del Espíritu Santo y que las lámparas representan a aquellos por medio de los cuales el Espíritu da luz al mundo. Sin embargo, de nuevo se presenta el caso de que hay poco acuerdo entre los comentaristas respecto de lo que representa el candelabro. Algunos intérpretes modernos cortan arbitrariamente el pasaje entre los versículos 6a y 10b, y hacen de las siete lámparas los siete ojos de Dios. Esto haría que el candelero representara a Dios o a Cristo, y que las lámparas fueran símbolos del Espíritu. Pero eso muy difícilmente cuadra con el contexto, aun cuando Calvino consideraba que las lámparas representaban las «gracias o los diversos dones del Espíritu», y el número siete indica la perfección.

Algunos comentaristas judíos, y la mayoría de los modernos dispensacionalistas, consideran que el candelero es Israel, o Israel restaurado durante el milenio. Los últimos ven un contraste aquí entre la única lámpara de esta visión y los siete candeleros separados que usa el libro de Apocalipsis para representar a las siete Iglesias de Asia y, mediante ellas, a la Iglesia como un todo (Apocalipsis 1:12).

La mayoría concuerda con Keil al considerar que las lámparas ardientes son «un símbolo de la iglesia o del pueblo de Dios que hace que la luz de su espíritu o de su conocimiento de Dios brille ante Dios e inunde con su luz la noche de un mundo apartado de Dios». Ciertamente, el Nuevo Testamento se refiere a menudo a los discípulos o a la Iglesia como luces (Mateo 5:14; Lucas 12:35; Apocalipsis 1:20).

También en el cuadro hay dos olivos, uno a cada lado del candelabro. Cada uno tiene un tubo dorado a través del cual fluye el aceite. La palabra «tubos» del versículo 12 es una palabra completamente diferente de la que se halla en el versículo 2. El significado aquí es de un conducto. Sin embargo, el hebreo puede significar aquí, indistintamente, que el aceite en el depósito es suplido por los olivos, o que el aceite del depósito realmente suple a los árboles (llamados ungidos, hijos de aceite, en el versículo 14) con su aceite.

Si el depósito es el que suple a los árboles, puede considerarse entonces como que enseña que la luz es mantenida por Dios no por el príncipe Zorobabel, o su administración civil, ni por el sacerdote Josué o su institución religiosa.

Si, por otra parte, los árboles suplen al depósito, debe reconocerse que los «hijos de aceite» significan más que Zorobabel y Josué, más que la iglesia y el estado. Más bien, ellos representan el ministerio principesco y sacerdotal que ordena el Espíritu de Dios, un ministerio que halla su plenitud en el Mesías. Pero como quiera que tomemos la dirección del flujo de aceite, podemos ver al Mesías como la verdadera fuente, el Dador del Espíritu Santo.

La última parte del libro de Zacarías mira hacia adelante también, a la primera y segunda venida de Cristo. En conexión con las victorias finales y con la restauración futura, Dios promete: «Derramaré (abundantemente) sobre la casa de David, y sobre los moradores de Jerusalén espíritu de gracia y de oración; y mirarán a mí, a quien traspasaron, y llorarán como se llora por hijo unigénito, afligiéndose por él como quien se aflige por el primogénito» (12:10).

El Espíritu Santo, en calidad de Espíritu de gracia, derrama la gracia (favor inmerecido) de Dios en medida plena. En su calidad de Espíritu de oración mueve a la gente para que reaccione ante esa gracia y busque el favor que Dios les ofrece. La gracia debe también interpretarse en relación con Aquel que fue traspasado, esto es, respecto del amor redentor de Dios manifestado en la muerte de Cristo en el Calvario. Con seguridad no hay un amor mayor, y seguramente no habrá una pena mayor que la de Israel cuando descubran quien fue el que traspasaron.

La lluvia temprana y tardía

Al mirar retrospectivamente al Antiguo Testamento, sorprende hallar que Oseas promete que Dios «vendrá a nosotros como la lluvia, como la lluvia tardía y temprana a la tierra» (Oseas 6:3). «Lluvia temprana» debe entenderse como una forma verbal que significa «saturar». Lo que quiere decir que Dios vendrá como la lluvia temprana, a saturar la tierra.

Esto es paralelo a las promesas del Antiguo Testamento del derramamiento de su Espíritu (Isaías 32:15; 44:3; Ezequiel 39:29; Joel 2:28; Zacarías 12:10). Pero el contexto aquí se halla posiblemente conectado con la muerte y resurrección de Cristo (Oseas 6:1, 2). Cuando menos, está precedido inmediatamente por restauración al conocimiento de (y comunión personal con) Dios. Efectivamente, el llamado de Oseas para proseguir en el conocimiento del Señor nos hace recordar las palabras de Jesús: «Si vosotros permaneciereis en mi palabra, seréis verdaderamente mis discípulos; y conoceréis la verdad, y la verdad os hará libres» (Juan 8:31, 32). El derramamiento del Espíritu que siguió a la muerte y resurrección de Cristo puede por consiguiente ser considerado como lluvia tardía.

Palestina tiene un verano largo y sin lluvias. En el otoño, las lluvias tempranas vienen en conexión con la labranza y el plantío. En la primavera las lluvias tardías vienen para preparar el fruto para ser cosechado. En este sentido, la venida de Dios y el derramamiento de su Espíritu que comenzó en Pentecostés es como la lluvia tardía. La cosecha comenzó con tres mil convertidos y ha continuado a través de la era de la Iglesia. El derramamiento continuo del Espíritu y sus dones han traído muchos millares más a Cristo en todo el mundo.

En contraste, la venida del Espíritu sobre la gente en forma esporádica en los tiempos del Antiguo Testamento puede recibir el nombre de lluvia temprana. La obra del Espíritu en el Antiguo Testamento fue preparatoria, como en los tiempos de la labranza y el plantío. Pocos fueron los profetas que tuvieron muchos convertidos. De lo que sabemos, Jeremías tuvo solo uno (su secretario, Baruc). Ezequiel comparó la revelación de Dios y de su voluntad a una hermosa canción que la gente oía, pareciendo disfrutar a veces, pero sin hacer nada acerca de ella (Ezequiel 33:31, 32).

Sin embargo, el Antiguo Testamento nos proporciona considerable comprensión de la obra del Espíritu, como así también un amplio fundamento para el derramamiento del Espíritu en el Nuevo.

El Espíritu y la Palabra

Uno de los temas más importantes que se desarrollan en el Antiguo Testamento es la estrecha relación entre el Espíritu y la Palabra (Proverbios 1:23; 2 Samuel 23:2; Miqueas 3:8). Los profetas que hablaban la Palabra de Dios eran considerados como sus principales agentes. Tal como dice Amós (3:7), «Porque no hará nada Jehová el Señor, sin que revele su secreto a sus siervos los profetas». Es cierto que había profetas falsos que decían estar inspirados (1 Reyes 22:24; 2 Crónicas 18:23; Jeremías 28:1-4). Lo cierto es que ellos seguían a su propio espíritu (Ezequiel 13:3) y que el Señor no los había enviado. Los eventos como también el juicio de Dios manifestaron que eran falsos. Pero la Palabra de Dios continuó ardiendo en los corazones de los verdaderos profetas, delante mismo de la severa oposición e indiferencia (Jeremías 20:9).

Los profetas, como hombres del Espíritu, fueron también los principales escritores de la Biblia (se reconoce aquí que Moisés fue un profeta, como así mismo David). La declaración de que el Espíritu habló mediante David indica que el Espíritu fue también el inspirador de los salmos que escribió (2 Samuel 23:2). Esto es cierto también de la inspiración espiritual de las palabras y escritos de Isaías (Isaías 59:21). Jesús reconoció la misma cosa cuando citó el Salmo 110:1 como expresado por David en (mediante) el Espíritu (Mateo 22:42, 43). Lo mismo hizo Pedro con referencia al Salmo 41:9 (Hechos 1:16). Luego, Pablo atribuye las palabras y escritos de Isaías al Espíritu, de la misma manera (Hechos 28:25, con referencia a Isaías 6:9, 10).

Nehemías, cerca del fin del período del Antiguo Testamento, le da más atención a la lectura y enseñanza de la Palabra, de la misma manera como lo hace Esdras (Nehemías 8:1. 8, 9; Esdras 7:1). Nehemías reconoce en su oración que Dios dio su buen Espíritu para instruir a los israelitas en el desierto (9:20). Menciona también al Espíritu en los profetas como una advertencia a las generaciones posteriores, pero da a entender también que las generaciones posteriores pueden aprender de esto (9:30).

Dios levantó a Malaquías aproximadamente en el mismo tiempo en que Nehemías realizó su segunda visita (432 a. de J.C.). Pero Malaquías fue el último de los profetas escritores. La enseñanza parece ser lo que predominó en el ministerio de los sacerdotes, rabinos y escribas desde entonces hasta los tiempos del Nuevo Testamento. Pero se siguió reconociendo al Espíritu como la fuente de poder, fortaleza, milagros y ayuda, como también de revelación divina. El Antiguo Testamento era un testimonio para ellos que la sabiduría y la adecuada preparación no podían existir sino por medio del Espíritu. Las profecías concernientes a futuros derramamientos mantenían ante ellos el hecho de que había algo más en el futuro. Lo que ellos tenían no era todo cuanto Dios tenía para ellos. Había más.

5

EL ESPÍRITU EN LA VIDA Y EL MINISTERIO DE JESÚS

¿Qué le sucedió a la religión Espiritual durante los 400 años después de Malaquías? La opinión generalizada es que se degeneró hasta convertirse en la observancia de formas y ceremonias vacías. En gran medida eso fue cierto. Los fariseos hicieron que muchas de las exigencias de la ley resultasen sin significado por causa de la tradición que desarrollaron (Mateo 15:3, 6; Marcos 7:8-13). También los saduceos tenían sus tradiciones. Y pasaba lo mismo con la comunidad de Qumram, que fue la que copió los Rollos del Mar Muerto.

Sin embargo, Lucas, desde el comienzo de su Evangelio establece con claridad que los judíos no habían perdido enteramente ni el concepto ni la experiencia del Espíritu Santo. El Espíritu se hallaba activo en los eventos que antecedieron y que rodearon el nacimiento de Jesús, como también en su vida y ministerio. En efecto, aunque las referencias al Espíritu Santo en el ministerio de Cristo son muy significativas, el Evangelio según San Lucas menciona al Espíritu con más frecuencia en los primeros dos capítulos que en el resto del libro.

Llenos del Espíritu y a la espera del Mesías

El hecho de que una gran cantidad de judíos se mantenía apegada a la vida y esperanza enseñados por los profetas se refleja a través de la historia del nacimiento de Cristo. Entre la clase sacerdotal, Zacarías y Elisabet, padres de Juan el Bautista, son ejemplos destacados. Entre la gente común, Simeón y Ana son representantes de muchos que esperaban la consolación (consuelo, aliento) de Israel (Lucas 2:25) y que miraban con expectación a la redención de Jerusalén (Lucas 2:38). Esto es, ellos esperaban la salvación y restauración que los profetas prometieron que vendrían en la era mesiánica. (A veces, los judíos llamaban al Mesías, el Consolador).

Era, sin lugar a dudas, por la «consolación de Israel» que oraba Zacarías mientras quemaba incienso en el altar dorado ante la puerta del Lugar Santísimo en el templo (no parece ser que orara allí por un hijo. Se encontraba en ese lugar como representante del pueblo). Como muchos en aquellos días, él anhelaba el día de la redención de Israel. Cuando el ángel Gabriel apareció, trajo la promesa de un hijo, pero no tan simplemente de un hijo. Este hijo prepararía «al Señor un pueblo bien dispuesto» (Lucas 1:17).

El ángel Gabriel prometió también que Juan sería grande ante los ojos de Dios, que no bebería vino ni sidra, ni otros bebidas alcohólicas, sino que sería lleno del Espíritu Santo (Véase Efesios 5:18) desde el vientre de su madre. Esto es, desde su nacimiento (no en el vientre, sino desde, o fuera del vientre) el Espíritu estaría en y sobre Él.

Juan había de combinar de esta manera lo mejor que hubo en todos los santos y profetas del Antiguo Testamento. Había de ser un nazareo que expresara y testificara una total dedicación a Dios en toda su vida. Había de ser guiado, enseñado, preparado y movido por el Espíritu Santo en su propia vida personal y en su ministerio. Había de ir también delante del Señor en el espíritu y en el poder de Elías. Cuando se dijo esto de Eliseo (2 Reyes 2:15) significaba que los otros profetas reconocían que Eliseo era el sucesor que Dios había designado para Elías. Juan el Bautista había de ser el heredero y sucesor de Elías (y de todos los profetas) en un sentido aún mucho mayor. Jesús mismo reconoció a Juan como el Elías que había de venir (Juan 17:10-13). En este contexto Jesús está verdaderamente diciendo a sus discípulos que si ellos escucharan su interpretación en lugar de la de los fariseos, ellos sabrían que Juan el Bautista era el verdadero cumplimiento de Malaquías 4:5, 6.

Lo mismo está implicado en las palabras del ángel en Lucas 1:16 que cita Malaquías 4:6. Jesús declaró más adelante que Juan era más que profeta. Era el mensajero prometido de Malaquías 3:1. Como tal, nadie fue más grande que él. Sin embargo, él permaneció en calidad de profeta del Antiguo Testamento, sin entrar el mismo en la comunión para la cual preparó el camino (Mateo 11:9-11).

Ambos padres de Juan disfrutaron de la bendición del Espíritu Santo que recibió Juan. Cuando María fue a visitar a Elisabet, la salutación de María hizo que la criatura en el vientre de Elisabet saltara, por causa de la influencia del Espíritu (Lucas 1:41). En este momento el Espíritu Santo llenó a Elisabet y exclamó en voz alta y pronunció la bendición de Dios sobre María y sobre su hijo, el cual había de ser el Señor de Elisabet.

Después del nacimiento de Juan, Zacarías también fue lleno del Espíritu Santo (Lucas 1:67). Bajo la unción del Espíritu profetizó y dio gracias por la salvación que Dios estaba a punto de proveer. Esta satisfaría las promesas dadas a Abraham y haría posible que el pueblo de Dios le sirviera sin temor. Juan el Bautista sería llamado profeta del Altísimo y cumpliría la profecía de Isaías respecto de la voz en el desierto que prepararía el camino del Señor (Isaías 40:3).

La actividad del Espíritu se ve de un modo mucho más impresionante cuando María y José llevaron el niño Jesús al templo (Lucas 2:25-35). En ese mismo momento el piadoso Simeón llegó y se encontró con ellos. Pero esto no fue un accidente. El Espíritu Santo estaba de continuo sobre este humilde hombre de Dios. El Espíritu le preparó también al prometerle que no moriría antes de ver al Cristo (el Mesías, el Profeta ungido, Sacerdote y Rey que había de venir). Entonces él vino por el Espíritu (guiado, dirigido por el Espíritu) al templo a la hora exacta. Mediante el Espíritu reconoció también a este Niño, cuya madre vino a presentar la ofrenda de los pobres, como Aquel a quien esperaba. Luego, él también expresó un pronunciamiento profético inspirado que identificó a Jesús como la luz profetizada para los gentiles (las naciones) y la gloria del pueblo de Dios, Israel. También predijo el quebrantamiento que vendría a María (cumplido en la cruz).

Inmediatamente después de eso vino Ana, una piadosa mujer de la tribu de Aser (una de las 10 tribus del norte). Ella era una profetisa, y fue movida por el Espíritu al venir también en el momento preciso para añadir su gratitud al Señor (Lucas 2:36-38). También en calidad de profetisa ella extendió las buenas nuevas a otros que esperaban la redención de Jerusalén.

Jesús, el Hijo de Dios

Marcos, quien no da detalles del nacimiento de Jesús, comienza su Evangelio con la declaración que Jesús es el Hijo de Dios. Lucas, quien da muchos detalles, hace la misma afirmación (Lucas 1:35). Mateo implica la misma cosa, pero solo más tarde lo declara abiertamente (Mateo 2:15; 16:16).

Mateo cuenta la historia desde el punto de vista de José, a través del cual Jesús era el heredero legal al trono de David. (Para los judíos la herencia legal era tan importante como la herencia natural. Mateo recalca la manera en que Jesús cumplió la ley como asimismo las promesas. De este modo el Mesías debe tener el derecho legal al trono. Esa es también la razón por la que Mateo llama la atención al hecho de que José tomó a María como esposa y que la ceremonia de bodas se realizó en Nazaret antes que Jesús naciera). Sin embargo, Mateo tiene mucho cuidado de dejar establecido que José no era el padre de Jesús. José se sorprendió y escandalizó por el hecho de que María iba a tener un hijo (las parejas comprometidas no se veían durante el periodo entre el compromiso y la ceremonia de bodas). Dos veces se declara que el hijo era «del (procedente de, mediante) Espíritu Santo» (Mateo 1:18, 20). También se identifica como cumplimiento de la profecía de Isaías respecto del nacimiento virginal y del niño Emanuel (para el cual la traducción griega es «Dios con nosotros»).

El relato de Lucas es contado desde el punto de vista de María y es el registro de lo que María recordaba cuidadosamente (Lucas 2:51). Recalca todavía más firmemente el hecho de que Jesús nació del Espíritu Santo.

Cuando el ángel Gabriel le dijo a María que tendría un Hijo que sería llamado Hijo del Altísimo (esto es, de Dios) y al cual Dios le daría el trono de David, ella expresó sorpresa. ¿Cómo podía ser esto? puesto que ella no tenia marido. Pero Gabriel dijo que el Espíritu Santo vendría sobre ella y que el poder del Altísimo (esto es, de Dios) le haría sombra (la cubriría como una nube) de modo que el Santo Ser que nacería sería llamado Hijo de Dios (Lucas 1:35).

La idea de cubrir con la sombra nos hace recordar la nube de la presencia de Dios que envolvió a Moisés en el Monte Sinaí y que cubrió el Tabernáculo (Éxodo 24:18; 40:34, 35). Sugiere también al Espíritu creativo que revoloteaba sobre las aguas de la tierra en el principio (Génesis 1:2). Sin embargo, aun cuando el nacimiento de Jesús fue mediante el Espíritu Santo, no hay indicación de que el Espíritu Santo contribuyera algo de sí mismo. Tal como lo señala Alford, el mundo no fue creado por el Espíritu Santo, sino por Dios mediante el Hijo (Juan 1:3). Así, el acto creativo que hizo posible el nacimiento virginal fue por Dios mediante el Espíritu Santo. Jesús fue y es el Hijo de Dios no solo porque, a causa de su misma naturaleza, es el Hijo eterno (Juan 3:16; 8:58; Hebreos 1:2, 3), sino porque su nacimiento fue el resultado de un directo acto creativo sobrenatural del Padre.

La teología correspondiente no se desarrolló sino hasta más tarde. (Véase Romanos 8:3; donde la Biblia dice que Dios envió a *su* Hijo en *semejanza* de carne de pecado, y Gálatas 4:4, que dice que Dios envió a su Hijo, hecho de mujer. Véanse también Romanos 1:3; Hebreos 10:5).

Todo lo que aquí se recalca es el hecho del nacimiento virginal y el poder sobrenatural que lo hizo posible.

El nacimiento virginal y la intervención directa del Espíritu Santo es una parte importante del evangelio. No obstante, fueron buenas noticias las de que Dios mismo bajaba una vez más al torrente de la vida humana y a la historia para realizar actos específicos que habrían de impulsar su plan y traer salvación. Los que niegan el nacimiento virginal, o dicen que no es importante, lo único que hacen es manifestarse como opuestos a lo sobrenatural. Por lo general tratan también de desvirtuar los milagros de Jesús, y su resurrección y la segunda venida.

El hecho de que Jesús fue concebido milagrosamente en el vientre de María por el poder del Espíritu es probablemente una indicación también de que el Espíritu estaba con Él y que habitaba con Él desde ese entonces. Hay y ha habido siempre una perfecta comunión entre los miembros de la Trinidad. Jesús era y es en el Padre y el Padre en Él (Juan 14:10, 20). Por causa de su misma naturaleza, entonces, el Espíritu Santo debe haber estado en Él. Pero esto no quita el hecho de que Jesús haya tenido una experiencia definida con el Espíritu Santo cuando el Espíritu vino sobre Él después que fuera bautizado por Juan.

El poderoso Bautizador

Juan el Bautista vino al mismo lugar que había sido profetizado por Isaías (*desierto*, de Isaías 40:3, en el hebreo es *Arabah*, que es el nombre del valle junto al Mar Muerto en la parte más baja del Jordán). Del mismo modo como la voz de la profecía, él hizo un llamado al arrepentimiento y bautizó a los que venían y confesaban sus pecados. Pero él se rehusaba a bautizar a la gente a menos que se arrepintieran de verdad. Cuando vinieron los saduceos y los fariseos, puesto que él era un profeta lleno del Espíritu, pudo reconocer que no había cambio en la actitud de ellos. Él exigió que ellos trajeran fruto o evidencia de su arrepentimiento antes de bautizarles. Ellos se sentían muy satisfechos de sí mismos y seguros por el hecho de que eran hijos de Abraham. Pero Juan les manifestó que esto no les protegería del juicio venidero. Luego Juan añadió: «Yo a la verdad os bautizo en agua para arrepentimiento (esto es, por causa de arrepentimiento, puesto que él ya había indicado que su bautismo no podía producir arrepentimiento); pero el que viene tras mí, cuyo calzado yo no soy digno de llevar, es más poderoso que yo; él os bautizará en Espíritu Santo y (en) fuego» (Mateo 3:11).

Bautizado en el Espíritu Santo y en fuego

Los cuatro Evangelios registran la profecía de Juan de que el que había de venir bautizaría en el Espíritu Santo (Mateo 3:11; Marcos 1:8; Lucas 3:16; Juan 1:33). Mateo y Lucas añaden que Él bautizaría también en fuego.

El bautismo en el Espíritu Santo es, por cierto, el cumplimiento de las promesas de derramar el Espíritu (Joel 2:28; Isaías 44:3; Ezequiel 36:26; 39:29). Pero Juan añade un nuevo pensamiento que no se menciona en el Antiguo Testamento. El Espíritu no tan solamente ha de ser derramado sobre ellos, sino que van a ser sumergidos en Él, saturados con Él. Tal como dice Barclay, si la vida es monótona, inadecuada, fútil, atada a lo terrenal, es a causa de que los creyentes han descuidado al Espíritu Santo y han fracasado en entrar a la esfera de la vida dominada por el Espíritu a través de este bautismo que tan solamente Cristo tiene poder de dar.

El bautismo en fuego ha sido interpretado de diversas maneras. La mayoría de los críticos que niegan la inspiración y la integridad de la Biblia dicen que Juan profetizó tan solamente un bautismo, un bautismo de fuego, y que la idea de un bautismo en el Espíritu Santo fue añadida posteriormente. Otros dicen que lo que Juan quiere dar a entender con el término Espíritu es aliento o viento, y que la proclamación de Juan indicaba a un bautismo que traería un aliento de ardiente juicio, o que sería semejante a un viento de juicio que limpiaría el piso de la trilla.

Sin embargo, resulta claro que el mensaje de Juan no es tan solamente de juicio. Él ha venido a preparar el camino del Señor. Pero todavía era posible huir de la ira que vendría. Todavía era posible llevar buen fruto. Solamente el hollejo se quemaría (Mateo 3:7, 10, 12). Básicamente, el mensaje de Juan era de buenas nuevas. El reino (gobierno) de Dios estaba a punto de manifestarse. No existe una buena razón para que los críticos tomen la promesa de Juan solo como un bautismo de juicio.

Los que ven un doble bautismo en el Espíritu Santo y en fuego están también divididos en cuanto a interpretación. Algunos dicen que es un bautismo con dos elementos o aspectos, Espíritu Santo y fuego al mismo tiempo. Otros dicen que es un doble bautismo: en *el* Espíritu para los justos, y en fuego para los malvados.

Los que sostienen que el bautismo en el Espíritu Santo y en fuego es una obra con dos elementos que actúan al mismo tiempo, atraen la atención al hecho de que la preposición «en» se usa delante de «Espíritu» pero no delante de «fuego». Ellos señalan también que Juan esperaba al que había de venir para que bautizara a la gente a la que él predicaba, tanto en el Espíritu Santo como en fuego. Basados en esto ellos dicen que el Mesías bautiza a todos en la misma experiencia de Espíritu Santo y fuego. Para los que se arrepienten de verdad, será una bendición y salvación o santificación. Para los malvados significará juicio.

Hay varias dificultades con este punto de vista. Primero, es cierto que cuando una preposición no se repite delante de un segundo nombre esto pone por lo general a los dos nombres en la misma categoría. Pero hay excepciones. Algunas autoridades reconocen que Juan proclamó que el que había de venir traería «no solamente el Espíritu Santo sino también el fuego del juicio divino».

También es cierto que Juan el Bautista se dirigió a la gente como si el juicio fuese a tomar lugar en aquellos días. Obviamente él no veía diferencia alguna entre el bautismo en el Espíritu Santo y el bautismo en fuego. Pero Juan se hallaba todavía en la compañía de los profetas del Antiguo Testamento, para los cuales el intervalo entre la primera y la segunda venida de Cristo no era conocido. A menudo ellos hablaron de eventos conectados con ambas ocasiones en un mismo pronunciamiento. Sin embargo, hay trazas de que el Mesías debe sufrir primero, antes de reinar. Primero debe presentar su alma (su ser entero) en ofrenda por el pecado, antes que la voluntad de Jehová sea en su mano prosperada (Isaías 53:10). Zacarías hizo que se colocaran varias coronas en la cabeza del sumo sacerdote Josué en un acto simbólico que mostraría que el Mesías debe hacer primeramente su labor sacerdotal antes de reinar como rey en su trono (Zacarías 6:11-13; véanse también Lucas 24:25, 26; Filipenses 2:8-11).

Costó para que los propios discípulos de Jesús comprendieran esto. Él les presentó una parábola para mostrarles que había de pasar un largo tiempo antes que volviera a establecer su Reino sobre la tierra (Lucas 19:11, 12, «un país *lejano*»). Sin embargo, antes de su ascensión ellos todavía preguntaron: «Señor, ¿restaurarás el reino a Israel en este tiempo?» Les respondió que a ellos no les correspondía saber los tiempos y las sazones. El Padre mantiene éstas bajo su propia autoridad (Hechos 1:6, 7). En otras palabras, no son asunto de su incumbencia. (Hechos 1:8 es lo que debe preocuparnos.)

No es extraño, entonces, que Juan no pueda distinguir entre el tiempo del bautismo en el Espíritu y el bautismo en fuego. Pero Jesús hizo esta distinción con claridad. A los discípulos dijo, precisamente antes de su ascensión: «Juan ciertamente bautizó con (en) agua, más vosotros seréis bautizados con (en) el Espíritu Santo dentro de no muchos días» (Hechos 1:5). De esta manera él identificó el bautismo en el Espíritu con el derramamiento que se llevó a cabo en Pentecostés. Pero él reconoció que el fuego de juicio estaría en el fin, del mismo modo como Pablo la reconoce (2 Tesalonicenses 1:8).

El propósito del fuego

El propósito del bautismo en fuego es también un punto de controversia. Muchos que se adhieren a un solo bautismo del Espíritu Santo y fuego, en que el fuego y el Espíritu Santo actúan juntos para afectar a la persona bautizada, consideran que el fuego significa purificación o santificación del creyente. Pero la obra del bautismo en el Espíritu Santo no parece ser primordialmente la santificación. Pablo tiene todavía que decirles a los creyentes que han sido bautizados con el Espíritu que se consideren como muertos al pecado y vivos para Dios. No deben permitir que el pecado reine en sus cuerpos (Romanos 6:11, 12). Es cierto que por medio del Espíritu vamos a hacer morir las obras del cuerpo para que podamos vivir. Pero esto es un presente continuo en el griego. Debemos mantenernos en la acción de hacer morir las obras perversas del cuerpo y entonces nos mantendremos con vida (Romanos 8:13). También es cierto que estamos muertos y que nuestra vida está escondida con Cristo en Dios (Colosenses 3:3). Pero el mismo hecho de que tengamos esta posición en Cristo significa que tenemos la responsabilidad de hacer morir (mediante una acción definida) los miembros nuestros que están sobre la tierra (esto es, lo que es terrenal en nosotros), lo que Pablo identifica como contaminación de carne y de espíritu (Colosenses 3:5; 2 Corintios 7:1).

Jesús mismo relaciona el bautismo en el Espíritu con poder para servicio más bien que con purificación o santificación (Hechos 1:8). La santificación (dedicación, consagración a Dios y a su voluntad) debe venir a través de actos definidos de autodisciplina y de continua cooperación con el Espíritu Santo a medida que él aplica la Palabra (como veremos más tarde).

Celo quemante

Otros que consideran que el Espíritu y el fuego son una experiencia, identifican el fuego con el celo o entusiasmo, con la iluminación y los dones del Espíritu. Efectivamente, muchos de ellos tienen el fuego en ese sentido. Romanos 12:1 habla de un fervor, de una efervescencia, o de un celo ardiente del Espíritu. Primera de Tesalonicenses 5:19 ordena a la gente que deje de tratar de apagar el fuego del Espíritu. El mismo fuego está implicado en el «denuedo» que les vino como resultado de ser llenos del Espíritu (Hechos 4:31). Este denuedo es una maravillosa confianza gozosa, es libertad, valentía y ardiente celo. ¡Ciertamente, tenemos derecho de pedir a Dios que envíe este fuego!

Sin embargo, la Biblia no habla de un *bautismo* de fuego cuando habla a los creyentes. El Evangelio según San Juan, dirigido a los cristianos, menciona solamente el bautismo en el Espíritu Santo (Juan 1:33). En Juan, el agua es el principal símbolo del Espíritu, no el fuego. También cuando Jesús habla a sus discípulos, menciona solamente el bautismo en el Espíritu Santo (Hechos 1:5).

Muchos identifican las lenguas de fuego en el día de Pentecostés con un bautismo de fuego. Lo que cabe notar es que estas lenguas precedieron al bautismo pentecostal, y que no tenían conexión directa con él. Cuando los ciento veinte fueron llenos con el Espíritu Santo, la señal fue el hablar en lenguas, no el fuego (Hechos 2:4). En la casa de Cornelio, el don del Espíritu que los gentiles recibieron allí es identificado con el Bautismo en el Espíritu Santo. Se le llama el «mismo» (idéntico) don. Pero no hay mención de fuego (Hechos 10:44, 45, 47; 11:15-17). También en Hechos se dice que Esteban y Bernabé eran llenos del Espíritu Santo y de fe, pero nada se dice respecto de fuego (Hechos 6:5; 11:24). En efecto, nada se dice en el libro de Hechos acerca de creyentes que fueran llenos de fuego. La terminología es siempre simplemente de que fueron llenos del Espíritu Santo.

El fuego de juicio

Cuando Jesús habla respecto del fuego, siempre se trata del fuego de juicio o de destrucción, especialmente del infierno (gehenna) de fuego, lo que realmente se refiere al lago de fuego (Mateo 5:22; 18:8, 9). La misma cosa resulta cierta por lo general en las epístolas (1 Corintios 3:13; 2 Tesalonicenses 1:8; Hebreos 12:29; 2 Pedro 3:7).

Si volvemos al contexto de la profecía de Juan del bautismo en el Espíritu Santo y fuego, la Biblia muestra que Juan acababa de advertir respecto de la ira venidera (Mateo 3:7). Los versículos que anteceden y que siguen a esta promesa de bautismo hablan de árboles cortados y echados al fuego, y de paja quemada con fuego que no se apaga (fuego que por su misma naturaleza jamás puede apagarse; en otras palabras, el lago de fuego). Podría parecer extraño si el fuego de Mateo 3:10 y 12 significara una cosa y luego, sin mediar explicación, significara algo diferente en el versículo 11. Desde tiempos antiguos muchos han reconocido que el bautismo en fuego significa juicio, aun cuando la idea a menudo ha suscitado controversia.

Además, debemos tener presente que Juan fue incapaz de ver la diferencia de tiempo entre el bautismo en el Espíritu Santo y el fuego. Esto era lo que probablemente confundía a Juan cuando fue encarcelado. Jesús estaba sanando a los enfermos y perdonando pecados, pero no ejecutaba juicio alguno. Por esto sería por lo que Juan envió dos discípulos a preguntar si Jesús era efectivamente el que había de venir, o si era simplemente otro precursor como él. Jesús envió de vuelta a los discípulos de Juan con el informe de que Jesús efectivamente hacía las obras que se habían profetizado respecto del Prometido (Mateo 11:1-6; véanse también Isaías 29:18, 19; 35:5, 6; 61:1).

En realidad, Jesús ya había dejado en claro que Él no venía esta vez para condenar al mundo sino para salvarlo (Juan 3:17). En Nazaret, cuando leyó de Isaías 61:1, 2, Él cerró deliberadamente el libro antes de llegar al «día de venganza del Dios nuestro» (Lucas 4:17-19). Cuando se habla de la espada que Jesús vino a traer, se refiere a la división que vino a establecer entre los que lo aceptaran y los que no lo aceptaran. No se trataba de una espada de juicio o destrucción (Mateo 10:34; Lucas 12:51).

El Espíritu en forma de paloma

Al ser bautizado por Juan en el Jordán, Jesús se identificó con la humanidad. Entonces Dios lo proclamó como su Hijo por medio de enviar al Espíritu Santo sobre Él en forma de una paloma y por media de una voz del cielo que decía: «Este es mi Hijo amado, en quien tengo complacencia». El nombre «David» significa «amado». De este modo, esto podría indicar al menos de forma velada que Jesús es el mayor que David, el Dios de David. La palabra "amado" está también ligada estrechamente con «unigénito» (es decir, solo en el sentido de único, uno de una clase). Hay un paralelo a esto en la relación de Abraham con Isaac. En la gran prueba de Abraham Dios le dijo que tomara a Isaac su hijo, su único hijo, a quien él amaba y lo ofreciera en sacrificio (Génesis 22:2). El Nuevo Testamento al referirse a esto llama a Isaac el «unigénito» de Abraham (Hebreos 11:17).

Los cuatro Evangelios registran este descenso del Espíritu como una paloma (Mateo 3:16, 17; Marcos 1:10, 11; Lucas 3:21, 22; Juan 1:32-34). Lucas añade que el Espíritu Santo descendió en forma corporal o de paloma. Es decir, hubo una aparición real y visible que semejaba la forma de una paloma y que pudo ser vista por todos. Mateo y Lucas establecen que el Espíritu como paloma vino sobre Él. Juan dice que permaneció sobre Él. Pero algunos manuscritos antiguos de Marcos y al menos uno de Lucas dicen que el Espíritu como paloma descendió y *entró* en Él. Esto, por supuesto, es sencillamente otra manera de recalcar el hecho de que el Espíritu no dejó a Jesús luego de haber venido sobre Él.

La frase «en quien tengo complacencia» indica que el descenso del Espíritu fue también una señal visible de la aceptación del Padre y de la aprobación del Hijo en el ministerio que estaba a punto de comenzar. La frase podría traducirse también, «en quien tengo deleite». (Marcos y Lucas muestran que la voz estaba dirigida principalmente a Jesús). Pero esta expresión de deleite activo puede haber ensombrecido la cruz. Isaías 53:10 dice que «Jehová quiso (le plugo, se deleitó) quebrantarlo», refiriéndose con ello a su muerte de sacrificio (sustitutoria).

Esto puede ser también una razón por la cual el descenso de la paloma en el Evangelio según San Juan es seguido en breve por un reconocimiento de Jesús como el Cordero de Dios que quita el pecado del mundo (Juan 1:35). La paloma para los judíos era algo más que un símbolo de amabilidad y de paz. Era también la ofrenda que los pobres presentaban para sustituir al cordero (Levítico 5:7). Jesús es el Cordero de Dios provisto como un substituto para los pobres, los necesitados, los pecadores de este mundo, lo cual incluye a todos nosotros (Romanos 3:23).

La identificación del Bautizador

Como un añadido a esto, el descenso del Espíritu fue una señal específica para Juan el Bautista de que Jesús sería el que bautizaría en el Espíritu Santo. Juan no sabía esto en el momento en que Jesús vino al Jordán para ser bautizado en agua. De este modo, cuando Juan sugirió que él necesitaba ser bautizado por Jesús, él se refería al bautismo en agua, no en el Espíritu. Juan había conocido el movimiento y la guía del Espíritu durante toda su vida. Mediante el Espíritu y la Palabra desafió a la gente a que se arrepintiera. Mediante el Espíritu advirtió la hipocresía de aquellos que venían para ser vistos pero que no tenían intención de arrepentirse. Sí, cuando Jesús vino al Jordán, Juan tuvo conciencia de su propia necesidad.

Isaías, confrontado con una visión de la majestad, gloria y santidad de Dios, sintió de repente que él era hombre de labios inmundos (Isaías 6:3, 5). Pedro, cuando se vio confrontado con el poder de Jesús en algo que él como pescador sabía que tenía que ser un milagro, comprendió de repente que era un hombre pecador (Lucas 5:8). Pero el que vino para ser bautizado por Juan se había despojado de la gloria que una vez compartió con su Padre (Filipenses 2:6, 7). No había halo ni nada especial en lo exterior que le distinguiera de cualquier otro hombre de Nazaret. Ni había hecho Jesús milagro alguno. Sin embargo, la persona de Jesús fue causa de que este hombre lleno del Espíritu comprendiera que todavía no era perfecto (Mateo 3:14). Necesitaba un bautismo de arrepentimiento, del mismo modo como lo necesitaban los otros que vinieron a él. Después de esto fue que el Espíritu vino sobre Jesús como una paloma. Entonces la atención de Juan fue atraída hacia otro bautismo, el cual él contrasta con el suyo.

Las palabras de Juan 1:31-33 trazan una muy clara línea de demarcación entre el bautismo en agua y el bautismo en el Espíritu. Lucas indica también una clara distinción entre el bautismo por Jesús y el descenso del Espíritu sobre Él. En el griego se lee literalmente: «Jesús, habiendo sido bautizado, y al continuar en oración, los cielos se abrieron, y el Espíritu Santo descendió» (Lucas 3:21, 22). Lo que quiere decir que no fue sino hasta después que el bautismo en agua había concluido y cuando Jesús se hallaba orando, que vino el Espíritu. Mateo indica todavía que Jesús salió (subió) del agua (Mateo 3:16). Marcos dice «cuando subía del agua» (Marcos 1:10). De este modo, Jesús se hallaba al menos sobre la orilla. Aquellos que pintan a Jesús de pie todavía en el agua, mientras la paloma viene sobre Él, pasan por alto un punto importante.

Distinto del bautismo en agua

El énfasis de Lucas sobre el hecho de que Jesús continuaba en oración después de salir del agua es importante también. La oración y la alabanza a menudo preceden la venida del Espíritu Santo sobre los creyentes en el Nuevo Testamento (véanse Lucas 24:53; Hechos 1:14; 4:24, 31; 8:15; 10:30). Es interesante ver que algunos que reconocen esto en otras circunstancias no quieren ver ningún paralelo entre la experiencia de Jesús y la de los discípulos el día de pentecostés y después.

Es cierto que la venida del Espíritu sobre Jesús fue en cierto modo única. Su experiencia fue más allá que la de cualquiera, antes o después, por cuanto Dios no le dio el Espíritu «por medida» (Juan 3:34). La venida del Espíritu sobre Jesús fue también un cumplimiento específico de profecías dadas mucho tiempo antes (Isaías 11:2; 42:1; 61:1). Pero no debemos pasar por alto algunas similaridades. El Espíritu también ha venido sobre nosotros para quedarse (Juan 14:16). Aun cuando Jesús es el Bautizador en el Espíritu, el Espíritu todavía viene a nosotros procedente del Padre (Juan 14:15, 26).

Identificado con la humanidad

Debemos tener presente también que el Espíritu Santo vino sobre Jesús después que Él hubo declarado su identificación con la humanidad en el bautismo en agua. Más tarde, cuando Satanás lo tentó para que convirtiera las piedras en pan, rehusó hacerlo. Si lo hubiese hecho, habría roto esa identificación con nosotros. Si hubiese convertido las piedras en pan, entonces habría sido fácil para Él continuar usando su poder divino para evitar el hambre, el dolor o el cansancio. Ni siquiera sus sufrimientos en la cruz hubiesen sido reales. Pero Él tomó su lugar entre nosotros como un hombre verdadero, de tal modo que podía ser tocado por el sentimiento de nuestras debilidades y así estaba en condiciones de simpatizar con nosotros (Hebreos 4:15).

Ciertamente, entonces, no había intención por parte del Padre de romper esa identificación con el hombre cuando Él envió al Espíritu sobre Jesús. Lo que sucedió a Jesús fue necesario, no porque Él fuese Dios, sino por el hecho de que era hombre también. En calidad de hombre debía ministrar en el poder del Espíritu. Como hombre, debía sufrir y morir. Cuando el Padre dijo: «Este es mi Hijo amado», lo que hacía era simplemente reforzar el hecho de que la humanidad de Jesús no menoscaba su deidad. De alguna manera Jesús mantenía dentro de su persona el total complemento de las cualidades humanas como asimismo el total complemento de las cualidades divinas, sin que las unas interfirieran a las otras. Él era el Dios-Hombre, pero no en el sentido de ser medio Dios y medio hombre. Era Dios en su plenitud, ciento por ciento Dios. También era plenamente hombre, ciento por ciento hombre.

El Espíritu vino sobre Jesús, el Dios-Hombre, para prepararle para un ministerio entre los hombres como también para identificarle como el Bautizador en el Espíritu Santo. De este modo, aun cuando las experiencias no son exactamente paralelas, es un hecho de que Jesús no comenzó su ministerio terrenal hasta que el Padre envió el Espíritu. De manera similar, Jesús mandó a los discípulos que permanecieran en Jerusalén y que no comenzaran su ministerio antes que viniera el Espíritu Santo (Lucas 24:49; Hechos 1:4).

Dirigido por el Espíritu

En vista de la plena humanidad de Jesús y de su identificación con nosotros, es digno de notarse que tan pronto como el Espíritu vino sobre Jesús, Él se sometió a la dirección del Espíritu (Mateo 4:1; Lucas 4:1). Primeramente fue llevado por el Espíritu al desierto (es decir, desde el río Jordán hasta las colinas desérticas al occidente) para ser tentado por el diablo. La palabra que usa Marcos es todavía más fuerte. El Espíritu lo condujo (lo dirigió hacia afuera con violencia). Esto no iba a ser una experiencia agradable. Jesús había de sentir la presión de la tentación de la manera en que nosotros la sentimos. Así que una potente oleada de poder del Espíritu lo llevó desde el Jordán hasta aquellas colinas desérticas. Él ya estaba lleno del Espíritu, pero en esta experiencia el Espíritu lo movió, casi lo levantó. Durante cuarenta días el Espíritu siguió guiándolo. Estaba tan lleno del Espíritu que ni siquiera sintió hambre hasta que hubieron pasado los cuarenta días (Mateo 4:2).

En su tentación Jesús no usó su poder divino para derrotar al diablo. Identificándose todavía con nosotros como un Hombre lleno del Espíritu, derrotó a Satanás con los mismos medios que tenemos a nuestra disposición: la Palabra, ungida por el Espíritu. Eva, que fue tentada en exactamente los mismos aspectos — los deseos (apetitos) de la carne, el deseo de los ojos, y la vanagloria de la vida —, fracasó (Génesis 3:6; 1 Juan 2:16). En esos aspectos, de los cuales Juan dice que en conjunto abarcan las cosas del mundo o de la mundanalidad (1 Juan 2:15), Jesús obtuvo una victoria completa para nosotros. Él ha vencido de veras al mundo (Juan 16:33). Nosotros podemos hacer lo mismo mediante nuestra fe (1 Juan 5:4).

En esta victoria hay también un paralelo con el llamado y ministerio de algunos de los profetas del Antiguo Testamento. De la manera como el Espíritu llenó a Miqueas para que pudiera advertir en contra del pecado (Miqueas 3:8), así también el Espíritu Santo llenó a Jesús y lo envió de inmediato a la batalla contra el pecado y Satanás. Jesús no fue lleno con el Espíritu solo para hacer milagros, sino para prepararle para que hiciera toda la obra de Dios. A Él le fue dado el Espíritu sin medida por cuanto fue enviado para hablar las palabras de Dios, y porque el Padre, en su amor por Él, le ha dado todas las cosas (Juan 3:34, 35). El único significado que puede tener esto es que en sus manos está el llevar a cabo todo el plan de Dios.

Mateo, Marcos y Lucas pasan par alto el resto del primer año de ministerio de Jesús (que fue mayormente en Judea). Saltan al gran año de popularidad en Galilea. Mateo dice que fue después del arresto de Juan el Bautista que Jesús partió a Galilea. Pero eso no se debía a que Jesús deseara escapar de la suerte que corrió Juan. Jesús estaba en Judea, que estaba bajo el gobernador o procurador romano Pilato. Galilea era el territorio de Herodes. Lucas lo aclara. Jesús todavía era dirigido por el Espíritu. Él fue por el poder del Espíritu a Galilea (Lucas 4:14).

Juan introduce otro factor. Los fariseos oyeron que Jesús estaba haciendo y bautizando más discípulos que Juan el Bautista. Eso indica que la oposición comenzaba a surgir entre los líderes de la sinagoga de Jerusalén. Era sabio que Jesús se retirara. En realidad, a través de los evangelios vemos que Jesús evita cualquier caso que pudiera traerle un arresto o la muerte antes del tiempo señalado por Dios. Él habló aun en parábolas, no para aclarar su mensaje, sino para hacerlo más oscuro ante sus enemigos. Ellos se endurecerían más, mientras sus discípulos podrían hacer preguntas y aprender la verdad que el propio Jesús les explicara (Mateo 13:10-12; Lucas 8:10). Por esto también, sus enemigos veían frustradas sus esperanzas de arrestarlo. Difícilmente podrían ellos usar sus parábolas como evidencia en un juicio en contra de Él.

El Evangelio según San Juan intenta demostrar que la ocasión en que Jesús se retiró a Galilea después del arresto de Juan el Bautista no fue meramente para escapar de la oposición de los fariseos. Aun cuando Juan no lo dice así en este punto, Jesús fue claramente dirigido por el Espíritu. Esto está demostrado por la ruta que eligió para su regreso a Galilea. Los judíos por lo general evitaban la ruta más corta y más directa a través de Samaria y transitaban a través del Valle del Jordán y Perea. Pero Jesús consideró que «le era necesario pasar por Samaria» (Juan 4:4). Esto habla de una compulsión interior, de la voz del Espíritu que ponía sobre Él una necesidad divina. Dios había dispuesto de tal manera las cosas que Jesús debía estar en el pozo de Jacob cuando cierta mujer samaritana de mala reputación viniera, para que hallara el agua de vida, y esparciera las buenas nuevas (Juan 4:14. 15, 28, 29).

Ministerio mediante el Espíritu

Jesús no tan solamente fue dirigido por el Espíritu; su ministerio fue cumplido por medio del Espíritu. En realidad, en los Evangelios no se dice mucho respecto de que el Espíritu Santo concediera poder a Jesús para ministrar. Pero fue declarado una vez y ya no había necesidad de una constante repetición.

Cuando Jesús regresó en el poder del Espíritu a Galilea, el poder se manifestó primeramente en su enseñanza y luego en su ministerio de sanidad. En Capernaum, antes que se realizara cualquier clase de milagros, la gente quedó impresionada por sus enseñanzas. La unción del Espíritu sobre su enseñanza les hizo sentir su autoridad, algo que jamás habían sentido durante todos los años que habían venido escuchando a los escribas (los que reclamaban ser autoridades en el significado de las Escrituras).

Las nuevas de este ministerio se esparcieron rápidamente. En Nazaret Jesús leyó de Isaías 61:1, 2 y declaró abiertamente que esta profecía del Espíritu sobre el Siervo de Dios y sobre su ministerio se cumplía en y por medio de Él (Lucas 4:18, 21).

Más tarde, cuando los fariseos comenzaron a confabularse en su contra y a buscar algún medio de destruirle, Jesús se retiró de nuevo, pero esto no paralizó su ministerio. Las multitudes le siguieron, y Él sanaba a todos (Mateo 12:15). La Biblia declara que esto es un cumplimiento de Isaías 42:1-4, que profetiza la venida del Espíritu Santo y su permanencia sobre el Siervo Ungido de Dios para traer las misericordias y la victoria de Dios.

Gozo en el Espíritu

Después del regreso de los setenta discípulos a los que Jesús ordenó que salieran en Perea, Jesús «se regocijó en el Espíritu» (Lucas 10:21). Algunos manuscritos tienen «en espíritu» mientras otros dicen «en el Espíritu». Pero eso no es tan importante en el significado. Sea que Lucas usara la frase «en espíritu» o «en el Espíritu» él se refería al Espíritu Santo, y es evidente que hace lo mismo aquí. (Nótese además que el griego antiguo no hacía distinción entre letras mayúsculas y minúsculas como lo hacemos nosotros.)

Este gozo es otra indicación de la obra continua del Espíritu en la vida y ministerio de Jesús. Nunca leemos que Jesús dijera chistes. Hay un sentido de humor expresado en sus dichos y parábolas. Pero nunca hay frivolidad, ningún humor a expensas de otros. Él estaba muy ocupado con la obra de su Padre. Había una cosecha que necesitaba ser levantada antes que fuera demasiado tarde (Juan 4:32-36). Pero el Espíritu Santo le dio algo mejor que lo que el mundo llama felicidad. Le dio gozo, el verdadero gozo que solo aquellos que son dirigidos por el Espíritu Santo conocen.

Este expresión de gozo fue algo más que una buena sensación. Él se regocijó por causa de lo que Dios estaba haciendo a través de los setenta. Los sabios y los prudentes (los diestros intérpretes de la ley, los líderes religiosos y principales sacerdotes) miraban con desprecio sobre gente tan humilde como la que Jesús comisionó. Pero fue a través de ellos que Dios reveló su gracia, su poder y su salvación. Los nombres de ellos ya estaban inscritos en los cielos (Lucas 10:20). Aun más, todos tendrían que reconocer que lo que los setenta realizaron no lo fue a través de algún poder, autoridad, o posición oficial que fuese de ellos. El poder tenía que ser de Dios.

A través de toda la vida de Jesús hay una subyacente nota de gozo, aun cuando encara la cruz (Hebreos 12:2). Parte de esto fue una anticipación del futuro, pero gran parte se debió a la vida que Él vivió en el Espíritu. Por medio del Espíritu supo lo que eran la paz y el gozo. Por medio del Espíritu Él los imparte también a nosotros (Juan 14:27; 15:11; Gálatas 5:22).

La blasfemia contra el Espíritu Santo

Los pasajes que tratan con el pecado contra el Espíritu Santo nos dan todavía una mayor evidencia de parte de Jesús mismo de que su ministerio se cumplió mediante el poder del Espíritu (Mateo 12:24-32; Marcos 3:22-30; Lucas 11:15-20; 12:10).

Desde el comienzo del ministerio de Jesús, lo que llamó la atención de la gente y les llenó de asombro fue el hecho de que Él expulsara los demonios (Marcos 1:27, 28). Una persona endemoniada, ciega y muda, fue traída a Jesús y Él la sanó (Mateo 12:22). Cuando la gente atónita decía: «¿Será éste aquel Hijo de David?» los fariseos se confundieron. En forma muy despectiva ellos dijeron que este tipo Jesús echaba fuera los demonios mediante el poder de Belzebú (Satanás), el príncipe de los demonios.

En primer lugar Jesús señaló la necedad de su declaración. Un reino dividido contra sí mismo (desunido) es asolado. Una ciudad o casa dividida o desunida no permanecerá. Si Satanás echa fuera a Satanás es porque está desunido y trabaja contra sí mismo, ¿cómo puede entonces su reino prevalecer? Aun más, si Jesús echaba fuera los demonios por Belzebú, era lógico pensar que cualquier hijo (discípulo) de los fariseos que echara fuera un demonio tendría que hacerlo de la misma manera. Pero si Jesús echaba fuera los demonios mediante el poder del Espíritu de Dios, entonces el reino (gobierno real y poder) de Dios «ha llegado a vosotros». Es decir, el Reino se halla actualmente en operación en favor de ustedes (Mateo 12:28).

Marcos añade que estos fariseos no eran galileos locales, sino escribas (expertos en la ley de Moisés), enviados desde Jerusalén (para vigilar a Jesús y tenderle un lazo y desacreditarlo). Lucas usa una expresión diferente, sustituye «el dedo de Dios» en lugar del Espíritu de Dios. Esto es similar a las referencias del Antiguo Testamento, que usaban la mano de Dios para expresar el poder de Dios. Indudablemente, Jesús usó ambas expresiones para representar el poder del Espíritu también.

La acusación de que Jesús echaba fuera los demonios por el poder de Satanás era demasiado seria como para explicarla sencillamente de esta manera y dejarla sin más. La gente necesitaba estar prevenida, de otro modo escucharían a estos escribas de los fariseos y perderían su propia esperanza de salvación eterna. También Jesús aclaró que ellos no podían permanecer sencillamente neutrales. «El que no es conmigo, contra mí es; y el que conmigo no recoge, desparrama» (Mateo 12:30).

Una severa advertencia

La advertencia sobre la blasfemia contra el Espíritu Santo es difícil de interpretar. Mateo dice: «Todo pecado y blasfemia (lenguaje hiriente, calumnia) será perdonado a los hombres; más la blasfemia contra el Espíritu no les será perdonada. A cualquiera que dijere alguna palabra (que haga alguna declaración blasfema) contra el Hijo del Hombre, le será perdonado; pero al que hable contra el Espíritu Santo, no le será perdonado, ni en este siglo (época) ni en el venidero». A continuación de esto viene una exhortación para hacer su decisión entre Jesús y los fariseos, los cuales procuraban hacer que la gente se apartara de él. « O haced el árbol bueno, y su fruto bueno, o haced el árbol malo, y su fruto malo».

Marcos 3:29 recalca la misma cosa de un modo ligeramente diferente. «Cualquiera que blasfeme contra el Espíritu Santo, no tiene jamás perdón, sino que es reo de juicio eterno». «Reo de» puede significar merecedor de, culpable de, o involucrado en. También, muchos manuscritos antiguos dicen «eterno pecado» en lugar de juicio eterno.

De este manera, es posible leer que aquellos que blasfeman contra el Espíritu bien son culpables de o están involucrados en un pecado eterno. Marcos atrae luego la atención a la razón que tenía Jesús para hacer esta advertencia. Sus enemigos decían que Él tenía un espíritu inmundo (impuro, depravado, perverso).

Lucas no presenta esta advertencia inmediatamente después de lo que dijeron los fariseos. Sin embargo, él muestra que Jesús repitió la advertencia después de decir: «Todo aquel que me confesare (reconocimiento público) delante de los hombres, también el Hijo del Hombre le confesará delante de los ángeles de Dios; mas el que me negare (repudie, desconozca) delante de los hombres, será negado delante de los ángeles de Dios» (Lucas 12:8, 9). Este es un tema que se halla con frecuencia en el Nuevo Testamento (Juan 9:22; 12:42, 43; Romanos 10:9, 10; 2 Timoteo 2:12; 1 Juan 4:2, 15; 2 Juan 7). Luego Jesús añadió: «A todo aquel que dijere alguna palabra contra el Hijo del Hombre, le será perdonado; pero al que blasfemare contra el Espíritu Santo, no le será perdonado" (Lucas 12:10).

Una diferencia importante

Todos estos pasajes hacen una clara distinción entre la persona de Jesús y la persona del Espíritu Santo. Ellos distinguen también entre las declaraciones blasfemas contra Jesús como el Hijo del Hombre y contra el Espíritu Santo. La mayoría de los comentaristas considera que la blasfemia contra el Hijo del Hombre es una falla en reconocer al humilde Jesús como Aquel que cumplió las gloriosas profecías del Mesías venidero.

Después de la sanidad del cojo en la puerta Hermosa del templo Pedro recordó a las multitudes que en la presencia de Pilato negaron «al Santo y al Justo», y pidieron a un homicida, y mataron «al Autor de la vida, a quien Dios ha resucitado de los muertos». Pero Pedro añade que él sabía que ellos lo hicieron por ignorancia, igual que sus gobernantes. Por tanto, el arrepentimiento estaba a disposición de ellos (Hechos 3:13-19). El pecado de ellos había sido enorme, pero no era imperdonable.

También Pablo lamentaba haber sido en otro tiempo blasfemo, perseguidor e injuriador (insolente, arrogante, avergonzando, maltratando e insultando a los cristianos), y reconoció que obtuvo misericordia porque lo hizo en ignorancia e incredulidad (1 Timoteo 1:13). De este modo, aun cuando en un sentido él no solamente blasfemó a

Cristo sino que también blasfemó la obra del Espíritu en y por medio de la Iglesia, no cometió sin embargo un pecado imperdonable.

La blasfemia contra el Espíritu Santo se distingue entonces de las cosas dichas contra Jesús o contra su Cuerpo, la Iglesia, cuando estas declaraciones provienen de una incredulidad que tiene su base en la ignorancia. Es decir, las cosas que la gente dice por el hecho de que han sido enseñados erróneamente pueden ser perdonadas si es que hay un arrepentimiento previo.

Un rechazo total

Claramente, la blasfemia contra el Espíritu es algo intencional e involucra un pecado contra el conocimiento. Mateo lo presenta como que es el atribuir intencionadamente las obras de Jesús al poder de Satanás. Estas obras eran el testimonio del Espíritu de que Jesús era el Mesías y el Salvador. Los fariseos, que conocían las Escrituras, fueron reacios para reconocer la salvación que viene tan solamente mediante Jesús. «Porque no hay otro nombre bajo el cielo, dado a los hombres, en que podamos ser salvos» (Hechos 4:12). El rechazo total de la obra del Espíritu para llevarnos a Jesús cierra de esta manera la puerta a la salvación en esta época. Y en la época venidera no habrá otra oportunidad. Después de la muerte nada le queda al incrédulo sino el juicio (Hebreos 9:27). Es cosa de ahora o nunca.

Marcos relaciona la blasfemia contra el Espíritu con aquella otra blasfemia que decía que Jesús tenía un espíritu inmundo. En otras palabras, lo que ellos decían era que el Espíritu Santo que estaba en Él era un espíritu malo. De este modo ellos rehusaban reconocer que el Espíritu que le fue dado después de su bautismo era de Dios. Repudiaban también el testimonio que el Padre diera respecto de su Hijo. Igual como en Mateo, tratar al Espíritu Santo como un espíritu malo era resistir sus influencias tendientes a conducirnos a la salvación. Denominarlo dañino o impuro es privarnos de toda esperanza de salvación.

Cuando Lucas considera que la blasfemia contra el Espíritu es paralela al rechazo y repudio total de Jesús ante los hombres, también indica que la blasfemia contra el Espíritu as algo intencionado. En efecto, es un rechazo final del testimonio del Espíritu respecto de Jesús, testimonio que nos impulsa a confesar a Cristo como Salvador y Señor. De este modo, el único resultado puede ser una negación por parte de Cristo en el juicio, sin que se nos dé otra oportunidad de perdón.

La traducción posible de Marcos 3:29 como «implicado en un pecado eterno» hace que algunos lo interpreten como que la blasfemia contra el Espíritu es imperdonable solo durante el tiempo en que la persona se halla involucrada en ella. Es decir, solo mientras resista el testimonio que el Espíritu da de Jesús como Señor y Salvador es que no hay posibilidad de que sea salva. Aquellos que estaban implicados en este pecado en el pasaje eran los fariseos. Más tarde leemos de un grupo de fariseos que creyeron (Hechos 15:5). Pero no todos los fariseos repudiaron a Jesús durante su ministerio (Nicodemo es un ejemplo; Juan 3:1). Otros, como Pablo, se le opusieron solamente por causa de su ignorancia.

Debiera reconocerse, todavía más, que esta blasfemia contra el Espíritu no fue algo que se dijo en un momento de ira, de desánimo, o aun de rebeldía. Ni tampoco fue algo que surgió de la incredulidad resultante de una enseñanza errónea o de una mala comprensión de la Biblia. Se trataba del rechazo intencionado del Espíritu Santo como algo maligno y que provenía del infierno. Detrás de ello había también una determinación firme de hacer que otros se apartaran de Jesús.

Una vez que una persona se endurece hasta tal punto es semejante a aquellos porfiados rebeldes de los tiempos del Antiguo Testamento que llamaban a lo malo bueno y a lo bueno malo, que ponían tinieblas por luz y luz por tinieblas (Isaías 5:20). Estos han perdido todo poder para distinguir lo malo de lo bueno. En realidad, aborrecen el bien y aman el mal (Miqueas 3:2). Como dijo Jesús, prefieren las tinieblas a la luz por cuanto sus obras son malas (Juan 3:19, 20). De este modo, le cierran la puerta a Dios y al mensaje de salvación.

La declaración de Jesús de que «si yo por el Espíritu de Dios echo fuera los demonios, ciertamente ha llegado a vosotros el reino de Dios» (Mateo 12:28) añade otro aspecto a la seriedad de la blasfemia contra el Espíritu. Al atribuir la obra del Espíritu en y por medio de Jesús a Satanás, ellos en realidad rechazaban la totalidad del prometido gobierno y reino de Dios, el cual decían esperar. Este ya estaba en operación, por cuanto el Rey se hallaba en medio de ellos. Pero ellos se ponían en oposición al reino o gobierno de Dios y de este modo, fuera de la bendición y salvación prometidas.

Del mismo modo como los principales sacerdotes y fariseos del Sanedrín que tramaron la muerte de Cristo, no deseaban que Dios trajera cambios de ninguna clase. Estaban satisfechos con el statu quo (Juan 11:47, 48). En vista de esto, una de las razones por las que no tendrían perdón en este siglo es que no lo solicitarían jamás. Esto podría tener aplicación en la actualidad donde los hombres rechazan totalmente la demostración del gobierno de Cristo que opera mediante el Espíritu en y por medio de la Iglesia. Se ponen a sí mismos en la categoría a la cual pertenecían estos fariseos. En este sentido, la blasfemia contra el Espíritu Santo involucraría una apostasía total (Véase Hebreos 6:4-6, 8; 10:26-31). Debemos tener presente, sin embargo, que Mateo, Marcos y Lucas indican que este pecado es una blasfemia directa contra el Espíritu en circunstancias que obra a través de Jesús. Aun más, solo Dios sabe si en un caso particular esto proviene de un acto intencionado o de ignorancia. Hemos conocido, por ejemplo, a algunos que han atribuido la experiencia pentecostal al diablo. Más tarde, el Señor ha abierto sus corazones y sus mentes y han sido bautizados en el Espíritu y han descubierto la edificación del don de lenguas.

6

EL ESPÍRITU EN LA
ENSEÑANZA DE JESÚS

Jesús impartió muy poca enseñanza acerca del Espíritu Santo a las multitudes. La mayor parte de la misma fue dada en privado a sus discípulos, especialmente durante las horas que antecedieron a su ida al Getsemaní, según está registrado en el Evangelio según San Juan. Los otros Evangelios tienen, sin embargo, algunas declaraciones muy significativas.

Tal como ya hemos visto, Jesús reconoció que los escritores del Antiguo Testamento tenían inspiración del Espíritu (Marcos 12:36; Mateo 13:11; Lucas 20:42) como asimismo la obra del Espíritu en relación con el Mesías. Pero Él dio enseñanza especifica a sus discípulos en estos Evangelios respecto de cuatro cosas relacionadas con el Espíritu. La primera es el reconocimiento de que el Espíritu era un don de Dios, la llave a todo cuanto Dios tiene para nosotros (Mateo 7:7-11; Lucas 11:9 13). La segunda es que prometió que el Espíritu estaría con sus discípulos para ayudarles en el ministerio y para ungirlos aun en medio de la persecución (Mateo 10:16-20; Marcos 13:9-11; Lucas 12:11, 12; 21:12-15). La tercera es que les ordenó bautizar a los creyentes en el nombre del Padre, del Hijo y del Espíritu Santo (Mateo 28:19). Cuarto, les ordenó que esperaran en Jerusalén hasta que fuesen revestidos con poder desde lo alto (Lucas 24:49), el poder del Espíritu que los constituiría en testigos (Hechos 1:8). Añadido a esto hay referencias a cosas tales como el aceite en las lámparas de las vírgenes (Mateo 25:3, 4, 8), lo que por lo general se interpreta como un tipo del Espíritu Santo que está presente activamente en el corazón del creyente.

El Dador de buenas dádivas

El pasaje de Lucas 11:13, que dice: «Pues si vosotros, siendo malos (obradores de mal, gente débil que no tiene siempre las mejores intenciones), sabéis dar buenas dádivas a vuestros hijos, ¿cuánto más

vuestro Padre celestial dará el Espíritu a los que se lo pidan?» es el clímax para la enseñanza de Jesús respecto de la oración. Los discípulos
vinieron pidiéndole que los enseñara a orar. Él les dio la oración del
Padrenuestro (en realidad, la oración de los discípulos, un modelo de
oración que les muestra cosas por las cuales ellos debían unirse juntos
en oración). Entonces, para evitar que ellos hicieran de esto una mera
forma o ceremonia, Él les dio una parábola para mostrarles que nuestras oraciones deben incluir necesidades verdaderas y que debemos
venir a Dios con fe persistente.

Para dar mayor énfasis a esto, Jesús dijo claramente: «Pedid (pe-
tición constante), y se os dará; buscad (búsqueda permanente), y ha-
llaréis; llamad (llamado persistente), y se os abrirá. Porque todo aquel
que pide (que pide de manera permanente, que es un 'pedigüeño')
recibe (recibe permanentemente); y el que busca (con búsqueda permanente, que es un buscador), halla; y al que llama (cuya práctica
constante es llamar a las puertas), se le abrirá». No hay nada de malo
en llevar todas nuestras necesidades al Señor. Ni hay nada de malo en
llevar la misma necesidad al Señor una y otra vez. La demostración de
una fe persistente no está en pedir una vez y dejar de hacerlo, sino en
continuar pidiendo.

A continuación, Jesús hizo varias comparaciones para demostrar
que podemos acudir con libertad y con audacia. No debemos tener temor de presentar a Dios nuestras necesidades. Cualquier padre terreno
no daría una piedra al hijo que le pidiera pan, ni una serpiente ponzo-
ñosa si se le pide un pescado, o un escorpión si se le pide un huevo. Si
los padres terrenos, que están tan lejos de ser tan buenos como Dios,
saben dar buenas dádivas, entonces es seguro que no tenemos que tener temor de pedir al Padre la mejor de todas las dádivas, el don del
Espíritu Santo. Aún más, podemos confiar en que Él dará el Espíritu.
Si persistentemente le pedimos, Él nos dará lo que le pidamos, no algo
malo, ni algo inferior a lo mejor, sino el Espíritu Santo mismo.

Mateo 7:11, en lugar de mencionar al Espíritu Santo, sigue la
misma línea de razonamiento y en seguida registra que Jesús dijo:
«¿Cuánto más vuestro Padre que está en los cielos dará buenas cosas a
los que le pidan?» Jesús en su comparación incluyó de esta manera todos los dones buenos, útiles y benéficos que provienen de Dios. Además el énfasis es que podemos confiar en que Dios dará estos dones.
Como dice Santiago 1:17, «Toda buena dádiva y todo don perfecto
desciende de lo alto, del Padre de las luces, en el cual no hay mudanza,

ni sombra de variación». Lo que quiere decir es que Dios no tiene fases como la luna, que a veces es brillante y otras veces oscura. Él es siempre la misma Fuente brillante de luz y bendición. Sus buenas dádivas incluyen la provisión de las necesidades materiales, porque Él sabe la necesidad que tenemos de cosas tales como el alimento y el vestuario (Mateo 6:25-33). Las buenas dádivas incluyen también todo lo necesario para que transitemos el camino hacia la gloria (Romanos 8:32). De esta manera, Lucas cita las palabras de Jesús que dan énfasis al Espíritu Santo como el don que resume, y en cierto modo incluye, todas las buenas dádivas. O para ponerlo de otro modo, el Padre envió a su Hijo como la Palabra viva para revelar su naturaleza y carácter y para hacer su obra de salvación a nuestro favor. El Padre entonces envió el Espíritu Santo para darnos dones y para continuar su trabajo por medio de nosotros.

La petición del don del Espíritu

Algunos escritores de la actualidad dicen que no necesitamos pedir el Espíritu puesto que el Espíritu Santo ya mora en todos los creyentes verdaderamente nacidos de nuevo. Ellos consideran esta promesa del don del Espíritu como ya cumplida. Otros reconocen que debemos continuar pidiendo, y que cuando oremos, si creemos (con una creencia que persiste) que recibiremos las buenas cosas de Dios que estamos pidiendo, las recibiremos (Marcos 11:24). No puede negarse que los ciento veinte oraron (Lucas 24:53; Hechos 1:14), o que Pedro oró para que otros recibieran el Espíritu Santo (Hechos 8:15). Sin embargo, algunos dicen que todo cuanto necesitamos hacer ahora es seguir el ejemplo de los gálatas y aceptar por fe (Gálatas 3:13, 14).

No es muy verosímil, sin embargo, que la fe de los gálatas fuese pasiva. Ni hay manera alguna de probar que ellos no pidieron al oír la promesa. Después de Pentecostés, Pedro dijo al Sanedrín: «Y nosotros somos testigos suyos de estas cosas (especialmente de la resurrección); y también el Espíritu Santo, el cual ha dado Dios a los que le obedecen» (Hechos 5:32). Lo más probable es que esa obediencia incluía el pedir en fe.

Hay también un sentido en el cual debemos continuar pidiendo el Espíritu para mantenernos llenos de su presencia y poder. Dios da algunas bendiciones, como el sol y la lluvia, sobre los buenos y los malos sin discriminación (Mateo 5:45), pero los dones del Espíritu precisan de un deseo más ardiente que viene de un corazón preparado

(1 Corintios 12:31; 14:4). ¡Cuánto más cierto es esto respecto del Espíritu Santo mismo! Nuestro deseo de Dios, nuestra hambre de Él, el clamor de nuestro corazón para llegar a conocer mejor a Cristo, debieran ser la base de toda oración nuestra (Salmo 42:1; Filipenses 3:10).

Debe tenerse en cuenta de que aun cuando la oración por el don del Espíritu está dirigida principalmente al Padre, Jesús, como Bautizador en el Espíritu también toma parte en la concesión de este don. Aun cuando el Antiguo Testamento indica que es el Padre el que derrama el Espíritu, no solo sobre los hombres sino también sobre el Mesías, el Nuevo Testamento muestra que una de las razones por las cuales el Mesías fue lleno era para señalarle como participante en la dación del Espíritu (Juan 1:33). Lucas indica también que Jesús participa en la concesión de plenitudes especiales para necesidades especiales (compare Lucas 12:11, 12 con Hechos 4:8, donde el griego indica que Pedro fue lleno de nuevo, y de manera especial, del Espíritu Santo para enfrentarse al Sanedrín. Fíjese luego en Lucas 21:15, donde Jesús promete que Él mismo dará palabra y sabiduría bajo las mismas circunstancias. De esta manera, podemos considerar que Jesús hace esto por medio de llenar con el Espíritu). Por consiguiente, oramos al Padre y al Hijo por el Espíritu. Por otra parte, nada en la Biblia nos prohíbe dirigir oraciones al Espíritu. Somos enriquecidos por aquellos himnos que le invocan para que venga y caiga sobre nosotros una vez más y nos llene de nuevo.

Enviados con el Espíritu

Cuando Jesús envió a sus discípulos, no les prometió que tendrían una tarea fácil. Les advirtió que no podrían esperar que todos recibieran bien el evangelio, aun cuando éste se predicase con mucho poder. Esto no era pesimismo, sino realismo. El ministerio de ellos no había de ser una expresión de optimismo superficial sino basado en las promesas de Dios, promesas que garantizaban la victoria a pesar de y en medio de persistente oposición. Las puertas del infierno no prevalecerán contra la Iglesia, la que incluye a todos los verdaderos creyentes, todos los que pertenecen a Jesús (Mateo 16:18). Sin embargo, la Iglesia (es decir, el pueblo de Dios) tendrá que encarar el poder del infierno y tener la seguridad de que están vestidos con la armadura (Efesios 6:11-18). Tampoco podemos esperar que la oposición disminuya a medida que se aproxima el fin de esta época, porque «en los postreros días vendrán tiempos peligrosos» (2 Timoteo 3:1).

Tanto las advertencias como las expresiones de ánimo que Jesús habló a sus discípulos son especialmente apropiadas en la actualidad. Él les envió, (después de Pentecostés) como ovejas en medio de lobos (Mateo 10:16). Pero ellos tenían la seguridad de que Jesús era el que les enviaba, de modo que podían esperar que Él estuviese con ellos (Juan 15:16; 16:2; Mateo 28:20).

Cuando salieron iban a necesitar toda la sabiduría y toda la gracia que pudiesen demostrar (Mateo 10:16). Aun así, los hombres los arrestarían y los llevarían ante concilios religiosos (tales como el Sanedrín) y los azotarían en sus sinagogas. Pero el resultado no sería la derrota. Aun cuando fuesen llevados ante gobernadores y reyes por causa de Jesús, el resultado sería un testimonio para ellos (antes que resultarles en su contra) y para los gentiles.

La manera en que sus arrestos y enjuiciamientos habrían de resultar en oportunidades para testimonio era por obediencia a Mateo 10:19. Cuando los creyentes son apresados por causa de su fidelidad en difundir las buenas nuevas acerca de Jesús, no deben preocuparse o afanarse respecto de lo que habrán de decir o de cómo decirlo. En el momento en que sea necesario, les sería dado lo que hayan de decir. «Porque no sois vosotros los que habláis, sino el Espíritu de vuestro Padre que habla en vosotros» (Mateo 10:20). Es decir, serán llenos del Espíritu, quien les dará sabiduría y las palabras para que presenten un testimonio que glorifique a Jesús.

Jesús repitió esta advertencia en el Monte de los Olivos después que los discípulos le preguntaron respecto de las señales del fin. Les advirtió primero que una excesiva atención a las señales podría engañarlos: en primer lugar porque vendrían muchos engañadores (Marcos 13:5, 6), y en segundo lugar porque la característica de la época serían las guerras y rumores de guerras. La gente estaría alarmada, pensando que el fin estaba cerca, cuando en verdad debieran estar sencillamente más preocupados de difundir el evangelio (Marcos 3:8). Durante el curso de esta época también, como Jesús dijo anteriormente, ellos serían llevados ante los gobernantes por causa de Jesús, con el fin de que pudieran testificarles. Esto sería una parte importante de la difusión del evangelio a todas las naciones (Marcos 13:10). Una vez más Jesús advirtió a sus discípulos de que no se afligieran antes de tiempo, sino que esperaran que el Espíritu Santo les diera lo que debían decir cuando llegara la oportunidad de hablar.

Lucas 12:11, 12 es un paralelo a Mateo 10:17-20, con el pensamiento añadido de que el Espíritu Santo les enseñaría (instruiría) conveniente a lo que fuera necesario decir. Lucas 21:12-15 es paralelo a Marcos 13:9-11, con el añadido de que debían proponerse en sus corazones no preparar su defensa de antemano. Jesús (mediante el Espíritu) les daría palabras y sabiduría a las cuales sus adversarios no podrían contradecir ni resistir.

Esto comenzó a cumplirse casi inmediatamente después de Pentecostés. Cuando la sanidad del cojo presentó oportunidad de enseñar a la multitud en el templo (Hechos 3), los líderes religiosos apresaron a Pedro y a Juan y los pusieron en una celda durante toda la noche. Esto era una prueba. ¿Habían de estar afligidos durante toda la noche respecto de lo que iban a decir, o recordarían las palabras de Jesús y dormirían tranquilos? Creo que durmieron. Al día siguiente, al enfrentarse al Sanedrín, Pedro no tenía una respuesta preparada. En cambio, en cumplimiento de la promesa de Jesús, el Espíritu Santo lo llenó nuevamente (según lo indica el idioma griego) y le dio las palabras que había de decir. Como resultado, en lugar de defenderse, lo que probablemente habría hecho si se hubiese afligido por ello, él dio testimonio de Jesús, de su resurrección, y de la salvación que llega a ser nuestra solo a través de Él. La valentía de Pedro y su modo claro, fácil y desembarazado de presentar la verdad sorprendieron a los miembros del Sanedrín. Y puesto que tenían allí con ellos al hombre que había sido sanado, nada podían decir en contra (no podían contradecir nada; la misma palabra usada en Lucas 21:15). Nótese también que el Espíritu dio solamente lo que era *necesario* decir (Lucas 12:12). Si ellos hubiesen preparado su propia defensa, probablemente hubiesen dicho demasiado.

Esto nos muestra también que el Espíritu está más interesado en lo concerniente a la difusión del evangelio que en la seguridad de quienes lo difunden. La proclamación del evangelio en el poder y en la sabiduría del Espíritu todavía hará que la gente se vea envuelta en situaciones de peligro. Esteban, lleno del Espíritu Santo, dio el testimonio de Jesús que se necesitaba en ese momento. Por causa de que el Sanedrín no pudo resistirlo o contradecirlo, se enfurecieron y lo mataron (Hechos 9:54, 55, 57). Pablo también, después de muchas oportunidades maravillosas para testificar ante gobernantes y reyes, derramó finalmente su sangre bajo la espada de un romano (2 Timoteo 4:16). Pablo no buscó el martirio, por cuanto él a menudo se escapaba secretamente cuando se levantaba la persecución. Sin embargo, los martirios como el suyo continuaron, no solo en los primeros siglos, sino a través de toda la historia de la Iglesia. En multitud de casos las palabras de Jesús han resultado ciertas. Los avivamientos han llegado aún a las prisiones. Los carceleros se han convertido. Aquellos que murieron por su fe han inspirado a una gran cantidad de otras personas.

Enviados con poder

La Gran Comisión, según está registrada en el Evangelio según San Mateo, recalca la autoridad de Jesús. «Toda potestad (autoridad) me es dada en el cielo y en la tierra» (Mateo 28:18). Mediante esta autoridad Jesús les prometió poder (gran poder) el que llegaron a poseer a través del Espíritu Santo (Hechos 1:8). El propósito principal del poder es enseñar (hacer discípulos, verdaderos estudiantes ansiosos de aprender más acerca de Jesús y de la Palabra). El énfasis no está en ir. «Por tanto, id» resulta mejor traducido «habiendo ido, entonces». El Señor considera que ellos irán. Él se preocuparía de que eso sucediera, utilizando la persecución y otros medios. Pero el mandato es que dondequiera que se encuentren, deben hacer discípulos.

Ni siquiera el mandato es de que bauticen. Más bien, a la medida en que obedezcan el mandato de enseñar o hacer discípulos, les habrán de bautizar en el nombre (en el servicio y adoración) del Padre, y del Hijo, y del Espíritu Santo.

La palabra *nombre* es singular aquí porque significa un nombre (o título) para cada uno. La repetición de la frase «y del» también deja en claro que cada uno es respetado como una Persona distinta dentro del único Dios. Esto, por supuesto, se refiere al bautismo en agua. Los discípulos realizaron todos los bautismos en agua durante el ministerio de Jesús (Juan 4:2). Él es el Bautizador en el Espíritu. De este modo, la Iglesia primitiva como un todo reconoció que no se requerían cualidades especiales para bautizar en agua. Cualquier creyente podría hacerlo (Véase 1 Corintios 1:14-17).

Jesús no prestó mucha atención al bautizar aquí. De manera rápida, Él pasa a enfatizar que el hacer discípulos era principalmente un asunto de enseñarles a guardar todo lo que Él les había mandado, lo que ciertamente enfatizaría el mandamiento de amar (Juan 15:2, 17). Entonces Él estaría con ellos — y con nosotros — hasta el fin de esta dispensación.

El relato de Marcos es similar al de Mateo. De nuevo se enfatiza la idea de ir. El mandamiento es que dondequiera que ellos estén deben predicar (proclamar públicamente) el evangelio a toda criatura

(Marcos 16:15). Aquellos que creen y son bautizados serán salvos (no meramente convertidos sino recibiendo finalmente su eterna salvación, su herencia por medio de Cristo). Los incrédulos serán condenados (a juicio eterno). Por eso Marcos no está haciendo del bautismo un medio de recibir la gracia de la salvación. Eso iría en contra de Romanos 10:9, 10; Efesios 2:8, 9, 13. El bautismo es simplemente una parte de la obediencia a Cristo que da testimonio a Él. Como Pedro lo señala, el bautismo en agua no nos salva más que el agua del diluvio salvó a Noé. Pero el hecho de que Noé pasó por el diluvio era un testimonio a la fe que creyó en Dios antes del diluvio. Así que el agua del bautismo no nos lava de ninguna de las inmundicias de la carne. Somos lavados en la sangre de Cristo (Apocalipsis 1:5; 7:14) y por el agua por (en) la Palabra (Efesios 5:26). De este modo, el agua del bautismo es la respuesta o testimonio de una buena conciencia que ha sido ya limpiada antes del bautismo (1 Pedro 3:20, 21).

Estas señales seguirán

Marcos dice: «Estas señales seguirán a los que creen: En mi nombre (mediante mi autoridad) echarán fuera demonios; hablarán nuevas lenguas; tomarán en las manos serpientes, y si bebieren cosa mortífera, no les hará daño; sobre los enfermos pondrán sus manos, y sanarán». Luego, después de la ascensión de Jesús, una vez que ellos salieron y predicaron en todo lugar, el Señor obraba con ellos, confirmando la Palabra con señales (milagrosas) que la seguían (tal como Él había prometido).

Desafortunadamente, algunos han malinterpretado la frase «tomarán en las manos serpientes» como si fuese una orden de tomar serpientes venenosas para demostrar su fe. La frase no es un mandato sino una sencilla declaración de hecho. Luego, aunque «tomarán» es uno de los significados de la palabra griega, no es el único significado. Otros significados legítimos son: quitar, remover, hacer a un lado, conquistar; todos ellos sin que se sugiera la idea de levantar o alzar (véase Mateo 24:39), en que se usa respecto del diluvio que barrió con todo; Juan 10:18, donde se la usa respecto de quitar la vida; Juan 11:48, de conquistar una ciudad; y Colosenses 2:14, donde se habla de quitar de en medio el acta de los decretos). Sin duda, los primeros cristianos no practicaban el tomar serpientes. Cuando Pablo cogió una por accidente, la sacudió en el fuego (Hechos 28:5). Aun más importante, todo el pasaje en Marcos 16 indica victoria sobre las obras del diablo, y la serpiente era un símbolo del mal y de Satanás (Apocalipsis 12:9; 20:2).

El hablar en lenguas y el quitar del camino las «serpientes» de Satanás son actividades normales de los creyentes. Por otra parte, la frase siguiente tiene un «si» que indica que el beber veneno es considerado muy poco probable. No obstante, Dios protegerá a los creyentes que lo hacen sin intención mientras se hallan propagando el evangelio. No se pretende que alguna de estas cosas sea un medio de probar o demostrar nuestra fe, ni siquiera el hablar en lenguas. Son sencillamente señales que seguirán a los que crean lo suficiente como para obedecer el mandato de predicar el evangelio a toda criatura, tal como lo indica Marcos 16:20 (no se nos pasa por alto el hecho de que los críticos modernos arrojan duda sobre los últimos doce versículos de Marcos. Existe evidencia, sin embargo, de que son muy antiguos y no hay razón por la que Marcos mismo no los hubiera escrito. En todo caso, cuanto dicen estos versículos se halla en concordancia con el resto del Nuevo Testamento. Véase mi artículo « ¿Es Marcos 16:9-20 inspirado?» en *Paraclete,* tomo 4, número 1, pp. 7-12.)

El relato que hace Lucas de la Gran Comisión demanda que las buenas nuevas de arrepentimiento y perdón de pecados sean proclamadas entre todas las naciones (Lucas 24:47). Jesús establece que esto debiera iniciarse en Jerusalén. Pero primeramente Él enviará la promesa del Padre (el Espíritu Santo) sobre ellos. En consecuencia ellos deben esperar en Jerusalén hasta que sean investidos de poder. Esto tiene un más amplio desarrollo en el segundo volumen de los escritos de Lucas, el libro de Hechos.

Nacido del Espíritu

El Evangelio según San Juan proporciona más enseñanza acerca del Espíritu y de su obra que los otros tres Evangelios. El mayor énfasis se halla en Juan 14 al 16 que habla del Espíritu como el Consolador (Paracleto) y el Espíritu de verdad. Pero las enseñanzas primeras son básicas.

Cuando Nicodemo vino de noche, Jesús fue directamente al corazón de su necesidad al decirle: «El que no naciere de nuevo (de arriba), no puede ver el reino de Dios» (Juan 3:3). Jesús explicó todavía más este nuevo nacimiento como «nacido de agua y del Espíritu» (3:5) y mediante la doble repetición de la frase «nacido del Espíritu» (3:6, 8).

El énfasis se halla claramente en la obra del Espíritu al traer nueva vida al creyente; vida de arriba, vida del cielo, de Dios. Pero la frase «nacido de agua y del Espíritu» es difícil de interpretar. Hay cuatro puntos de vista corrientes del significado del agua. Algunos lo consideran como el bautismo en agua. Otros lo toman como el agua del nacimiento natural, otros de la Palabra, y aun otros del Espíritu mismo.

Las Iglesias que declaran que la vida espiritual viene a través de los sacramentos, universalmente consideran que el agua es el agua del bautismo. Algunos consideran que el agua del bautismo representa la muerte, y que el agua que recibe el cuerpo lo recibe del modo como lo recibiría la tumba. De ese modo el agua efectúa la muerte y el Espíritu Santo da vida nueva. Otros se refieren al bautismo como un rito de iniciación que es la puerta a la vida nueva y lleva consigo todos los dones del Espíritu. O bien ellos se refieren al bautismo como un lavamiento sacramental que es la señal y el medio del nuevo nacimiento y de una nueva vida producida por el don del Espíritu. Es decir, los sacramentalistas consideran el bautismo en agua como un canal necesario para la salvación, para el don del Espíritu, y para los dones del Espíritu. Dicen que la persona obtiene todo eso cuando es bautizada. Sin embargo, la mayoría recalca que los sacramentos en sí no son la fuente de la vida nueva. La verdadera fuente de vida espiritual es el Espíritu Santo, aun para el sacramentalista. No obstante, como ya se ha observado, el agua del bautismo, más bien que ser agente o canal de la vida y purificación del Espíritu, es un acto simbólico mediante el cual demos testimonio de una purificación y de una vida que ya hemos recibido.

Entre quienes no identifican el agua de Juan 3:5 con el bautismo en agua, hay algunos que la toman como una explicación de lo que significa nacer de nuevo, dando énfasis a *de nuevo*. Consideran el agua como simbólica del primer nacimiento, del nacimiento físico (que está acompañado por el «rompimiento del agua»). De ese modo el Espíritu es quien produce el nuevo nacimiento. Sin embargo, aun cuando «nacido de nuevo» es un significado legítimo del griego y la idea se encuentra incluida sin duda en Juan 3:3, el significado más común es «nacido de arriba». En ese mismo capitulo la misma palabra que se traduce «de nuevo» se emplea para describir a Jesús como el que viene «de arriba» (Juan 3:31). En el mismo versículo esto se explica cómo «del cielo». Santiago 1:17 también lo traduce «de arriba».

Todavía más, Juan 1:12, 13 hace un fuerte contraste entre el nacimiento natural y el nacimiento espiritual: Aquellos a quienes se les da el derecho de ser hijos de Dios son los que creen en su nombre (el de Jesucristo), y el nacimiento que los constituye en herederos de Dios no es de sangre (no basado en linaje humano), ni de voluntad de carne (nuestros intentos por satisfacer a Dios mediante los débiles esfuerzos humanos), o de voluntad de varón (de un esposo), sino de Dios. De ese modo, el nuevo nacimiento es puro y completamente de Dios, y tanto el agua como el Espíritu deben referirse a lo que procede de Dios.

En vista de eso, algunos consideran el agua como simbólica de la Palabra (como en Efesios 5:26). Esa es una fuerte posibilidad, pues la Biblia habla de ser nacido de nuevo por la Palabra de Dios, específicamente, el evangelio según lo predicaban los apóstoles (1 Pedro 1:23, 25). Santiago también afirma: «Él, de su voluntad, nos hizo nacer por la palabra de verdad» (Santiago 1:18). Jesús mismo dijo que sus discípulos estaban limpios (tenían un baño completo, espiritualmente hablando) antes de la última cena (Juan 13:10). A continuación Él explicó que estaban limpios por la palabra (el evangelio) que les había hablado (Juan 15:3); es decir, la Palabra que vino mediante el Espíritu y que fue ungida por el Espíritu en Jesús (Juan 3:34; 6:63).

Hay otros que sencillamente consideran que el agua simboliza limpieza en general, o que se relaciona con la limpieza mediante la sangre.

El Espíritu mismo

A medida que avanzamos en el Evangelio según San Juan, resulta cada vez más obvio que el agua a menudo simboliza el Espíritu mismo, especialmente en su poder de dar vida (Juan 4:14; 7:38). También es cierto que la palabra y puede significar de igual modo aun, de modo que Juan 3:5 podría traducirse «nacido de agua, aun del Espíritu». Nicodemo interpretó erradamente lo que Jesús quiso decir cuando le habló de nacer de nuevo (o de arriba). Jesús puede haber decidido darle esta vez la explicación. Si tomamos en consideración que el agua significa el Espíritu, entonces desaparece el problema. El agua, aun el Espíritu, es de arriba, del cielo, y se halla completamente fuera del reino de las cosas terrenales.

Juan 3:6-8 muestra aun más fuertemente que ni el agua ni el Espíritu pueden relacionarse con el bautismo en agua. El nuevo nacimiento es de arriba. Jesús prosigue luego con un énfasis del contraste con el nacimiento natural. El nacimiento natural era aquello de lo cual dependía Nicodemo. A semejanza de Pablo, él era fariseo de fariseos, orgulloso de ser hijo de Abraham. Confiaba en que su posición ante Dios como judío y su obediencia a la ley le salvarían. Pero ni siquiera en el Antiguo Testamento alguien fue salvado solo por ser un judío o porque ofrecía los sacrificios apropiados. Eran necesarias fe y fidelidad.

De este modo, el nacimiento natural podía producir solo algo natural. Se requeriría del Espíritu Santo para obtener vida de arriba.

Para explicar aun más el nacimiento de arriba, Jesús lo compara con la acción del viento. «El viento sopla de donde quiere, y oyes su sonido; mas ni sabes de dónde viene, ni a dónde va; así es todo aquel que es nacido del Espíritu» (3:8). Puesto que el Espíritu, igual como el viento, no puede limitarse a un lugar o a una dirección, esto hace que sea imposible suponer que el bautismo en agua sea el canal de su operación. En realidad, el Espíritu y la Palabra son juntamente necesarios. El Espíritu toma la Palabra y la aplica al corazón para producir arrepentimiento y fe, y mediante esto, vida. Pero no podemos limitar su acción a algunos canales prescritos. Ese viento tiene un modo de soplar en las maneras más inesperadas, maravillosas y misteriosas.

Vida en el Espíritu

El ser nacido de arriba no es un fin en sí mismo. Es solamente el primer paso hacia la vida en el Espíritu. Jesús se presentó a la mujer en el pozo como el Dador de agua que en una persona llegará a ser una fuente de agua que salte para vida eterna (Juan 4:10, 14). De este modo, Él va más allá de la promesa de un nuevo nacimiento a la promesa de una vida en el Espíritu, la que contenga no unas pocas gotas de agua solamente sino una fuente o pozo artesiano que fluya continuamente por cuanto proviene de una fuente más alta. Aunque Jesús no explicó la naturaleza del agua a la mujer samaritana, el significado aparece claro en Juan 7:37-39. Allí en el último gran día de la conclusión de la fiesta de los tabernáculos, Jesús llamó al pueblo para que viniera a Él y bebiera. La fiesta de los tabernáculos era un recordatorio de los cuarenta años que Israel pasó en el desierto. Se pretendía que les recordara que ellos eran tan dependientes de Dios como lo fueron sus antepasados en los días en que Dios los alimentaba con maná del cielo y les dio agua de la roca. Como parte de sus ceremonias, el sumo sacerdote sacaba agua de un cántaro de oro y la vaciaba, para simbolizar el agua que Dios había dado. Pero Jesús llamó al pueblo a Él. Él tenía el Espíritu sin medida (Juan 3:34). El Espíritu que rebosaba de Él estaba a disposición de ellos para satisfacer la sed de sus almas.

Luego, Jesús hizo más que ofrecerles lo que en ese momento podía darles. Prometió que aquel que cree (que cree persistentemente, que es un creyente) en Él, de su interior correrán ríos de agua viva. «Esto dijo del Espíritu que habían de recibir los que creyesen (mediante un acto definido de fe) en él; pues aún no había venido el Espíritu Santo, porque Jesús no había sido aún glorificado» (Juan 7:39).

Esto se refiere claramente a lo que sucedería y que tendría su comienzo en Pentecostés. Durante su ministerio, los discípulos dependían directamente de Jesús. El Espíritu Santo hacía su obra en y por medio de Jesús en bien de ellos. De este modo, el Espíritu Santo estaba solamente con los discípulos, todavía no estaba en ellos (Juan 14:17). Ellos vivían en un periodo de transición en que el Espíritu Santo aún no había sido dado a todos. Sin embargo, puesto que *dado* no se halla en la mayoría de los antiguos manuscritos griegos, éstos dicen: «el Espíritu no era todavía», o «aún no había Espíritu». El significado parece ser que la época del Espíritu (tal como lo profetizaron Joel y otros profetas del Antiguo Testamento) no había llegado aún.

Esto añade una nueva dimensión a la promesa del derramamiento del Espíritu sobre toda carne (Joel 2:28). Atrae también la atención a otra importante distinción entre la experiencia de los creyentes del Antiguo Testamento y la que ha sido posible desde Pentecostés. Aun cuando el Antiguo Testamento dice que el Espíritu vino sobre la gente, a menudo hay indicaciones de que también estaba en ellos. (Véase de I Samuel 16:13 a 2 Samuel 23:2). Pero aquí Jesús prometió que el Espíritu Santo daría más que una plenitud interior. Hay un flujo que va desde adentro hacia afuera, algo que surge como asimismo algo que se derrama. Esto va más allá de cualquier experiencia del Antiguo Testamento. Ni siquiera está limitado a los sacerdotes, reyes, profetas, o gente con habilidades especiales, como era tan a menudo el caso en el Antiguo Testamento. La promesa es para todos los creyentes. Solo necesitamos poner en acción nuestra fe y recibir el don prometido (sería mejor decir, *tomarlo).*

Adoración en Espíritu y en verdad

A la mujer samaritana en el pozo Jesús dio todavía mayor explicación acerca de la vida en el Espíritu. La adoración en el Espíritu es una parte muy importante de ella. La humanidad fracasó primeramente en lo relacionado con la adoración (Romanos 1:21), y es aquí donde comienza la apostasía.

La mujer misma sacó a relucir el asunto de si era correcto adorar en el Monte Gerizim o en Jerusalén (que era la principal diferencia entre judíos y samaritanos en ese tiempo). La pregunta nada tenía que ver con el tema; sin embargo, Jesús no la desatendió. La respondió de tal manera que le permitió volver al tema, el cual era la necesidad del Espíritu y la vida que tan solamente Jesús podía darle.

En breve, efectivamente ya, ni siquiera el lugar sería necesario para la adoración del Padre. «La hora viene, y ahora es, cuando los verdaderos adoradores adorarán al Padre en espíritu y en verdad; porque también el Padre tales adoradores busca que le adoren. Dios es Espíritu; y los que le adoran, en espíritu y en verdad es necesario que adoren» (Juan 4:23, 24).

Los verdaderos adoradores, los adoradores genuinos, no son aquellos que van a los lugares correctos y dicen las oraciones correctas. Son los que reconocen la naturaleza de Dios. Por su misma naturaleza Él es Espíritu, y si nosotros adoramos en verdad debemos reconocer no solo su naturaleza, sino que debemos acomodar nuestra adoración a su naturaleza. Por consiguiente, debemos adorar «en espíritu», pues éste es el énfasis principal en este pasaje. «En espíritu», sin embargo, como sucede muy a menudo, significa realmente «en el espíritu». Nuestros propios espíritus no se acomodan a la naturaleza de Dios como Espíritu, pero el Espíritu Santo logra hacerlo. De este modo, necesitamos abrir nuestro corazón al Espíritu y permitir que Él adore por medio de nosotros si es que vamos a ser genuinos adoradores de Dios. Pablo ve la misma cosa en sus epístolas (esto se discutirá más adelante).

En respuesta a la pregunta de la mujer, Jesús dice también que puesto que Dios es Espíritu, se halla presente en todas partes. Los creyentes del Antiguo Testamento realmente sabían esto. Pudieron adorar a Dios en Babilonia y en Susa, del mismo modo como en Jerusalén. Aun Salomón, en la dedicación del templo, reconoció que Dios no podía estar limitado al templo, porque los cielos de los cielos no pueden contenerle (1 Reyes 8:27). Así, no importa realmente el lugar o la forma de adoración, siempre cuando ésta este movida e inspirada por el Espíritu. Esta es siempre adoración en verdad.

Participación de la Vida de Cristo por medio del Espíritu

Otro pasaje que muestra que las ceremonias y los sacramentos no confieren el Espíritu o la vida espiritual es Juan 6:63, 64, «El espíritu (el Espíritu Santo) es el que da vida; la carne para nada aprovecha (no tiene valor alguno, para nada sirve); las palabras que yo os he hablado son espíritu y son vida. Pero hay algunos de vosotros que no creen».

Tras esto hay un largo pasaje que destaca a Jesús como el pan de Dios, el verdadero maná del cielo que da vida eterna al mundo. Aquellos que vienen a Él jamás tendrán hambre, y los que creen en Él nunca tendrán sed. (6:32-35). La clave está en creer en Él. «El que cree (que es un creyente, que persiste en creer) en mí, tiene (en forma permanente) vida eterna» (6:47). Ya se ha definido la vida eterna como la clase de vida que tiene el Padre y que ha concedido al Hijo que tenga por su propia naturaleza y derecho (5:25). De este modo, la vida eterna es la vida de Cristo en nosotros, la que llegamos a poseer tan solamente si creemos (compare Juan 15:1-6).

El problema está en creer. Muchos habían visto a Jesús y presenciaron sus milagros, pero rechazaron la obra del Espíritu y todavía no creían (6:29, 30, 36). El creer es más que aceptar el hecho de que hay un Jesús o aun los hechos de su muerte y resurrección. Jesús llegó al punto de comparar el creer con el comer y beber su carne y su sangre, habiendo puesto su vida a disposición nuestra por medio del Calvario (6:51, 53-57). Los que comen (y se mantienen masticando con deleite) su carne y permanecen bebiendo su sangre, mantienen su posesión de vida eterna. Esto significa que mantienen su morada en Cristo, y Él en ellos (6:54, 56).

La idea de masticar continuamente la carne de Jesús y de beber su sangre hizo que los judíos gruñeran disgustados. Sus ojos estaban puestos en el cuerpo físico de Jesús (6:42) y en su verdadera carne y sangre (6:52). Cuando ellos se quejaron, Jesús sugirió que Él ascendería al cielo, y que con ello su verdadero cuerpo ya no estaría a su alcance sobre la tierra (6:62). El Espíritu Santo es, entonces, el que hace posible que nos mantengamos masticando su carne y bebiendo su sangre (6:63). Lo hace Él por medio de tomar las palabras de Jesús y constituirlas en el medio por el cual participemos de la vida derramada de Jesús.

Hace también esto, no en un modo místico, sino en su función como el Espíritu Maestro, como el que nos guía a toda verdad (Juan 16:13). Esto nos prepara para que consideremos la Cena del Señor como una fiesta memorial, del mismo modo como lo era la Pascua. Solamente la primera Pascua fue un sacrificio eficaz en el sentido en que protegió de la muerte. En manera similar, el sacrificio de Cristo sobre la cruz fue la ofrenda hecha una vez y para siempre, de su cuerpo y de su sangre, en nuestro favor (Hebreos 10:12). Jesús dijo respecto de la Cena del Señor: «Haced esto en memoria de mí». Comer el pan y beber el vino «anuncia» (proclama) su muerte hasta que regrese (1 Corintios 11:24-26). De aquí resulta claro que el pan y el vino son símbolos, lecciones objetivas, mediante las cuales testificamos de nuestra fe y por las cuales proclamamos nuestra continua apropiación de los beneficios de su vida que fue derramada por nosotros en el Calvario. Tal como lo expresa 1 Juan 1:7: «Si andamos (en forma continua) en luz, como él está en luz, tenemos (continuamente) comunión unos con otros (entre nosotros y Dios), y la sangre de Jesucristo su Hijo nos limpia (nos limpia en forma constante) de todo pecado».

También es necesario el discernimiento del Espíritu Santo si es que la Cena del Señor ha de dar un testimonio que en realidad glorifique al Señor. Algunos corintios se enfermaron y murieron, no por causa de haber fracasado en realizar en forma correcta la Cena del Señor, sino a causa de la actitud indigna que manifestaba que ellos no se apropiaban los beneficios de la cruz ni la ayuda del Espíritu para que les mostrara los frutos de Cristo. Los viles apetitos carnales les ponían en una condición indigna de los testigos de Cristo. Al ignorar las necesidades de los hermanos que tenían hambre, ignoraban el amor emanado del Calvario, y de este modo se hallaban inhabilitados para proclamar su verdadero significado en la Cena del Señor (véanse Romanos 5:8; Juan 15:12, 17). Al proceder así, tampoco discernían el cuerpo del Señor (el cuerpo de Cristo) en sus hermanos. Necesitaban juzgarse a sí mismos y esperarse unos a otros (1 Corintios 11:29-33; 10:16, 17).

El Consolador que viene a quedarse

Después de la última cena, Jesús comenzó a dar enseñanza a sus discípulos para ayudarles y a prepararlos para su muerte, resurrección y ascensión. Cobra especial importancia su enseñanza concerniente al Espíritu Santo. Él les dejaría, pero no olvidaría a éstos a los que amaba. Oraría (pediría) al Padre, y el Padre les daría otro Consolador (Paracleto) el que jamás les dejaría (Juan 14:16).

De inmediato el Consolador es identificado por Jesús como el Espíritu de verdad, literalmente, la Verdad (Juan 14:17; 15:26; 16:13; 1 Juan 4:6). La verdad es el mensaje que Dios Padre ha encomendado a Jesús (Juan 1:17; 8:40, 45, 46; 18:37), y Él es la Verdad (14:6). La Palabra de Dios también es la verdad (17:17). El Espíritu guía a toda la verdad (16:13), y el Espíritu también es la Verdad (1 Juan 5:6).

Más adelante el Consolador es identificado como el Espíritu Santo, enviado por el Padre en el nombre de Jesús (es decir, por invocarlo en el nombre de Él). En su calidad de Espíritu de verdad Él también enseñaría a sus discípulos todas las cosas y les recordaría todas las cosas que Jesús había dicho (Juan 14:26). Él también testificaría al mundo lo concerniente a Jesús y capacitaría a los creyentes para hacerlo (Juan

15:26, 27; ilustrado en Hechos 5:32). En su calidad de Consolador y de guía a toda la verdad Él también convencerá al mundo respecto al pecado, le mostrará las cosas venideras (cosas relacionadas a la venida de Cristo y a la consumación de esta dispensación), y glorificará a Jesús al tomar las cosas de Cristo (que son de Dios) y al mostrarlas a los discípulos (Juan 16:13-15).

De la manera como Jesús vino a declarar (explicar, revelar, interpretar, dar a conocer, develar) la naturaleza y voluntad del Padre, del mismo modo el Espíritu Santo viene a explicar, revelar, interpretar, dar a conocer, y a develar la naturaleza y voluntad de Jesús (Juan 16:12, 13). Él es de este modo el Portador y Maestro de la verdad que es en Jesús. Él muestra que Jesús es el que revela al Padre, el Salvador, el perdonador de pecados, el Señor resucitado, el Bautizador en el Espíritu Santo, y el Rey venidero y Juez último. Esta obra del Espíritu de enseñar, de desplegar o hacer una exégesis de la verdad que es en Jesús, y de recordarles las palabras de Jesús, era garantía para los discípulos de la precisión de su predicación y de la corrección de su teología, y nos da a nosotros seguridad de que el Nuevo Testamento está exento de errores, tanto en lo concerniente a los hechos como a la doctrina.

El mismo Maestro continúa también su labor de enseñanza en nosotros, no por medio de nueva revelación, sino por medio de nuevo entendimiento, nueva comprensión, nueva iluminación. Pero Él hace más que mostrarnos la verdad. Él nos trae a la verdad, ayudándonos a ponerla en acción, haciéndola real y efectiva en nuestra vida, de tal modo que Cristo mora en nosotros y nosotros ejecutamos la obra de Cristo en una manera que le glorifica.

Juan también habla de la obra de enseñanza del Espíritu en el creyente como una unción, unción que nos da clarividencia y nos instruye respecto de la manera de poner la verdad en acción en forma tal que ningún maestro humano podría hacerlo (1 Juan 2:20, 27). La verdadera prueba de esta unción, sin embargo, no es el celo, entusiasmo, o evidencias externas de cualquier clase, sino el modo en que el Espíritu Santo exalta a Jesús por su intermedio. Los maestros humanos desprovistos de la unción del Espíritu tienden a despojar a Jesús de las glorias y del poder que le pertenecen. Le cortan y mutilan hasta que no queda de Él ni la sombra del Dios-Hombre que la Biblia nos revela. En verdad, ellos hacen que sus filosofías humanistas se constituyan en el molde, y procuran que Él encaje en éste por la fuerza. El Espíritu Santo siempre nos revela a Jesús como todo cuanto la Biblia dice que es.

El Consolador: Ayudador o Consejero para la defensa

Hay considerable controversia sobre el significado de la palabra *Consolador,* la que también se traduce como Abogado cuando se aplica al Cristo ascendido (1 Juan 2:1). En la antigua versión inglesa de Wycliffe (1830) tuvo el significado de «el que fortalece» (Filipenses 4:13).

La palabra griega *paracletos* se derive de *para,* «al lado de», y de *kaleo,* «llamar o convocar». Es de forma pasiva, y su más antiguo significado (de mucho antes que el tiempo del Nuevo Testamento) era el de «uno llamado para ayudar, auxiliar, aconsejar, o asesorar a alguien». La mayoría de los eruditos católico romanos consideran que el significado es de un abogado, jurisconsulto, asesor para la defensa (es decir, que aconseja antes que alegar en un caso). Algunos en la actualidad insisten también que el significado de abogado es el único adecuado, especialmente en Juan 15:26 y en 1 Juan 2:1.

Sin embargo, el Espíritu Santo en Juan no es un fiscal, y ni siquiera es principalmente un intercesor. Aun en Juan 16:8-11 no es un abogado, y en forma especial no es un fiscal que busque obtener en la gente la convicción que les enviaría al infierno. Más bien es el Maestro, el Representante de Cristo que busca convencer a los hombres de la verdad y traerlos al arrepentimiento. Ni es principalmente un abogado o asesor para la defensa cuando los discípulos son llevados ante los gobernantes y los reyes. Él es el que les *enseña* lo que deben decir para que glorifiquen a Cristo y den testimonio de Él, en lugar de defenderse (Lucas 12:12). En efecto, en ninguna manera es un abogado o consejero legal para los discípulos, sino el Maestro que habla por Cristo y que completa su revelación.

Este reconocimiento del Consolador como vocero e intérprete de Jesús en la actualidad tiene un paralelo interesante en la palabra hebrea traducida «intérprete» en Génesis 42:23, donde José habló por medio de un intérprete a sus hermanos, y en Job 33:23, donde se habla de un mensajero angelical que sea un mediador. La misma palabra se traduce «maestro» (Isaías 43:27) y «embajador» (2 Crónicas 32:3). Los targumes judíos traducen la palabra mediante una forma de paracleto que la usan también para traducir el *testigo* en el cielo (Job 16:19) y el pariente redentor (Job 19:25). Esto indica que la idea de vocero y de intérprete era un significado común de paracleto en el siglo primero entre los judíos.

En verdad, un *paracleto* en su significado original no era un abogado o un profesional en absoluto. Más bien se trataba de un amigo que aparecía en favor de alguien o que actuaba como mediador, intercesor, consejero o ayudador. Los padres de la Iglesia primitiva en Grecia reconocieron eso, y vieron que el uso del término exigía un significado activo en calidad de ayudador o Consolador.

No obstante, mediante la palabra Consolador ellos no querían dar a entender un Consolador en el sentido moderno de consolar a alguien que esté triste o de duelo. El Nuevo Testamento promete consuelo a los que lloran (Mateo 5:4), sanidad a los quebrantados de corazón (Lucas 4:18), gozo en lugar de tristeza (Juan 16:20), consolación para los que participan de los sufrimientos de Cristo (2 Corintios 1:5, 7), y un día futuro en el cual Dios enjugará toda lágrima de nuestros ojos (Apocalipsis 7:17; 21:4). Pero el consuelo del Espíritu Santo significa más que eso.

Hay una ilustración bíblica en Hechos 9:31, donde hallamos que las iglesias andaban «en el temor del Señor, y se acrecentaban *fortalecidas* por el Espíritu Santo». El contexto muestra que el Espíritu llevó a cabo esta multiplicación mediante la unción de la Palabra, y mediante la concesión de avivamiento, poder, santificación, ánimo y valentía a los creyentes. De este modo vemos en el Consolador la combinación de las ideas de un Maestro y un Ayudador que imparte la verdad de Cristo y que da poder para la difusión del evangelio y el crecimiento de la Iglesia.

En este sentido, también el Espíritu Santo es en verdad «otro Consolador" como Jesús prometió que sería (Juan 14:16). En otro sentido, sin menoscabar la promesa de una futura Segunda Venida, Jesús indica en Juan que Él mismo viene a nosotros por medio del Espíritu Santo, porque el Espíritu Santo actúa como mediador entre nosotros y el Padre y el Hijo (Juan 14:18, 20, 23). Cuando Jesús dice: «No os dejaré huérfanos; vendré a vosotros" Juan 14:18), quiere dar a entender que ello será posible mediante el Espíritu Santo. Sin embargo, al llamar al Espíritu otro Consolador, Jesús hace una clara distinción entre su persona y la del Espíritu Santo. Jesús no es el Espíritu. En virtud de ser el Señor resucitado, Jesús envía el Espíritu (Juan 15:26; 16:7).

Con la expresión «otro», el griego da a entender otro de la misma clase. Es decir, el Espíritu viene a hacer por nosotros todo lo que Jesús hizo por sus discípulos y más. Él fue el Consolador de ellos. Ellos lo llamaron Rabí, Maestro. Cuando no sabían cómo orar, Él les enseñó. Cuando no podían responder a las preguntas u objeciones de los escribas y fariseos, allí estuvo para enseñarles. Cuando necesitaban comprender lo que la Biblia tenía que decir acerca de Él y del lugar que

Él ocupaba en el plan de Dios, les abrió sus mentes e hizo arder sus corazones (Lucas 24:32, 45). Cuando se hallaban impotentes ante la tempestad y cuando no pudieron echar fuera un demonio, allí estaba Él con poder para ayudarles. El Espíritu como otro Consolador es un Maestro y ayudador de la misma clase.

Censurar, acusar, convencer

La mayor parte de lo que Jesús enseñó acerca del Espíritu tenía que ver con su relación con el creyente. Juan 16:8-11 es el principal pasaje que trata de la relación del Espíritu con el mundo (la humanidad en general). El viene para convencer «al mundo de pecado, de justicia y de juicio». Algunos consideran que «convencer» tiene el significado de anunciar el veredicto o de declarar la culpabilidad del mundo respecto a estas cosas. En Tito 1:9 se ve con mayor claridad el significado de la palabra «convencer», pues aquí se dice del obispo (sobreveedor, super- intendente, como diríamos, «pastor» de una iglesia local) que debe ser capaz de «exhortar con sana enseñanza (enseñanza correcta, saludable y escritural) y *convencer* a los que contradicen (el evangelio)». El signifi- cado claro de la palabra se ve también en 1 Corintios 14:24, 25, donde el don de profecía convencerá al incrédulo en tal manera que adore a Dios y reconozca la presencia de Dios en el lugar. Juan 8:9 traduce la palabra «acusados», pero el contexto muestra que el significado es el mismo.

El mundo desea ignorar o negar el pecado, la justicia y el juicio. Bien establecen sus propias normas de lo que es correcto e incorrecto, e ignoran los principios del evangelio por los cuales serán juzgados (Romanos 2:5-12, 16), o exaltan el pecado, o hacen todo un asunto de preferencia personal, borrando la distinción entre lo que es correcto y lo que es incorrecto. Pocos son los que en la actualidad desean pensar del infierno y del juicio. De este modo, se enceguecen a su necesidad del evangelio. El Espíritu Santo tiene una labor mayor que la de simple- mente proclamar los hechos del evangelio. Él los presenta de tal mane- ra que la gente se convenza respecto de estas cosas y comience a sentir su necesidad de la salvación que Cristo ofrece. (Nótese que la mayor parte de los primeros tres capítulos de Romanos se ocupa en demos- trar que todos, sean judíos o gentiles, necesitan el evangelio).

Toda esta obra de convencer al mundo y de provocarle una convic- ción que traiga a los hombres al arrepentimiento es hecha con relación a Cristo y su victoria en la cruz. También se cumplirá en tal manera que muestre la esencia de lo que cada uno realmente es.

El primer asunto respecto del cual el mundo necesita convicción del Espíritu es el pecado; no pecados sino *pecado*. El mundo puede llegar a admitir que hay algunas cosas que son pecados. Pueden condenarse las cosas que dañan a la sociedad o a la salud, pero las cosas que se reconozcan como pecados variarán de lugar en lugar, de cultura en cultura, y de individuo en individuo. La Biblia trata con pecados específicos. Llama al arrepentimiento y a la confesión de pecados. Los pecados deben ser limpiados y lavados. Pero el pecado en sí es el verdadero problema, y la esencia del pecado es incredulidad.

Puede ser que los incrédulos no crean que su incredulidad tenga consecuencias, pero la incredulidad se hallaba en la raíz del pecado de Eva cuando ella escuchó a la serpiente decir: «¿Conque Dios os ha dicho...?» y «No moriréis» (Génesis 3:1, 4). Fue la incredulidad lo que mantuvo a Israel alejado de la tierra prometida (Números 14:11; Hebreos 3:17, 19). Fue la incredulidad lo que hizo que Moisés tomara para sí la honra que le pertenecía a Dios, de modo que él tampoco pudo entrar en la tierra (Números 20:10, 12).

Cuando vino Jesús, la gente no tenía que hacer nada para condenarse. Por su incredulidad en Él ya estaban condenados (Juan 3:18). Los pecados les impedían llegar a Cristo, pero el verdadero pecado es la incredulidad (Juan 3:19, 20). Todos los que creen tienen acceso al perdón mediante Cristo. Ahora, la única razón para que la gente muera en sus pecados es incredulidad (Juan 8:24). La muerte de Jesús nos permite ver también la enormidad del pecado y mediante el Espíritu llegamos a comprender que nuestra incredulidad es de veras pecaminosa. Él que no conoció pecado fue hecho pecado por nosotros (2 Corintios 5:21). De este modo, en la cruz somos convencidos de lo que es el pecado en verdad. Luego, una vez que la incredulidad se halla fuera del camino, la sangre purificadora del Salvador puede hacerse cargo de todos los otros pecados.

Junto con convicción de pecado, el mundo necesita ser convencido por el Espíritu respecto a justicia; no su propia justicia o su falta de ella, sino de lo que la justicia verdaderamente es tal como se ve en Jesús. Su justicia aquí incluye una rectitud que es siempre honesta, legal, y justa, que siempre hace lo que es correcto delante de Dios. Una vez que somos convencidos de pecado, necesitamos saber que hay un Abogado para con el Padre, Jesucristo el Justo, quien es la propiciación (u ofrenda de pecado) por nuestros pecados como también por los de todo el mundo (1 Juan 2:1, 2).

Lo que el Espíritu usa para convencernos de la rectitud de Él es el hecho de que la muerte no pudo retenerle, y que por su resurrección y ascensión Él está ahora a la diestra del Padre e intercede por nosotros (Hebreos 7:25; Romanos 1:4, 16).

Finalmente, el mundo necesita ser convencido mediante el Espíritu respecto de juicio. El Evangelio según San Juan muestra un constante conflicto entre la fe y la incredulidad. Pero éste no ha de durar para siempre. Hay un fin, porque el día del juicio viene. El mundo se imagina que todas las cosas permanecen como han sido (o que se mantienen en permanente continuidad) desde el principio de la Creación (2 Pedro 3:4). La filosofía del uniformitarianismo, que domina gran parte de la ciencia moderna, no es nada nuevo, ni está limitada a los hombres de ciencia. El pensamiento humano trata de evitar la idea de un verdadero comienzo o de un verdadero fin al universo presente. Se hace necesaria la obra del Espíritu Santo para hacer que los hombres vean la verdad.

El mundo debe ser convencido de juicio por medio de reconocer quién es el príncipe de este mundo y que el juicio nunca estuvo destinado al hombre, pues el lago de fuego fue preparado para el diablo y sus ángeles (Mateo 23:41). Debe reconocer que en esencia el juicio es para Satanás, y que él ya ha sido juzgado. La victoria de Cristo sobre la muerte en el Calvario selló su condenación (Hebreos 2:14), y nos asegura que el mundo también será juzgado en justicia (Hechos 17:31). De aquí parece deducirse también que el mundo será convencido por el Espíritu de que está bajo el dominio de Satanás, como lo hace presente Jesús al llamarle el príncipe de este mundo (Juan 12:31; 14:30; 16:11; véanse también 1 Juan 5:19; Efesios 2:2).

El libro de Hechos está lleno de ejemplos de cómo el Espíritu Santo cumplió esta obra de convicción mediante la predicación de los apóstoles. En el día de Pentecostés, al hablar Pedro con expresión profética, hubo convicción de pecado mediante lo que la incredulidad de ellos hizo a Jesús (2:22, 23); de justicia mediante el reconocimiento de que Dios no permitió que su Santo viera corrupción sino que lo resucitó para que se sentara en su trono (2:27, 30-33, 36); y convicción de juicio (2:40). Mediante esta convicción la gente experimentó primeramente desesperación (2:37) y luego se rindió y aceptó gustosamente la verdad (2:41). Lo mismo sucedió cuando Pedro predicó en el templo (Hechos 3:14, 15, 19, 21), ante el Sanedrín (4:10-12), y en la casa de Cornelio (10:39-42). Del mismo modo sucedió con Pablo (13:27-30, 37, 41).

Una nueva creación

Jesús dio muchas promesas del Espíritu durante su ministerio. Luego, en el día de la resurrección, al anochecer, Jesús apareció en medio de sus discípulos y dijo: «Como me envió el Padre, así también yo os envío», luego sopló sobre ellos y dijo: «Recibid el Espíritu Santo. A quienes remitiereis los pecados, les son remitidos; y a quienes se los retuviereis, les son retenidos» (Juan 20:19-23).

Este mandamiento de recibir el Espíritu Santo se interpreta en varias maneras. Los críticos liberales a menudo llaman a esto el Pentecostés de Juan, como si Juan nunca hubiese oído de Pentecostés y como si pensara que esto era el cumplimiento del prometido bautismo en el Espíritu Santo. El libro de Hechos es demasiado específico en la manera en que nombra a Juan en conexión con Pentecostés para que esto resulte cierto. Ni tampoco podría ser cierto de nadie que viviera en Éfeso en el tiempo en que Juan escribió su Evangelio.

Otros consideran que puesto que el griego no tiene aquí «el» y tan solamente dice «recibid Espíritu Santo», que Jesús no quiso decir la persona del Espíritu Santo sino el aliento de Dios, simbólico de poder. Jesús sopló sobre ellos y ellos recibieron poder. Parece totalmente evidente, sin embargo, que en Juan, como en Lucas, la presencia o ausencia del artículo no tiene mayor significación (véase Juan 14:23, 24). Recibirle aquí es tanto recibir una Persona como recibir a Jesús.

Hay aún otros que dicen que los discípulos no recibieron nada en esta ocasión. La acción de soplar es considerada una acción simbólica pare hacerles saber que cuando viniera el Espíritu en Pentecostés sería el Espíritu de Jesús. En otras palabras, el soplo era profético, así, aunque se dio el mandato, ni se dio ni se recibió el Espíritu.

La principal dificultad al tomar esto como una verdadera recepción del Espíritu es que Juan indicó previamente que la era del Espíritu no comenzaría sino hasta después que Jesús fuese glorificado (Juan 7:39). Pedro en Pentecostés dice con claridad también que el derramamiento del Espíritu era evidencia de que Jesús estaba «exaltado por la diestra de Dios» (Hechos 2:33). Luego, Pablo indica que Dios no dio a Jesús su lugar como cabeza de su Cuerpo, la Iglesia, hasta después de ser glorificado (Efesios 1:20-23). Como cristianos, tenemos en la actualidad una posición en Cristo en que estamos sentados con Él en lugares celestiales, lo que no fue posible hasta después de la ascensión. Aún más importante, Jesús dijo que sería conveniente para los discípulos que Él se fuera: «Porque si no me fuere, el Consolador no vendría a vosotros; más si me fuere, os lo enviaré»; es decir, para convencer al mundo de pecado, de justicia, y de juicio (Juan 16:7, 8). Cuarenta días más tarde, Jesús puso en claro, antes de ascender, que los discípulos no habían recibido todavía la promesa del Padre, que aún no habían sido bautizados en el Espíritu, y que el Espíritu Santo aún no había venido sobre ellos (Hechos 1:4-8). Incidentalmente, algunos se preguntan por qué Jesús dio el mandamiento cuando Tomás no estaba presente y por qué la Biblia no sigue diciendo que los discípulos recibieron verdaderamente el Espíritu en esa ocasión. Y ni siquiera hay evidencia alguna de que ellos hicieran algo como resultado.

Algo genuinamente impartido

El lenguaje que se usa en Juan 20:21-23 no concuerda con la idea de que nada sucedió, sin embargo. El acto de soplar es paralelo de la acción de Dios en Génesis 2:7. Cuando Dios sopló, algo sucedió. Cuando Dios demandó que el viento soplara sobre los cuerpos de la visión de Ezequiel (37:8-10), la vida entró en ellos. Cuando Jesús tocaba a la gente o hablaba la Palabra, ellos eran sanados. Parece ridículo suponer que Jesús pudiera soplar sobre ellos o dar una orden y que nada sucediera. La autoridad de Jesús era tal que todo cuanto tenía que hacer era hablar la Palabra y habría un cumplimiento, tal como lo reconoció un centurión romano (Mateo 8:8). Aún más, el uso de la palabra *recibir* indica más adelante una verdadera recepción del Espíritu (Hechos 8:15, 17; 1 Corintios 2:12). La forma de la palabra griega aquí también indica que el Espíritu no fue meramente prometido y que el soplo fue más que un asunto de tipología. El mandato de recibir indica que el Espíritu fue realmente dado entonces.

Las otras dificultades pueden ser explicadas. El hecho de que Jesús dijera «así también yo os envío» y que ellos no salieran sino hasta después de Pentecostés as solamente paralelo a las otras expresiones de la Gran comisión (que Jesús consideró necesario repetir más de una vez). Él simplemente establece aquí que en la misma manera como me envió el Padre, así también yo os envío. Esto era una declaración de la autoridad que Él les concedía, tal como lo indica Juan 20:23 (el significado allí es que la predicación de todos los discípulos tendría el respaldo de la autoridad divina. Cuando ellos entregaran la promesa evangélica de remisión de pecados, los que creyesen serían verdaderamente perdonados. Los que no creyesen permanecerían ciertamente bajo el juicio).

Algunos han procurado explicar la objeción de que Jesús debía ascender antes que el Espíritu pudiera ser derramado diciendo que hubo dos ascensiones, una en la que Jesús ascendió inmediatamente después de su muerte para presentar su sangre de una vez y para siempre ante el Padre (Hebreos 9:12, 14), y la otra después de las apariciones de los cuarenta días tras la resurrección. Algunos aún consideran que Pablo da a entender que las apariciones de la resurrección tomaron lugar después de una ascensión (1 Corintios 15:5-7).

Aun cuando esto es posible, Hebreos 9:24 no hace una clara distinción entre la presentación de su sangre y la entrada de Cristo a su presente labor de intercesión por nosotros. Algunos han alegado que el mandato de Jesús a María de no tocarle porque aún no había ascendido implica una ascensión entre Juan 20:17 y 20:19, o al menos antes de 20:27. Sin embargo, la palabra *tocar* en 20:17 significa agarrar, asirse, y la forma de la palabra griega indica un mandato de dejar de hacer algo que alguien ya está haciendo. Evidentemente, María hizo lo mismo que hicieron las otras mujeres que encontraron a Jesús en el camino, las que «abrazaron sus pies» (Mateo 28:9); algo que probablemente sucedió antes que Jesús apareciera a María. En otras palabras, Jesús le dijo a María que no debía aferrarse de Él, pues aún no se había ido. Pero Él tenía algo que ella podía hacer: debía ir y decir a los discípulos que habría pronto una ascensión (desde el Monte de los Olivos).

La única indicación más positiva de una ascensión antes de Juan 20:19 se halla en Juan 16:16-22. Esta es una discusión acerca de la partida y el regreso de Jesús a sus discípulos. Se halla conectada con su ida al Padre, como asimismo lo está Juan 16:7. Pero dentro de poco, cuando vieran a Jesús de nuevo, se regocijarían. En Juan 20:20 leemos: «Se regocijaron viendo al Señor». El verbo «regocijarse» aquí es el mismo que se traduce «gozarse» en 16:22. El paralelo parece demasiado grande para ser accidental. Esto significaría también que Juan 16:7 no puede usarse en contra de una genuina impartición del Espíritu en 20:22; sin embargo, el énfasis principal de 16:7 se halla en el envío del Consolador en su obra de convencer al mundo. Esto sucedió en Pentecostés, pero ni siquiera así excluye una directa impartición por Jesús antes de Pentecostés.

Una medida del Espíritu dado

La mayoría de los que reconocen que 20:22 es una genuina impartición del Espíritu lo consideran como la concesión de una medida del Espíritu. Frente a esto, hay algunos que declaran que el Espíritu Santo, por ser Persona, no es susceptible de experimentar una partición. La manera como ellos lo interpretan es que recibir el Espíritu es recibir la Persona entera de Él, de tal modo que no sería posible recibir más de Él. Solo que nosotros podemos dar más de nosotros mismos a Él. Pero nosotros también somos personas, y si podemos dar a Él más de nosotros mismos es porque Él puede dar más de sí a nosotros. Pablo dijo: «Porque para mí el vivir es Cristo, y el morir es ganancia» (Filipenses 1:21). Por ganancia él quería dar a entender ganancia en Cristo. Es decir, el vivir era Cristo (en Él), y el morir significaba más de Cristo. Ciertamente era posible recibir una medida del Espíritu en el día de la resurrección y una experiencia superabundante en el día de Pentecostés.

En vista de esto, Juan 7:39 y Hechos 1:4-8 no quitan la posibilidad de una concesión previa de una medida del Espíritu. Juan 7:39 se refiere con toda claridad a esa experiencia de plenitud. Los ríos de aguas vivas no habrían de fluir, y no podrían fluir hasta que Cristo hubiese ascendido y comenzara la época del Espíritu. Pedro identifica también el bautismo en el Espíritu en Pentecostés con el derramamiento sobre toda carne prometido por Joel (Hechos 2:16-18). El cumplimiento de la profecía de Joel obviamente no podía tener lugar en conexión con un soplo realizado sobre unos pocos discípulos dentro de una habitación cerrada. Pero ni aun así excluye la recepción de una medida del Espíritu con anterioridad a Pentecostés.

Hechos 1:4-8 indica también que el poder (del griego, *dynamis*, gran poder) vendría sobre ellos después del bautismo pentecostal. El énfasis en Juan 20:21-23 se halla más bien sobre la autoridad que sobre el poder activo. Obviamente, lo que los discípulos recibieron en esa primera Pascua de Resurrección no fue el *bautismo* en el Espíritu Santo, ni el derramamiento del Espíritu Santo, sino que fue el Espíritu Santo.

Algunos que reconocen esto dicen que lo que los discípulos recibieron fue una medida del Espíritu que se hallaba todavía dentro de los límites del Antiguo Testamento. Es decir, los discípulos habrían recibido solamente lo que recibieron los santos del Antiguo Testamento cuando vino sobre ellos el Espíritu para algún propósito o función en especial. Los que dicen esto tienen sus razones para decirlo por cuanto creen que el Espíritu que fue dado en Pentecostés trajo regeneración, y porque identifican el bautismo en el Espíritu Santo con la regeneración o el nuevo nacimiento. Sin embargo, el Antiguo Pacto fue abolido en el Calvario (Efesios 2:15) y la *muerte* de Cristo puso en función el Nuevo Pacto (Hebreos 9:15-17). El énfasis de Hechos 1:8 es también poder para servicio, no regeneración.

Algunos sugieren que tal vez los discípulos recibieron una gran perdón del Espíritu para algún propósito que la Biblia no revela. Hay aún algunos que consideran que la impartición del Espíritu Santo pudo haber efectuado la regeneración o al menos corresponde a lo que los creyentes de la actualidad reciben en el momento del nuevo nacimiento.

Es cierto que la Iglesia como el cuerpo de Cristo no se constituyó tal cual la conocemos ahora sino hasta después de la ascensión (Efesios 1:19, 22; 2:6; 4:15, 16), es decir, en el día de Pentecostés. Pero también es cierto que Jesús dijo de los discípulos anteriormente que sus nombres estaban escritos en el cielo (Lucas 10:20). Estaban limpios ante Dios, pues habían experimentado un baño espiritual por medio de la Palabra de Dios (Juan 13:10; 15:3). Pero los discípulos se hallaban también en una situación especial. La fe de ellos fue avivada, su limpieza mediante la Palabra fue cumplida por el Espíritu en Jesús, el Espíritu que estaba de este modo con ellos pero no en ellos (Juan 14:17). Por consiguiente ellos ya estaban en una correcta relación con el Señor. Cuando vieron al Señor y creyeron en los beneficios del Calvario, el Espíritu vino a morar en ellos, tal como lo hace en todos los que ahora son regenerados bajo el Nuevo Pacto. Tal como Pablo dijera: «Si alguno no tiene el Espíritu de Cristo, no es de él» (Romanos 8:9). Lo que hacía Pablo era establecer un contraste entre aquellos que están en la carne y que viven en un nivel humano carnal sin tener la morada del Espíritu, y aquellos en los cuales el Espíritu es vida, es decir, en quienes Él ha obrado la regeneración (Romanos 8:10).

Puede verse una ilustración cuando Dios envío a Moisés a decir a Faraón que dejara ir a su pueblo, porque Israel era el «primogénito» de Dios, es decir, el heredero de sus promesas. Pero el mismo primogénito de Moisés no estaba circuncidado; él no llevaba la señal del Pacto. Así fue como Dios tenía casi que matar a Moisés antes que su esposa se decidiera a circuncidar a su hijo (Éxodo 4:22-26). Bajo el Nuevo Pacto, todos los creyentes son herederos de Dios y el nuevo nacimiento (regeneración mediante el Espíritu) ha tornado el lugar de la circuncisión (Gálatas 6:15). Pero los mismos discípulos de Jesús, que ya eran herederos mediante su muerte (Hebreos 9:15-17), no tenían el Espíritu morando en ellos. Él los aceptaba como suyos. Él no hubiese dicho,

«Así yo los he enviado», si no lo hubiesen sido. Pero ellos carecían del testimonio interior del Espíritu de que eran hijos y herederos de Dios (Romanos 8:16, 17; Gálatas 4:6, 7). Gálatas 4:5 indica también parentesco, como lo hace Juan 20:21. Jesús ni siquiera podía dejar pasar el día de la resurrección sin hacer que esta nueva relación con Él fuese real en la experiencia de ellos mediante el Espíritu.

Esta era, en un sentido, una situación especial. Después de esto, todos los que creyeron recibieron el Espíritu Santo como nosotros, en la regeneración; y tenían el testimonio de Él de que eran hijos y que pertenecían a Cristo. Los discípulos de Jesús no tuvieron que esperar hasta Pentecostés para recibir esta seguridad. Aun cuando no está específicamente establecido, podemos estar seguros de que Tomás recibió la misma impartición del Espíritu cuando exclamó ante Jesús: «Señor mío, y Dios mío» (Juan 20:28).

No limitado a los once

Tampoco podemos decir que la impartición estuvo limitada a los once apóstoles. La identificación de Tomás como uno de los doce (20:24) parece implicar que hubo otros discípulos con ellos en la habitación. Esto se ve confirmado en Lucas 24:33, donde los dos de Emaús, cuyos corazones habían sido entibiados con la presencia y las palabras de Jesús, volvieron para encontrarse con los once, y con «los que estaban con ellos». Esto puede haber incluido a una considerable porción de los ciento veinte que más tarde estuvieron presentes en Pentecostés.

Muy definidamente, Pentecostés no fue la primera comunicación del Espíritu. La misma bendición que vino sobre Tomás cuando vio y creyó viene a todos los que creen, aun cuando no vean. En otras palabras, al creer tienen vida por medio de su nombre. Son regenerados y comparten este mismo soplo que vino sobre todos los discípulos.

7

EL ESPÍRITU EN EL
LIBRO DE HECHOS

El libro de Hechos comienza por hacer un llamado a la atención del hecho de que la obra de Jesús se continuó mediante el Espíritu primeramente a través de los apóstoles. Pero no son los apóstoles los que dominan el cuadro en el libro de Hechos. El que lo hace es el Espíritu Santo.

Jesús es el personaje dominante en los Evangelios, y en comparación poco es lo que se dice del Espíritu. Pero en el libro de Hechos, el Espíritu Santo es ciertamente otro Consolador, Ayudador, Maestro. Todo, en las vidas y en la predicación de los apóstoles y de los primeros cristianos, se centraba todavía en Jesús como su Salvador viviente y su exaltado Señor. El programa de extender el evangelio hasta lo último de la tierra es el programa de Cristo (1:8). El poder para hacerlo es el poder del Espíritu, y éste no es diferente del poder de Cristo. Sin embargo, corre a través de todo el libro una nueva conciencia del Espíritu Santo. Esta provenía no solamente de su experiencia pentecostal inicial, sino de una diaria conciencia de la presencia, dirección y comunión del Espíritu y de muchas manifestaciones especiales de su poder. El bautismo en el Espíritu que ellos experimentaron jamás llegó a ser una mera memoria de algo que sucedió en el pasado distante. Era una realidad siempre presente.

Jesús comenzó por dar mandatos especiales por medio del Espíritu a sus apóstoles escogidos. Esto no significa, sin embargo, que el Espíritu no podría obrar por medio de otros, o que la dirección de la Iglesia fuese entregada a los apóstoles. Era el Espíritu el que controlaba la situación. Él podía usar a quien quisiera, y efectivamente lo hizo. Los creyentes comunes llevaron el evangelio en todas direcciones después de la muerte de Esteban, mientras que los apóstoles se quedaron en Jerusalén (Hechos 8:1-4; 11:19-21). Un creyente ordinario fue enviado a que impusiera las manos sobre Saulo de Tarso (9:10, 17). Santiago, el hermano de Jesús, que no era uno de los apóstoles, fue quien dio la palabra de sabiduría en el Concilio de Jerusalén y quien además tomó la dirección pastoral en la iglesia de Jerusalén con el andar del tiempo (Hechos 15:13; Gálatas 2:12).

Hechos demuestra, sin embargo, que los apóstoles fueron los principales testigos de la resurrección y las enseñanzas de Jesús. Las condiciones establecidas para la selección de un sucesor de Judas aclara esto. El sucesor debía ser uno de los que habitualmente habían estado y viajado con los Doce todo el tiempo que Jesús estuvo durante su ministerio terrenal de modo que él pudiera ser un testigo de la resurrección y de las enseñanzas de Jesús posteriores a ella (Hechos 1:21-25). El apóstol Pablo basó su reclamo al apostolado no solo en el hecho de que él fue enviado por Cristo (un apóstol es alguien enviado con una comisión), sino que en realidad él era un testigo de primera mano de la resurrección y de las enseñanzas de Jesús. El evangelio que Pablo predicaba no lo había obtenido de los hombres, lo había recibido directamente del Señor Jesucristo (Gálatas 1:11, 12, 16-19; 2:2, 9, 10). En realidad, el a menudo concentró su atención en el hecho de que podía relacionar su enseñanza con los auténticos dichos de Jesús (1 Corintios 7:10).

Además, las visitas de los apóstoles no eran principalmente con el fin de ejercer control o de conceder una aprobación apostólica, sino para establecer iglesias. De este modo, Pedro y Juan subieron a ayudar a Felipe (8:14). Pero ellos no le dijeron a Felipe que debía hacer en seguida. Primero fue un ángel y luego el Espíritu quienes lo instruyeron (8:26, 29). Cuando unos creyentes anónimos difundieron el evangelio a los gentiles en Antioquía, Bernabé fue enviado para ayudarles. Bernabé era también apóstol (14:14), sin embargo, se hace énfasis en que era un hombre bueno y lleno del Espíritu Santo y de fe (11:24). De este modo, fue el Espíritu Santo quien dirigió las cosas, no los apóstoles. Por esta razón, estamos justificados al referirnos al libro de Hechos como los Hechos del Espíritu Santo.

Desde el comienzo puede notarse la prominencia del Espíritu Santo. No tan solamente los últimos mandatos de Jesús fueron dados por medio del Espíritu que estaba en Él, sino que tenían relación con el Espíritu Santo.

Primero, Él les dijo que no se fueran de Jerusalén (Hechos 1:4). El derramamiento de Pentecostés nunca hubiese tenido el efecto que tuvo o hubiese llamado la atención como lo hizo si tan solamente cinco o seis de los discípulos hubiesen estado presentes. Jesús deseaba que la Iglesia tuviera un buen comienzo. Aun más, el libro de Hechos vuelve a recalcar una y otra vez la unidad: «estaban todos unánimes juntos», para mostrar que el Espíritu cumplía la oración de Jesús en Juan 17. Era importante que los creyentes estuviesen juntos en un lugar para que esta unidad fuese fortalecida y para que sus bendiciones se cumplieran.

La promesa del Padre

En seguida, Jesús les dijo que esperaran la promesa del Padre, la cual Él identificó como el bautismo en el Espíritu Santo. Se le llama la promesa del Padre porque Él es de quien proviene el prometido derramamiento, como Jesús ya lo había enseñado. Él pediría al Padre, y el Padre enviaría el Espíritu.

Se le llama bautismo para recordarles de Juan el Bautista y su profecía, la que se halla registrada en los cuatro Evangelios, que Jesús les bautizaría en el Espíritu Santo. Aunque es cierto que el Padre es quien envía el Espíritu, el Hijo tiene participación en ello, como ya lo hemos visto, y es el Bautizador. También se le llama bautismo para compararlo con el bautismo de Juan, y al mismo tiempo para distinguirlo de él. Juan bautizó en agua. Jesús bautiza en el Espíritu Santo. El creyente debe someterse o rendirse a Jesús antes de poder ser bautizado. Pero el contraste entre el agua y el Espíritu es muy fuerte en todos estos pasajes. Enfáticamente, el bautismo de Jesús nada tiene que ver con el agua.

El bautismo de Juan fue solamente una preparación para la nueva dispensación del Espíritu, en tanto que el bautismo de Jesús es verdaderamente una parte de ella. Algunos señalan que el término «bautismo en el Espíritu Santo» no se usa en las epístolas en relación con los creyentes, y tratan de limitar el bautismo en el Espíritu a la inauguración de la nueva era en el día de Pentecostés. Suponen ellos también que las otras referencias a bautismo en el Espíritu en Hechos son nada más que una extensión de esa inauguración, primero a los samaritanos (lo que se halla implicado en Hechos 8:15, 16), y luego a los gentiles en la casa de Cornelio.

A partir de esto muchos consideran que el bautismo en el Espíritu Santo fue dado una sola vez y que no hubo más bautismos, sino henchimientos. Ellos suponen que Dios dio a la Iglesia una gran provisión del Espíritu de una vez, de la cual ellos han estado haciendo uso desde entonces. Al tomarlo en esta forma, la Iglesia sería ahora la fuente de la cual nosotros somos llenos del Espíritu.

Sin embargo, Dios no dio el Espíritu Santo en el sentido de ponerlo en la Iglesia como si estuviese separado del cielo, o en el sentido de deshacerse de Él. Cuando recibimos el Espíritu no hay menos de Él en el cielo. Él está en el cielo, en la Iglesia, y en nuestros corazones, todo a la vez. Pero Dios es todavía el Dador, y Jesús el Bautizador. La Iglesia no es un depósito de reserva que recibió una donación del Espíritu de una vez y para siempre. Jesús todavía ruega al Padre, cuando acude el creyente, y el Padre envía todavía el Espíritu.

También es importante recordar que el bautismo en el Espíritu es una inmersión en una relación con una persona divina, no en un fluido o una influencia. Es una relación que puede seguir creciendo y agrandándose. De este modo el bautismo es solo un comienzo, pero es como un bautismo en el sentido en que involucra un acto claro de obediencia y de fe de nuestra parte.

Pero lo que sucedió en Pentecostés no tan solamente fue llamado bautismo. Se usan muchos otros términos. Puesto que el Espíritu Santo es una Persona, el bautismo puede representar solo un aspecto de la experiencia. La Biblia usa a menudo una variedad de figuras de lenguaje para presentar varios aspectos de experiencia y de relación. La Iglesia es una novia, una esposa, un cuerpo, un edificio, un templo, una viña, una vid, una columna, y una asamblea de ciudadanos. Ninguna de las figuras de lenguaje puede presentar el cuadro completo. Los cristianos son hijos, herederos, adoptados, nacidos de nuevo, nuevas criaturas, siervos, amigos, hermanos. Además, ningún término puede presentar todos los aspectos de nuestras relaciones. Así es como no hay un término que pueda presentar todos los aspectos de lo que sucedió en el día de Pentecostés.

En verdad fue un bautismo, pero la Biblia dice también que fue un henchimiento. «Fueron todos llenos del Espíritu Santo» (2:4). Fue un derramamiento del Espíritu sobre ellos, como lo profetizara Joel (2:17, 18, 33). Fue una recepción (tomar en forma activa) de un don (2:38); un descenso (8:16; 10:44; 11:15); un derramamiento del don (10:45); y una venida (19:6). Con el uso de todos estos términos se hace imposible suponer que el bautismo se refiera a algo diferente que el henchimiento, o que la experiencia pentecostal estuviese limitada al día de Pentecostés. Ni tampoco es necesario que supongamos que la falta del término «bautismo en el Espíritu» en las Epístolas sea significativo.

Sin embargo, es posible poder ver en el término *bautismo* otra comparación con Juan. Él se mantuvo bautizando en agua mientras había gente que venía a él para ser bautizada. Debemos reconocer que el bautismo es algo que les sucede a las personas. Aun cuando todos fueron llenos en el mismo momento en el día de Pentecostés, el henchimiento mismo fue una experiencia individual. Debiéramos esperar, por consiguiente, que Jesús, en virtud de la profecía de Juan el Bautista, siguiera bautizando en el Espíritu Santo mientras los creyentes siguieran acudiendo a Él para recibir.

Esperar

El mandato de Jesús de esperar (sentarse, aguardar) y no salir de Jerusalén era necesario para esta ocasión solamente. Después del día de Pentecostés no había necesidad de esperar. Pero Pentecostés, con su simbolismo de cosecha, era importante por el hecho de que el propósito del bautismo en el Espíritu era poder para servicio, especialmente en los campos de cosecha del mundo (1:8).

¿Era éste un tiempo de preparación? Algunos lo consideran de ese modo. Pero la evidencia es que la preparación se llevó a cabo durante los cuarenta días por Jesús mismo. Él les enseñó, trató con Pedro, les volvió a encomendar una misión y luego les dijo que no iniciaran su ministerio hasta que estuvieran investidos de poder. Esto no era una mera empresa humana. Ellos no habían de usar su propia ingenuidad para trazar planes para la difusión del evangelio. Tendrían que ser dirigidos por el Espíritu. Él sería quien estaría al mando de todo.

Ellos pasaron su tiempo de espera en oración y súplica, juntos y de acuerdo. Ya estaban unidos unos con otros en Cristo (1:14). Todos estaban aun llenos de gran gozo y (especialmente durante la oración de la mañana y de la tarde) estaban continuamente en el templo, alabando y bendiciendo (agradeciendo) a Dios (Lucas 24:52). El Espíritu se hallaba ya en operación en sus vidas, pero ellos esperaban el bautismo, la dotación de poder (Lucas 24:49).

Ellos le dieron tiempo también a la Palabra, y el Espíritu que habló por medio de David dirigió la atención de ellos a las profecías concernientes a Judas (1:16). Cuando el Espíritu atrae la atención a la Palabra espera una respuesta, por tanto ellos hicieron algo sobre el particular, y eligieron a Matías para que tomara el lugar de Judas. (Hay quienes alegan que esta elección fue un error puesto que Matías no se vuelve a mencionar por nombre. Pero tampoco se mencionan varios de los otros discípulos, y Matías está ciertamente incluido como parte de los doce en Hechos 6:2.)

Viento y Fuego

No debemos exagerar la distinción entre los henchimientos del Antiguo y del Nuevo Testamento como tampoco la distinción entre un bautismo inicial y los henchimientos que le siguen. Aun cuando la experiencia pentecostal fue un claro avance, ni el libro de Hechos ni las epístolas de Pablo contienen sugerencia alguna de que el Espíritu que ellos experimentaron fuese diferente del Espíritu de Dios que llenó a los santos del Antiguo Testamento.

Las señales que precedieron al derramamiento pentecostal lo conectan con las experiencias del Antiguo Testamento como también con las promesas del Antiguo Testamento. El día de Pentecostés era una fiesta de la cosecha en el Antiguo Testamento. Para la Iglesia marcó el día en que la cosecha espiritual largamente esperada había de comenzar. Pero antes que viniera el derramamiento del Espíritu, dos señales desusadas establecieron una conexión aun mayor con el simbolismo del Antiguo Testamento. Primero, vino del cielo un ruido como de un viento recio que soplaba. Aun cuando no hubo viento en verdad, el sonido llenó la casa. El viento era un símbolo frecuente del Espíritu en el Antiguo Testamento. El hecho de que fuera el sonido de un viento recio, un viento que llevaba poder, sugiere también que esto era más que el soplo del Espíritu en la regeneración que trae la nueva vida. Además, había de poder para servicio.

Luego «se les aparecieron lenguas repartidas, como de fuego, asentándose sobre cada uno de ellos». Lo que sucedió fue que había una apariencia como de una llama sobre todo el grupo. Luego ésta se dividió y una sola llama como una lengua se asentó sobre la cabeza de cada uno.

Esto no era en modo alguno un bautismo de fuego. Ni fue juicio ni purificación, como suponen algunos. Estas eran personas cuyas mentes y corazones ya habían sido abiertos a las enseñanzas del Jesús resucitado, gente que estaba llena de gozo y alabanza a Dios, gente que ya estaba limpia, y que ya había reaccionado a su Palabra, ya estaba de acuerdo. El fuego aquí debe estar conectado, no con juicio ni con purificación, sino con otro aspecto del simbolismo del Antiguo Testamento.

El Antiguo Testamento registra un desarrollo progresivo respecto de la adoración. Primero, fue simplemente ante un altar, como en el caso de Abraham. Luego Dios ordenó a su pueblo que construyera un santuario en el desierto, el tabernáculo. Desde el cielo descendió fuego sobre un sacrificio en ese lugar para indicar que Dios aceptaba este nuevo santuario. Pero esto sucedió solo una vez. El cambio siguiente vino cuando Salomón construyó un templo. Una vez más descendió fuego y consumió el sacrificio, señalando que Dios aceptaba este santuario. Pero esto sucedió solo una vez. Los templos edificados por Zorobabel y por Herodes fueron simplemente reedificaciones del mismo templo, de modo que la señal no se repitió.

Ahora el antiguo templo estaba a punto de ser destruido. (Dios permitió que hubiera un anticipo de cuarenta años hasta el año 70 d. de J.C.). Los creyentes, que se hallaban unidos como un Cuerpo, fueron sacrificios vivos (Romanos 12:1), como asimismo sacerdotes, y piedras vivas pare el templo (1 Pedro 2:5). Pero, en otro sentido, el nuevo templo tiene una doble significación. El Cuerpo de creyentes unidos es el templo (santuario) para la morada de Dios mediante su Espíritu (Efesios 2:21, 22; 1 Corintios 3:16). Además, los cuerpos de los creyentes individuales son, cada uno, un templo o santuario del Espíritu Santo (1 Corintios 6:19). La apariencia de fuego se presentó sobre todo el grupo para indicar la aceptación del Cuerpo entero como un templo. Luego, al dividirse en lenguas de fuego sobre la cabeza de cada uno, lo hacía para mostrar que Dios aceptaba el cuerpo de cada uno como templo del Espíritu.

Estas señales no fueron parte del bautismo pentecostal o del don del Espíritu. No se repitieron, del mismo modo como el fuego vino solamente una vez sobre cada nuevo santuario en los tiempos del Antiguo Testamento. No se hicieron presentes en la casa de Cornelio, donde Pedro identificó la experiencia allí habida con la promesa de Jesús de que serían bautizados en el Espíritu, y dijo que era un don semejante, idéntico al que habían recibido los ciento veinte cuando se derramó el Espíritu en Pentecostés (Hechos 11:15-17). Pero las lenguas de fuego muestran que antes que el Espíritu fuese derramado, Dios reconoció a los creyentes como el templo, como el cuerpo de Cristo. La Iglesia se hallaba ahora en una existencia de pleno desarrollo, teniendo al Cristo glorificado como la Cabeza del Cuerpo. Los miembros del cuerpo estaban listos ahora para que se derramara la promesa.

Fueron todos llenos

Entre las iglesias sacramentales muchos suponen que el bautismo en el Espíritu en Pentecostés y el hablar en lenguas estuvieron limitados a los doce apóstoles. Sin embargo, fueron más de doce las lenguas que se hablaron. El énfasis en el derramamiento sobre toda carne también excluye esta idea. De entre los ciento veinte presentes, todos fueron llenos, todos hablaron en otras lenguas, y el sonido de las lenguas fue como un «estruendo» (2:6). También cuando Pedro habló ante un gran grupo en Jerusalén después de la experiencia en la casa de Cornelio, dijo que cayó sobre ellos un don semejante «a nosotros que hemos creído en el Señor Jesucristo». Esto sugiere que el Espíritu cayó en la misma manera, no solamente sobre los apóstoles y el resto de los ciento veinte, sino sobre los tres mil que creyeron después del mensaje que dio Pedro en Pentecostés. Claramente, esta experiencia no fue solamente para unos pocos favorecidos.

Otras lenguas

Solamente una señal era parte del bautismo pentecostal. Todos los que fueron henchidos con el Espíritu Santo comenzaron a hablar en otras lenguas, como el Espíritu les daba que hablasen. Es decir, ellos usaron sus lenguas, sus músculos. Fueron ellos los que hablaron. Pero las palabras no provenían de su mente o de su pensamiento. Fue el Espíritu quien les dio la expresión, la que se manifestó valientemente, con fuerza, y con una obvia unión y poder.

Esto se interpreta de varias maneras. Algunos toman el versículo 8 («¿Cómo, pues, les oímos nosotros hablar cada uno en nuestra lengua?») y suponen que los discípulos estaban todos hablando realmente en su arameo nativo y que éste fue un milagro de audición más bien que de expresión. Pero los dos versículos anteriores son demasiado específicos como para eso. Cada hombre les oyó *hablar* en su propio idioma, sin trazas del acostumbrado acento galileo.

Algunos transigen al opinar que los discípulos hablaron en lenguas desconocidas, las que el Espíritu Santo interpretó a oídos de cada uno de los oyentes en su propio idioma. Pero Hechos 2:6, 7 excluye eso también. Los ciento veinte hablaron en verdaderos idiomas que fueron realmente comprendidos por una variedad de personas procedentes de distintos lugares. Esto dio testimonio de la universalidad del don y de la universalidad y unidad de la Iglesia.

Otro concepto equivocado corriente es la suposición de que estas lenguas eran un don de lenguas para predicar y para enseñar el evangelio con el fin de apresurar su difusión. Pero no hay evidencia de un uso semejante. Hubiese sido útil a Pablo en Listra, donde no comprendía el idioma y tuvo que predicar y procurar explicar en griego (Hechos 14:11-18).

El día de Pentecostés, el sonido de las lenguas congregó a la multitud, pero lo que ellos oyeron no fue discurso ni predicación. Más bien fueron las maravillas (los hechos poderosos, magníficos, sublimes) de Dios. Esto puede haber sido en forma de exclamaciones de alabanza, con las cuales ellos hablaban a Dios. Era ciertamente adoración, no predicación. Si hubiese sido predicación, habría obrado la salvación de algunos a lo menos (1 Corintios 1:21). Pero nadie se salvó como resultado de las lenguas.

En cambio, la gente se hallaba atónita y perpleja, absolutamente incapaz de comprender a qué se debía todo esto (2:12). Comprendían el significado de las palabras, pero no el propósito. Estaban confundidos por lo que oían.

Otros comenzaron a burlarse, diciendo que éstos estaban llenos de mosto (vino nuevo, en este caso no es jugo de uvas, sino una palabra que significa un vino especialmente intoxicante, el que se hace de uvas dulces). Se burlaron principalmente de lo que oyeron. Algunos bebedores se ponen bulliciosos y habladores. Sin embargo, no debemos suponer que hubiese algún signo de la especie de frenesí que caracterizaba el libertinaje de los borrachos paganos. Los ciento veinte todavía tenían el control de sus facultades. Su principal emoción era todavía el gozo. Y todos ellos dejaron de hablar inmediatamente cuando los apóstoles se pusieron de pie.

Evidentemente, cuando los ciento veinte continuaron hablando en lenguas, la mofa creció, pues de esto es de lo que Pedro toma nota cuando comienza a hablar (2:15). Puede ser que como la multitud creció se hizo más difícil distinguir los idiomas. Tal vez, también, muchos se unieron a la multitud que no estaban suficientemente cerca de nadie que estuviera hablando algún idioma que pudieran entender. Con la confusión, llegó la hora de que cesaran las lenguas. Estas habían bendecido al creyente y habían sido una señal para la multitud incrédula, pero no podían hacer la obra del Espíritu de convencer al mundo de pecado, de justicia y de juicio. Solo los creyentes realmente recibieron algo de la experiencia hasta este punto. Fueron henchidos. El Espíritu que les hizo glorificar a Dios en otras lenguas debe haberles revelado también las mismas verdades a sus corazones, de modo que su gozo y emoción surgieron a raíz de un nuevo aprecio de Dios y de Cristo.

La obra del Espíritu de convencer al mundo comenzó cuando Pedro se puso de pie y comenzó a hablar. Lo que él dio no fue un sermón. No estudió ni se preparó para ello, ni trató de desarrollar tres puntos. «Alzó la voz», es el mismo verbo que se usa en 2:4 del Espíritu que les dio expresión en lenguas. Pero en esta ocasión el Espíritu dio a

Pedro expresión en su propio idioma, el arameo, una lengua que toda la multitud entendía. En otras palabras, en lugar de un sermón fue una manifestación del don de profecía (1 Corintios 12:10; 14:3). Los ciento veinte usaron las lenguas para hablar de las maravillas de Dios. Ahora Pedro hablaba a los hombres para edificación, y más tarde en exhortación (Hechos 2:40) dada por el Espíritu.

El cumplimiento de la profecía de Joel

Después de demostrar que la idea de que los ciento veinte estuviesen borrachos era irrazonable, Pedro comenzó por declarar que lo que ellos veían y oían (2:33) era el cumplimiento de Joel 2:28-32. La primera parte de la profecía obviamente explica lo que sucedía en esos momentos a los ciento veinte. La profecía de Joel referente al derramamiento del Espíritu tomaba lugar ante los ojos de ellos. Los hijos y las hijas de Israel estaban profetizando, llenos del Espíritu y hablando bajo su unción (las lenguas que fueron entendidas se consideran aquí como equivalentes de profecía).

El hecho de que Pedro cite la parte correspondiente a las señales de sangre, fuego, humo, y oscuridad confunde a algunos. Muchos interpretan esto simbólicamente. Otros suponen que fueron de algún modo cumplidas durante las tres horas de oscuridad mientras Jesús colgaba de la cruz. Parece más bien que las señales se mencionan como un medio de conectar el derramamiento pentecostal con el tiempo del fin. Este don del Espíritu fue los primeros frutos de la época venidera (Romanos 8:23).

El corazón no regenerado del ser humano no concibe las cosas que Dios ha preparado para aquellos que le aman. Pero Dios «nos las reveló a nosotros por el Espíritu» (1 Corintios 2:9. 10). Los placeres que serán nuestros cuando veamos a Jesús no constituyen misterio para nosotros. Ya los hemos experimentado, al menos en cierta medida. Todos los que han gustado (experimentado de veras) el don celestial y son hechos participantes del Espíritu Santo, han experimentado ya la buena obra de Dios, y los poderes (poderes notables, milagros) del siglo (época) venidero (Hebreos 6:4, 5), El contexto en Joel continua diciendo más acerca del juicio y del fin de la época. Esto llegará a su clímax con multitudes en el valle de la decisión (la decisión de Dios, no la de ellos).

En vista de esto, algunos dicen que la profecía de Joel no se cumplió del todo en el día de Pentecostés. Joel, dicen ellos, esperaba que el derramamiento ocurriera en conexión con la restauración de Israel y con los juicios del Día del Señor. Un escritor va tan lejos como para decir que Pedro no quiso decir realmente «Esto es». Él habría querido decir: «Esto es algo que se parece». En otras palabras, el derramamiento del día de Pentecostés sería solamente similar al que sucederá al fin de este siglo.

Sin embargo. Pedro dijo: «Esto es». Joel, como los demás profetas del Antiguo Testamento, no ve la brecha del tiempo entre la primera y la segunda venida de Cristo. Él lo pone todo en el mismo contexto de liberación y de juicio, igual como lo hizo Juan el Bautista. Pedro reconoció ahora que hay una diferencia, pero él, junto con los otros discípulos, no tenía idea de que el tiempo sería tan largo. Y Jesús tampoco se lo dijo (Hechos 1:6).

A Pedro le pareció como si la era mesiánica venidera estuviese muy próxima. Ni siquiera se preocupó por el hecho de que no estuviese cumplida toda la profecía de Joel que citó en esa ocasión. Los ciento veinte no soñaban a las nueve de la mañana, ni tampoco se dice que hayan visto visiones mientras hablaban en lenguas (aun cuando no es imposible). No parece ser que hubiera algún esclavo entre los ciento veinte. Pero esto era el comienzo. El resto vendría en su debido tiempo, incluso las señales y los juicios profetizados por Joel.

Para aclarar, Pedro, bajo la inspiración del Espíritu, especificó el significado de las palabras *después de esto* en Joel 2:28. El derramamiento es «en los postreros días». Así, los postreros días habían empezado efectivamente con la ascensión de Jesús (Hechos 3:19-21). En otras palabras, la Biblia reconoce aquí que toda la dispensación de la Iglesia son «postreros días». Es la última época antes de la restauración de Israel y del reinado de Cristo sobre la tierra, la última época antes que Él venga en llama de fuego a tomar venganza sobre aquellos que no conocen a Dios y que rechazan el evangelio (2 Tesalonicenses 1:7-10).

Aun después que habían pasado varios años, los primeros cristianos todavía continuaban mirando esperanzados hacia el futuro. El clamor del apóstol Pablo hacia el final de sus viajes misioneros fue: «Es ya hora de levantarnos del sueño; porque ahora está más cerca de nosotros nuestra salvación (incluida nuestra herencia eterna) que cuando creímos. La noche está avanzada, y se acerca el día» (Romanos 13:11, 12).

Pedro vio también que los «postreros días» traían oportunidad para tiempos de refrigerio. Hechos 3:19 podría traducirse: «Por tanto, arrepiéntanse, y vuélvanse a la remisión de sus pecados, de modo que vengan tiempos de refrigerio (avivamiento) de la presencia del

Señor y que él pueda enviar a Jesucristo, quien fue señalado para ustedes (o designado como su Mesías)».

El modo en que Pedro miró la profecía de Joel muestra que él esperaba un cumplimiento continuado de la profecía hasta el fin de los «postreros días». Esto significa también que el derramamiento de Joel está vigente hasta el fin de esta dispensación, mientras Dios siga llamando a la gente para salvación. Él desea derramar su Espíritu sobre ellos. «Porque para vosotros es la promesa (esto es, la promesa del Antiguo Testamento en Joel), y para vuestros hijos, y para todos los que están lejos; para cuantos el Señor nuestro Dios llamare» (Hechos 2:39).

Por causa de esto, y teniendo en consideración la promesa de Jesús de que los discípulos serían bautizados en el Espíritu Santo, la obra de bautismos debe continuar. De este modo, estamos justificados al denominar bautismos en el Espíritu Santo a los subsiguientes cumplimientos de la promesa. Hechos 2:38 se refiere a lo que fue prometido como el «don del Espíritu Santo». Pero, tal como ya hemos visto, la terminología es intercambiable. Claramente, el cumplimiento de la profecía de Joel no puede limitarse al día de Pentecostés o a alguna ocasión cualquiera.

¿Qué haremos?

Cuando el Espíritu convenció a los oyentes de Pedro y les hizo sentirse culpables, preguntaron: «¿Qué haremos?» La respuesta de Pedro fue también parte de la expresión profética del Espíritu en forma de exhortación: «Arrepentíos (cambiad vuestro modo de pensar y vuestras actitudes básicas hacia el pecado, la justicia, y el juicio), y bautícese cada uno de vosotros en el nombre (en base a la autoridad) de Jesucristo (como se expresó en Mateo 28:19) para (por causa de) perdón de los pecados, y recibiréis (tomaréis) el don del Espíritu Santo» (Hechos 2:38). Téngase presente que el bautismo en agua es un testimonio, una declaración de lo que ya ha sucedido interiormente. Ni produce ni es el medio para el perdón de pecados. La expresión en griego es paralela al bautismo de Juan «para arrepentimiento», que significa «por causa de arrepentimiento», como lo muestra el contexto.

El llamado de Pedro, entonces, fue para que ellos primeramente se arrepintieran, lo que significaba que cambiaban su actitud de incredulidad a fe. Por causa de que ellos creían eran limpiados y perdonados. El bautismo en agua declaraba su identificación con Cristo en su muerte (Romanos 6:3). Luego, lo que venía a continuación en la secuencia normal era recibir (de verdad, tomar activamente) el don de o bautismo en el Espíritu Santo.

Hacer discípulos

Desde el día de Pentecostés en adelante vemos al Espíritu Santo activo en la vida de la Iglesia; en la enseñanza, en milagros, en henchimientos subsiguientes, y en nuevos bautismos, pero por sobre todo en la obra de difundir el evangelio y de establecer la Iglesia.

La primera evidencia de la obra continuada del Espíritu es que capacitó a los apóstoles para hacer discípulos, verdaderos estudiantes, de los tres mil que se convirtieron. Este discipulado se desarrolló a través de varias clases de experiencias de aprendizaje. Ellos pasaron mucho tiempo bajo la enseñanza de los apóstoles; segundo, en la comunión; tercero, en el partimiento del pan; y cuarto, en las oraciones (Hechos 2:42).

Parte de esto se cumplió en el templo, por cuanto los creyentes pasaban mucho tiempo en el templo (Hechos 2:46), y los apóstoles estaban allí todos los días, enseñando y comunicando las buenas nuevas del Cristo (el Mesías), Jesús (3:1, 12-26; 5:42). Pero los apóstoles hicieron lo mismo diariamente de casa en casa (5:42).

No obstante, la enseñanza de los apóstoles no era solamente teórica. El Espíritu Santo era el verdadero Maestro. El usaba la enseñanza de la verdad para traerlos a una comunión creciente, no meramente el uno con el otro, sino antes que nada con el Padre y con el Hijo (1 Juan 1:3, 7; 1 Corintios 1:9).

Esta comunión era también el compartir lo espiritual, una comunión del Espíritu Santo (2 Corintios 13:14; Filipenses 2:1). Esto puede haber incluido el compartir la Cena del Señor. Pero el énfasis aquí no está en el ritual. El resultado de la obra del Espíritu era el traer a la gente a una nueva unidad en que ellos eran de un corazón y de un alma (Hechos 4:32). Tal como lo indica Ezequiel 11:19, el corazón único, la unidad de la mente y de propósito, van juntos con la nueva experiencia en el Espíritu. Esta comunión, esta unidad en el Espíritu, les dio una fe, amor, y preocupación del uno por el otro que les hizo compartir lo que tenían con los hermanos y hermanas que estaban en necesidad (véanse Santiago 2:15, 16; 1 Juan 3:16-18; 4:7, 8, 11, 20). En este sentido, «tenían en común todos las cosas» (Hechos 2:44, 45). Esto no era comunismo. «Común» significa sencillamente «compartido». Nadie decía, «esto es mío. Tú no tienes derecho alguno a ello». Dondequiera que veían a un hermano en necesidad, compartían con él lo que tenían

(4:32). Algunos vendieron sus propiedades y trajeron el dinero a los apóstoles para que lo distribuyeran (2:44; 4:37). Pero nadie les obligaba a hacerlo (Hechos 5:4).

Gran parte de esta actividad de compartir se llevó a cabo en la mesa de la comunión. Cuando partían el pan alrededor de la mesa en sus hogares, compartían su alimento con una plenitud de gozo rebosante y con una sencillez de corazón, alabando a Dios, y teniendo favor con el pueblo, esto es, con la masa de judíos que habitaban en Jerusalén (Hechos 2:46, 47). ¡No debe causar extrañeza que el Señor siguiera añadiendo cada día los que habían de ser salvos!

Su discipulado también estuvo marcado por tiempos de oración. Estaban en el templo regularmente para la oración de la mañana y de la tarde. Pasaban tiempo en oración, y a veces tiempo prolongado, cuando enfrentaban oposición y peligro (Hechos 2:47; 4:24-30; 12:5, 12)

Los milagros, como señales que indicaban la naturaleza y el poder de Jesús y como maravillas que atraían la atención a Cristo en su medio, fortalecieron a los creyentes. También hicieron que la gente que les rodeaba sintiera temor, y que manifestara un espíritu de temor y de reverencia (Hechos 2:43). Pero el poder del Espíritu expresado en la enseñanza y en la comunión, y el poder del Espíritu manifestado en los milagros era parte de la misma vida en el Espíritu. La gente no se veía a sí misma como si viviera en dos niveles, uno espiritual y el otro natural. El Espíritu Santo saturaba sus vidas por completo. La adoración, la comunión con Dios, el compartir en forma práctica, el evangelismo, y los milagros, todos eran parte de una experiencia unificada en el Espíritu.

El movimiento del Espíritu en el grupo más grande alentaba de este modo el movimiento del Espíritu en los grupos más pequeños en los varios hogares. Pero las necesidades y los peligros comunes les hacían volver a juntarse en los grupos más grandes. El testimonio en el templo era necesario. Así también era necesario el testimonio en los grupos que se reunían en los hogares. Desde el comienzo, el Espíritu Santo les ayudó a mantener un equilibrio, sin caer en el formalismo o en el ritual vacío.

Continuamente llenos

Una notable evidencia de la superintendencia que ejercía el Espíritu Santo sobre la obra de la Iglesia era la manera en que seguía proporcionando henchimientos frescos para enfrentar las nuevas necesidades y los nuevos desafíos. El Libro de Hechos da dos ejemplos de tales henchimientos de individuos, y uno de todo el grupo a la vez. A causa de las limitaciones de espacio, Hechos presenta a menudo solo unos pocos ejemplos de cosas que deben haber ocurrido con mayor frecuencia. La sanidad del cojo en la Puerta Hermosa es, por ejemplo, solo un caso de entre las muchas maravillas y señales hechas por los apóstoles (Hechos 2:43; 3:1-10).

El primer ejemplo de la renovación de la plenitud es el de Pedro ante el Sanedrín, el mismo Sanedrín que condenó a muerte a Jesús. Temeroso de éste, Pedro había negado anteriormente al Señor. Esta vez, cuando Pedro se puso de pie fue lleno de nuevo del Espíritu y dio una respuesta que proclamó la verdad y glorificó a Jesús (Hechos 4:8, 10-12). La forma del verbo griego indica claramente que ésta fue de veras una nueva plenitud. Pero la idea no es que él hubiese perdido algo de la plenitud anterior. Dios aumentó su capacidad y derramó de nuevo el Espíritu sobre él en toda su sabiduría y poder.

La misma forma del verbo se usa en Hechos 13:9, cuando Pablo, «lleno del Espíritu Santo», enfrentó a Elimas el mago y lo reprendió. Pablo no acostumbraba a andar por allí reprendiendo a la gente de esta manera. Pero en este caso la represión dada era en manera especial la represión del Espíritu. El juicio sobre Elimas fue por consiguiente la mano de Dios, el poder de Dios, y llegó a ser la obra del Espíritu para convencer al procónsul (gobernador provincial) de Chipre. Sin embargo, él no fue convencido solamente por el milagro. El milagro solo respaldó la enseñanza y la predicación ungida por el Espíritu que la precedieron (13:7, 12).

Después del primer testimonio de Pedro ante el Sanedrín, él y Juan fueron «a los suyos», lo que probablemente significa al Aposento Alto, donde habían estado quedándose y donde se hallaba reunido un gran número de creyentes. Luego, después de orar concertadamente, «el lugar en que estaban congregados tembló; y todos fueron llenos del Espíritu Santo, y hablaban con denuedo la palabra de Dios» (Hechos 4:31). De nuevo la forma del verbo indica un henchimiento nuevo y especial. El Sanedrín les había advertido que no «hablasen ni enseñasen en el nombre de Jesús». Una nueva plenitud les dio la valentía, el coraje y la gozosa confianza para hablar clara y abiertamente la Palabra. Además, la terminología no es lo importante. Henchimientos frescos, unciones frescas, movimientos frescos del Espíritu, manifestaciones nuevas de la mano o poder de Dios son siempre asequibles en tiempo de necesidad.

Ataques desde adentro

Añadido a los ataques desde el exterior, la Iglesia tuvo que enfrentar ataques de enemigos desde adentro. Ananías y Safira intentaron ganar prestigio en la Iglesia careciendo de amor o de fe. Este fue el primer paso a esa especie de maniobras políticas que a veces pone a las Iglesias en manos de gente sin espiritualidad. En realidad, fue Satanás el que llenó sus corazones para que mintieran al Espíritu Santo, lo que equivalía a engañar a Dios (Hechos 5:3, 4). El discernimiento o conocimiento de Pedro respecto de lo que ellos habían hecho fue una manifestación del Espíritu.

El juicio de Dios sobre ellos no tan solamente salvó a la Iglesia de peligro, sino que puso el temor de Dios en los creyentes y también en los de afuera. Los cristianos fueron movidos a una nueva unidad en el Espíritu. El resto de los moradores de Jerusalén no se atrevía a juntarse con ellos sin tener un propósito definido. Pero solamente los insinceros eran los amedrentados. Las altas normas de verdad y de honestidad hicieron que la masa del pueblo a su alrededor magnificara a los apóstoles (les tuviera en alta estima). Ellos manifestaron esto al traer a sus enfermos para que fuesen sanados. «Y los que creían en el Señor aumentaban más, gran número así de hombres como de mujeres» (Hechos 5:13-16).

Llenos del Espíritu Santo y de sabiduría

Otro ataque desde adentro se hizo presente cuando quejas y celos amenazaron con dividir la Iglesia (Hechos 6:1). Cuando el número de los creyentes siguió creciendo, la mayoría de los hombres indudablemente consiguió empleo. Ya fue menos necesario entonces que compartieran lo que tenían vendiendo sus propiedades. Sin embargo, ese mismo fondo al cual contribuyó Bernabé se mantenía todavía para ayudar a los necesitados. Pablo trajo ofrendas en dos oportunidades de especial necesidad para contribuir al mismo (Hechos 11:29, 30; 1 Corintios 16:1-3). Pero durante gran parte del tiempo solo un grupo necesitaba ayuda. Las viudas en esos días no podían salir a buscar un empleo. Efectivamente, las viudas que no tenían hijos o hermanos estaban expuestas a morir de hambre. Por esto, la Iglesia usó este fondo para cuidar de ellas.

Entre las viudas había algunas que habían venido a Jerusalén desde otras tierras y que hablaban solamente el idioma griego. Como la mayor parte de los grupos de minoría, eran sensibles a los desaires y, como viudas dentro de aquella sociedad, pueden haber mostrado timidez para reclamar por sus derechos. Pero si atraían la atención hacia una barrera idiomática corrían peligro de dividir la Iglesia.

Los apóstoles, guiados por el Espíritu, dirigieron a la Iglesia para que eligiera siete hombres para este ministerio. Pero se establecieron algunos requisitos para el puesto. Debían ser hombres de buena reputación, llenos del Espíritu Santo, y de sabiduría (práctica). El Espíritu Santo puso tal amor en los corazones de la mayoría del grupo que los hombres elegidos resultaron ser aparentemente todos del grupo minoritario de habla griega. Cuando menos todos tenían nombres griegos, y cualquier posibilidad de que se continuara descuidando a las viudas de habla griega se evitó de esta manera. Esta evidencia de la sabiduría del Espíritu fue seguida por otro incremento de la Palabra de Dios (esto es, de sus efectos), y la consiguiente multiplicación de la Iglesia (Hechos 6:7).

Ampliación de ministerio

Esteban y Felipe son ejemplos del hecho de que esta plenitud del Espíritu Santo, esta sabiduría y fe condujeron a una ampliación del ministerio (Hechos 6:5, 8, 10). Las señales y milagros que realizaron entre la gente eran de la misma dimensión como las que hacían los apóstoles (6:8; 8:5-8). Aun cuando el testimonio de Esteban le produjo la muerte, él permaneció lleno del Espíritu hasta el fin y testificó de la gloria de Jesús como su exaltado Señor (7:55, 56).

Por otro lado, Felipe fue dirigido por el Espíritu, no solamente para que testificara en Samaria, sino para que ganara a un etíope para el Señor (8:29, 38). Un manuscrito griego antiguo dice que el Espíritu cayó entonces sobre el eunuco, lo cual ciertamente le dio otra razón para proseguir su camino con regocijo. Al mismo tiempo, el Espíritu tomó a Felipe en lo que parece haber sido una especie de viaje supersónico hasta la costa. Él prosiguió su viaje hasta Cesarea, donde estableció su sede para continuar su ministerio. Años más tarde, todavía era conocido como Felipe el evangelista. No había descuidado evangelizar ni siquiera a su propia familia. Sus cuatro hijas eran llenas del Espíritu y profetizaban (Hechos 21:8, 9).

Bernabé era llamado también un varón bueno (noble, digno), lleno del Espíritu Santo y de fe. También él continuó con un ministerio más amplio. De este modo, había henchimientos no tan solamente para necesidades especiales; había una riqueza continua, una dotación constante y poderosa del Espíritu que señalaba a algunos como llenos del Espíritu. Y aun éstos que estaban llenos de tal manera podían seguir hacia mayores profundidades y hacia mayores alturas en él.

Se derriban las barreras

En un comienzo, el evangelio se extendió solamente entre los judíos, o entre aquellos que estaban convertidos al judaísmo. A pesar de que el Antiguo Testamento profetiza bendición y restauración para muchos de entre todas las naciones, esto era generalmente ignorado por los judíos. Había prejuicios ya de largo tiempo que levantaban barreras separatorias entre los judíos y los samaritanos por un lado, y entre los judíos y los gentiles por el otro. Una de las obras más importantes del Espíritu para la difusión del evangelio fue el derribar estas barreras.

El primer paso vino como resultado directo de la muerte de Esteban. En lugar de detener el testimonio para Cristo, la persecución que resultó, únicamente esparció la llama en todas direcciones (Hechos 8:1). El libro de Hechos presenta una de esas direcciones como un ejemplo. Felipe fue a Samaria. Allí, su predicación y los milagros convencieron a la gente. Muchos fueron bautizados en agua para dar testimonio de su fe (8:12). Sin embargo, ninguno recibió el don del Espíritu Santo. No hubo experiencia del Espíritu que «cayera» sobre ellos, como sucedió en el día de Pentecostés (Hechos 8:16, 20).

Esto constituye una dificultad para quienes sostienen que todo se recibe con el bautismo en agua. Algunos suponen que debiera haberse recibido el Espíritu Santo, y que la deficiencia fue corregida lo antes posible. Pero resulta imposible explicar por qué podría haber una deficiencia sobre esa base. Otros suponen que la fe de los samaritanos no era genuina, o que no era fe salvadora hasta que Pedro y Juan vinieron y oraron. Sin embargo, Felipe era un hombre lleno del Espíritu y de sabiduría. Ciertamente él habría tenido discernimiento suficiente como para no bautizar a gente antes que creyesen verdaderamente en Jesús.

Otros sugieren que tal vez Felipe no les predicó a ellos el evangelio pleno. Puesto que los samaritanos se hallaban al otro lado del cerco, tal vez su prejuicio le impidió hablar a los samaritanos de todos los beneficios que Cristo como Salvador y Bautizador ofrece a los creyentes. Sin embargo, esta idea no encuentra asidero en lo que vemos en Hechos. Los discípulos no podían retener parte del mensaje. Ellos dijeron: «No podemos dejar de decir lo que hemos visto y oído» (Hechos 4:20).

Felipe predicó la Palabra, predicó a Cristo (8:4, 5). Los samaritanos creyeron lo que predicó Felipe concerniente al reino de Dios y al nombre (autoridad) de Jesús. Estas cosas se hallan a menudo asociadas con la promesa del Espíritu Santo. Felipe debe haber incluido la exaltación de Jesús al trono y la promesa del Padre.

El problema parece estar del lado de los samaritanos. Ahora comprendían ellos que habían estado equivocados, no solo en lo referente a los engaños de Simón el mago, sino también respecto de sus doctrinas samaritanas. Humillados, tal vez, les parecía difícil expresar el siguiente paso de fe. Cuando Jesús halló fe simplemente expresada en base a su Palabra, la denominó gran fe, y sucedieron cosas (Mateo 8:10). Cuando la fe se elevó por encima de las dificultades y de las pruebas, Jesús la denominó gran fe, y sucedieron cosas (Mateo 15:28). Pero cuando la fe era débil, Él no destruyó lo que había: la ayudó, a veces mediante la imposición de sus manos.

Cuando vinieron los apóstoles, oraron para que los samaritanos recibieran el Espíritu. Luego impusieron sobre ellos las manos, y al hacerlo así la gente recibió (estaban recibiendo, se mantuvieron recibiendo) el Espíritu (8:15, 17). Cuando Simón el mago vio esto recayó en su anterior codicia, y ofreció dinero por la autoridad para imponer sus manos sobre la gente para que recibieran el Espíritu.

A menudo se interpreta la represión de Pedro a Simón por pensar que el don de Dios podría comprarse con dinero como que significa que Simón deseara ofrecer el don para la venta. Pero esto no cuadra bien, puesto que los apóstoles salían y ofrecían el don en forma gratuita, reconociendo que provenía de Dios. Más bien parece que Simón deseaba restablecer su prestigio entre la gente por llegar a ser un dador autorizado del don del Espíritu. Del mismo modo como algunos eclesiásticos modernos, malinterpretaba lo que había sucedido y había llegado a la conclusión de que era necesaria la imposición autorizada de manos para recibir el Espíritu. Muchos otros pasajes muestran que esto no era así. En Pentecostés y en la casa de Cornelio no hubo imposición de manos. En la ocasión en que Ananías impuso sus manos sobre Saulo (el apóstol Pablo), esto puede haber sido tanto para sanidad como para que recibiera el Espíritu.

Lo que Pedro sugiere es que todo cuanto se necesita para poder orar por otros para que sean llenos del Espíritu es recibir uno mismo el don. En lugar de que Simón viniera e hiciera un reconocimiento de su necesidad y solicitara ayuda, vino y ofreció dinero para recibir el don. No comprendía y no tenía parte ni suerte en este asunto.

Algo, sin embargo, debe haber ocurrido cuando Pedro y Juan impusieron sus manos sobre los creyentes, de otro modo Simón no hubiese deseado comprar lo que parecía ser la autoridad que ellos tenían. Simón ya había visto los milagros en el ministerio de Felipe. La profecía habría estado en su propio idioma y no habría presentado visos de ser notoriamente sobrenatural. Y queda aún la misma cosa que atrajo la atención de la multitud en Pentecostés. Ellos hablaron en otras lenguas como el Espíritu les daba que hablasen (Hechos 2:4, 33). Las lenguas aquí no fueron el punto en disputa. Ni tuvieron exactamente el mismo efecto, puesto que no había en el lugar gente de varios idiomas. Por esto es que Lucas nada dice de ellas, con el fin de centrar la atención sobre la actitud equivocada de Simón.

De manera similar, Ananías dijo que Jesús lo envió para que Pablo pudiese recibir su vista y ser lleno del Espíritu Santo (9:17). Sin embargo, lo que sigue no da detalles respecto de cómo Pablo fue llenado, y ni siquiera menciona que él hablara en otras lenguas. Sin embargo, en los versículos anteriores, los que registran las instrucciones del Señor a Ananías, Lucas tampoco registra la promesa de que Pablo sería lleno del Espíritu (9:11-16). Como sucede con mucha frecuencia, Lucas no menciona todo cada vez, especialmente cuando lo que sucedió está claro en alguna otra parte (por ejemplo, él no menciona el bautismo en agua cada vez que habla de la conversión). Así, seguramente se aplica aquí lo que dice Hechos 2:4, especialmente puesto que el apóstol Pablo mismo dijo más tarde: «Doy gracias a Dios que hablo en lenguas más que todos vosotros» (1 Corintios 14:18).

Una evidencia convincente

En cierta ocasión la evidencia de la plenitud o del bautismo en el Espíritu se convirtió en un punto importante de controversia. Ningún otro prejuicio, ninguna otra barrera a la comunión era tan grande como la que existía entre los judíos y los gentiles. Aun cuando Jesús trató de preparar a sus discípulos y efectivamente les ordenó que difundieran el evangelio entre todas las naciones, ellos aparentemente consideraron que significaba a los judíos esparcidos entre las naciones. El prejuicio de Pedro era tan grande que el Señor tuvo que darle una visión por tres veces con el fin de hacerle estar dispuesto a escuchar la voz del Espíritu, y para que pudiese ir a la casa de Cornelio, el centurión romano (Hechos 10:16, 19).

Pedro sabia que esto no sería bien visto por sus hermanos cristianos de vuelta en Jerusalén. El hecho de que alguien llegue a ser cristiano no remueve en forma automática los prejuicios. Por esta razón Pedro llevó consigo seis buenos hermanos judío-cristianos como testigos (10:23; 11:12).

Mientras Pedro predicaba, el Espíritu Santo cayó sobre los amigos y parientes de Cornelio. Los seis cristianos judíos que acompañaban a Pedro estaban asombrados «de que también sobre los gentiles se derramase el don del Espíritu Santo» (10:45). La evidencia que les convenció fue que «los oían que hablaban en lenguas, y que magnificaban a Dios».

Pedro no se equivocaba en lo referente a la recepción que tendría en Jerusalén. Tan pronto como regresó se manifestó la oposición. Pero ésta no estaba dirigida tanto al hecho de que hubiese predicado a los gentiles como más bien a que hubiese compartido la mesa con ellos y consumido comida que no era *kosher* (11:3). Pedro narró la historia desde un principio, e hizo énfasis en que el Espíritu Santo cayó sobre los gentiles «como sobre nosotros al principio». Recalcó también que esto era cumplimiento de la promesa de Jesús de bautizarlos en el Espíritu Santo. Era, en efecto, el mismo don que todos ellos habían recibido (11:15-17). Ante esto, los judíos cristianos dejaron de lado sus objeciones y reconocieron que «también a los gentiles ha dado Dios arrepentimiento para vida» (11:18).

De esto se ve a las claras que era necesaria una evidencia convincente antes que Pedro pudiera decir: «¿Puede acaso alguno impedir el agua, para que no sean bautizados estos que han recibido el Espíritu Santo también como nosotros?» (10:47). Algo tuvo que demostrar que éste era el mismo don que fue dado en Hechos 2:4 antes que estos cristianos de Jerusalén pudiesen quedar satisfechos. Pedro no dijo: «Espero que ellos hayan recibido el derramamiento, la experiencia desbordante de Pentecostés». No dijo: «Los gentiles lo tomaron por fe, de modo que pienso que lo tienen, creo que lo tienen». Él sabía que ellos estaban llenos, no por el testimonio de ellos, sino por el testimonio del Espíritu Santo a través de ellos. El Espíritu proporcionó la evidencia, y ésta fue tan solamente una. «Hablaban en lenguas, y... magnificaban a Dios» (exactamente como en Hechos 2:4, 11).

Obviamente, la evidencia convincente aquí fue el hablar en lenguas. Y en un día en que hay tantos que piensan, esperan, creen, y luego se preguntan si acaso tienen el bautismo en el Espíritu, tal vez sea necesaria todavía una evidencia convincente.

Hay, sin embargo, otros problemas en la interpretación de este pasaje. Algunos suponen que por el hecho de que el Espíritu vino sobre los gentiles mientras que Pedro se hallaba todavía predicando significa que su experiencia de conversión y el derramamiento del Espíritu fueron una misma cosa. Hemos visto, sin embargo, que en Pentecostés y en Samaria los recipientes del don ya eran creyentes antes que el Espíritu fuera derramado sobre ellos. Puesto que Pedro identifica lo que sucedió aquí como el mismo don, debe haber alguna distinción entre la conversión de ellos y el don del Espíritu aquí también.

La clave se halla en Hechos 10:36, 37. La palabra concerniente a Jesús que Cornelio y sus amigos conocían había sido publicada por toda Judea. El «vosotros sabéis» (v. 37), es enfático. Esto parece indicar que estos gentiles conocían los hechos referentes a Jesús, que incluirían la promesa del Espíritu Santo. La palabra que Dios prometió a Cornelio que Pedro traería no era sencillamente el evangelio, sino las buenas nuevas de «que todos los que en él creyeren, recibirán perdón de pecados por su nombre (el de Jesús)» (10:43).

Algunos creen que Cornelio no tan solamente conocía el evangelio, sino que deseaba aceptar a Jesús. Por el hecho de que por aquellos días la predicación estaba dirigida solamente a los judíos, él puede haber estado orando respecto de dar el paso para convertirse en un prosélito judío con el fin de llegar a ser cristiano. Pero bien sea esto cierto o no, resulta claro que él conocía el evangelio. También es claro que Dios, por medio de un ángel, lo preparó para aceptar cualquier mensaje que Pedro trajera (10:22, 30-33). Esto significaba también que sus corazones estaban abiertos para recibir lo que fuese que Dios tuviera para ellos. Se precisaba solo de una fracción de segundo para que creyeran y fueran salvos. Y tan solamente se necesitaba de otro momento más para que recibieran el derramamiento, el cual Pedro vio como un bautismo en el Espíritu. De este modo, aun cuando su conversión y su bautismo en el Espíritu no estuvieron separados por un periodo largo de tiempo, no hay razón por la que no pudieran haber sido eventos distintos.

También Pedro en el Concilio de Jerusalén indica que el don del Espíritu era la manera en que Dios les daba testimonio (Hechos 15:8). Esto seguramente implica que ellos ya estaban convertidos. El bautismo en el Espíritu que recibieron era un testimonio al hecho de que ya eran creyentes. Hechos 15:9 menciona que Dios purificó sus corazones por la fe. Pero el propósito de Pedro al mencionarlo al final no es para indicar el tiempo en que ocurrió, sino para darle énfasis. El punto en disputa en Hechos 15:9 era principalmente el asunto de si los gentiles tenían que guardar la ley y circuncidarse, de modo que lo que Pedro hace no es tan simplemente repetir lo que sucedió.

Otros suponen que Hechos 10:47 significa que el agua era necesaria para completar la experiencia. Recordemos que sus corazones habían sido purificados por la fe, no por el agua (Hechos 15:9). El bautismo en agua fue aquí un reconocimiento por la Iglesia de que Dios había aceptado a estos gentiles, como también un testimonio al mundo de que ellos habían llegado a ser verdaderamente miembros de la Iglesia. De este modo, la barrera había sido derribada por el Espíritu. Los gentiles eran ahora miembros de la Iglesia en iguales términos que los judíos.

Sin embargo, hay algunos problemas que tienen una manera de presentarse de nuevo, especialmente cuando están conectados con prejuicios. Se hizo necesaria la conferencia de Jerusalén cuando los judíos cristianos empezaron de nuevo a poner restricciones sobre los gentiles y su salvación. Pero el recordatorio de Pedro respecto de la obra del Espíritu en Cesarea, el testimonio de Pablo y de Bernabé concerniente a lo que Dios estaba haciendo entre los gentiles, y la palabra de sabiduría del Espíritu por medio de Santiago obraron la concordia entre los creyentes (Hechos 15:8, 9, 12-29). La presencia del Espíritu en medio de ellos fue suficiente para cualquier problema, y ellos estaban dispuestos a reconocerlo (Hechos 15:28).

¿Habéis recibido?

En Éfeso se menciona de nuevo el hablar en lenguas en conexión con ciertos discípulos a los que Pablo encontró allí (Hechos 19:1-7).

Aun cuando el libro de Hechos casi siempre utiliza la palabra discípulo para hacer referencia a un discípulo de Jesús, a un cristiano, Pablo presintió que aquí faltaba algo. Sin lugar a dudas, estos doce hombres profesaban ser seguidores de Jesús. Sin embargo, Pablo les preguntó si habían recibido el Espíritu Santo «cuando creísteis» (desde que creísteis).

Las versiones modernas por lo general traducen «cuando creísteis», pero el griego literalmente dice: «habiendo creído, ¿recibisteis?» La impresión completa de Hechos 19:2 es que puesto que estos discípulos reclamaban ser creyentes, el bautismo en el Espíritu Santo debiera haber sido el siguiente paso, un paso distinto del creer, aun cuando no necesariamente separado del mismo por un largo tiempo. El «creísteis» es un participio (pasado) aoristo en griego, mientras que el recibir es el verbo principal (también en aoristo). Ya que el tiempo del participio a menudo muestra su relación de tiempo con el verbo principal, el hecho de que el creer está un tiempo pasado fue tornado por los traductores de la Reina Valera Revisada como si indicara que esto precedía al recibir.

Muchos eruditos modernos en griego señalan, no obstante, que el participio aoristo a menudo indica una acción que ocurre al mismo tiempo que la del verbo principal, en especial si éste está en aoristo, como en 19:2. Un escritor, Dunn, llega incluso a afirmar que cualquiera que sugiera que el participio aoristo aquí indica una acción previa al recibir está mostrando solo que él (al igual que los revisores de la Reina Valera Revisada) tienen una comprensión inadecuada de la gramática griega.

Dunn llama la atención a los muchos casos de «responder y decir», que en realidad son expresiones idiomáticas y no dan mucha luz sobre cómo interpretar otros pasajes. Algunos de sus otros ejemplos muestran que la acción del participio y la del verbo principal ocurren al mismo tiempo. Pero otros no son tan concluyentes. Hebreos 7:27 parece ser: «Porque esto lo hizo una vez para siempre, ofreciéndose a sí mismo». Esto es, cuando Él se ofreció a sí mismo. Mateo 27:4, «Yo he pecado entregando sangre inocente», parece coincidir, pero el uso no es el mismo en Hechos 19:2. Se define el pecado como la traición. Parece muy difícil que el recibir el Espíritu Santo sea definido como creer en Hechos 9:2, en especial ya que otros pasajes indican con claridad que la recepción incluye un derramamiento definido del Espíritu.

Otro pasaje que usa Dunn es 1 Corintios 15:18: «Entonces también los que durmieron en Cristo perecieron». Sin embargo, Pablo no considera que el perecer sea lo mismo que el dormir (morir). Más bien, al dormir le seguía el perecer si Jesús no resucitó. Dunn toma también Hechos 1:8 como coincidente: «Recibiréis poder, cuando haya venido sobre vosotros el Espíritu Santo». En un sentido, el poder puede venir con el Espíritu y el Espíritu debe ser considerado el poder. Pero el poder en el libro de Hechos parece venir cuando se necesita. De modo que es el resultado de la venida del Espíritu en lugar de ser lo mismo.

Otro ejemplo es Hechos 10:33: «tú has hecho bien en venir». «En venir», define a lo que Cornelio se refiere por hacer bien. Pero, ¿Será «cuando creísteis» lo que Pablo quería decir con el recibir el Espíritu Santo? En verdad no parece ser ese todo el significado que él quiso dar. Entonces, Hechos 27:3 no coincide de manera tan obvia como Dunn quisiera hacernos creer. Es mejor traducido: «Julio, habiendo tratado a Pablo con hospitalidad, le permitió ir a sus amigos». Parece más que posible que la hospitalidad precedió al permiso para visitar a los amigos.

Dunn pasa por alto otros ejemplos que son menos coincidentes con su postura. Hablando de siete hermanos (Mateo 22:25), los saduceos dijeron del primero, «el primero se casó, y murió». Es obvio que esto no significa que el casamiento y la muerte fueron lo mismo o que las dos cosas ocurrieron al mismo tiempo. Fueron distintos acontecimientos, y el casamiento precede con claridad a la muerte, probablemente por algún tiempo.

De modo similar, Hechos 5:10 dice: «La sacaron, y la sepultaron». De nuevo, el acto de sacarla y el de sepultarla no fueron el mismo. La sepultura siguió al sacarla en una simple secuencia histórica. Aunque no hubo un tiempo largo entre los dos, por lo menos fueron distintos eventos.

Pueden hallarse otros ejemplos en Hechos 13:51 («sacudiendo contra ellos el polvo de sus pies, llegaron a Iconio»); 16:6 («Y atravesando Frigia y la provincia de Galacia, les fue prohibido por el Espíritu Santo hablar la palabra en Asia»); 16:24 («El cual, recibido este mandato los metió en el calabozo de más adentro»). En estos casos y en muchos otros la acción del participio precede a la acción del verbo principal.

De ese modo, aunque existen algunos casos en que la acción de un participio aoristo coincide con la del verbo principal, esto no constituye una regla inflexible. La impresión total de Hechos 19:2 es que el Espíritu Santo haya sido el siguiente paso, un paso diferente después de creer, aunque no necesariamente separado de eso por mucho tiempo.

La réplica de estos discípulos: «Ni siquiera hemos oído si hay Espíritu Santo» no debe entenderse, al parecer, como que ellos desconocían por completo la existencia del Espíritu Santo. ¿Qué judío piadoso o gentil interesado en las cosas espirituales podría haber sido tan ignorante? Es mucho más probable que la frase se compare con Juan 7:39. Allí, la frase condensada, «aún no había venido el Espíritu Santo» significa que la época del Espíritu, con su prometido derramamiento, no había llegado todavía. Así, estos discípulos decían realmente que no habían oído de la posibilidad de ser bautizados en el Espíritu Santo. Efectivamente, varios manuscritos y versiones antiguas del Nuevo Testamento expresan: «Ni aun hemos oído que alguien haya recibido el Espíritu Santo».

Cuando Pablo continúo su averiguación, descubrió que estos discípulos habían sido bautizados únicamente con el bautismo de Juan, el cual, según la explicación de Pablo, era solamente preparatorio. Luego de lo cual fueron bautizados en el nombre (en el servicio y adoración) del Señor Jesús. Luego, «habiéndoles impuesto Pablo las manos, vino sobre ellos el Espíritu Santo; y hablaban en lenguas y profetizaban». Es mejor también aquí considerar que la imposición de manos fue un medio de estimular la fe de ellos, y que fue anterior o al menos distinta de la venida del Espíritu. Luego probablemente para recalcar que estos discípulos habían recibido ahora la experiencia plena del bautismo en el Espíritu, Lucas declara definidamente que hablaron en lenguas y que profetizaron. (El griego probablemente implica también que siguieron haciéndolo).

Dirigidos por el Espíritu

Una de las evidencias más importantes de la obra del Espíritu, tanto en la Iglesia como en las vidas de los individuos, fue la manera en que el Espíritu los dirigió. Ya se han mencionado varios incidentes en las vidas de Pedro y de Felipe, pero la dirección del Espíritu es todavía más prominente en las experiencias del apóstol Pablo.

La manera en que fueron guiados los líderes espirituales en Antioquía fue muy específica (Hechos 13:14). Estos hombres eran profetas y maestros, hombres usados y dotados por el Espíritu, hombres que edificaron la iglesia, tanto en lo espiritual como en cuanto a número de miembros. En razón de que eran sensibles a sus propias necesidades espirituales como también a las necesidades de la iglesia, oraban y ayunaban juntas con frecuencia. Ellos sabían que debían ministrar al Señor (esperar delante de Él en oración de intercesión y en la búsqueda de su presencia y de su poder) si es que habían de ministrar al pueblo.

En una de estas ocasiones el Espíritu Santo habló (probablemente por medio de una exclamación profética). Ordenó que apartaran a Bernabé y a Saulo para la obra para la cual Él (ya) los había llamado. Después de haber ayunado y orado, los otros los enviaron (los dejaron ir). El versículo 4 recalca que fueron enviados mediante la agenda directa del Espíritu Santo. La razón para que hubiera una exclamación profética dirigida al grupo fue porque Pablo y Bernabé habían aceptado responsabilidades respecto de la iglesia en Antioquía. Era necesario no tan solamente que el Espíritu tratara con ellos respecto de su viaje; la iglesia debía estar dispuesta a dejarlos ir. Al imponer sus manos sobre los apóstoles estimularon su fe y les indicaron que seguirían apoyándolos en oración. Pero ellos no les indicaron dónde debían ir. El Espíritu mismo los dirigió para que fueran a Seleucia y luego a Chipre.

Más tarde, Pablo reconoció que los ancianos de las iglesias locales estaban en la misma clase que estos apóstoles misioneros. El Espíritu Santo los hizo supervisores (obispos, «superintendentes», pastores de las iglesias locales) para «apacentar (velar, pastorear) la iglesia (asamblea) del Señor» (Hechos 20:28). Ellos también tenían su ministerio y su llamado por medio de la guía directa del Espíritu. Él era la fuente de los dones de administración que ellos necesitaban para dirigir también la iglesia (1 Corintios 12:28).

Atado por el Espíritu

El ser dirigido por el Espíritu significa más que disfrutar de la libertad, la valentía y las victorias que Él concede. Por sobre todo, no hay libertad para las expresiones de la voluntad egoísta o arbitraria de uno. Por el contrario, los que son llamados y dirigidos por el Espíritu, se convierten en prisioneros (voluntarios) de Él. Aceptan las limitaciones y restricciones que Él les impone. Ellos le prestan atención cuando Él les controla. Reconocen que Él sabe lo que hace y que las restricciones son necesarias para sus propósitos.

Hallamos un ejemplo destacado durante el segundo viaje misionero de Pablo. El apóstol, junto con Silas y Timoteo, fue impedido por el Espíritu de hablar la Palabra en la provincia romana de Asia. Probablemente esto fue también una exclamación profética, ya que el griego indica un mandato directo mediante el Espíritu. Piense lo que debe haber significado esto para el hombre que dijo: «¡Ay de mí si no anunciare el evangelio!» (1 Corintios 9: 16).

En realidad, Dios concedió a Pablo un gran ministerio en la provincia de Asia en su tercer viaje misionero. Pero en esta oportunidad Dios quería que Pablo fuese en otra dirección. Sin embargo, el Espíritu no proporcionó una guía positiva. Por esto, Pablo siguió el camino que se abría delante de él. Al llegar a Misia se hizo necesario tomar una decisión. El camino hacia el norte se terminaría pronto. Puesto que no había direcciones positivas provenientes del Espíritu, Pablo se volvió hacia el este e hizo un intento, dio pasos definidos para ir hacia

Bitinia. No fue sino hasta este momento que el Espíritu (llamado aquí el Espíritu de Jesús en algunos manuscritos antiguos) dio instrucciones. Además, fue un rechazo definido a permitirles que fueran en esa dirección (Hechos 16:6-8).

Pablo se volvió entonces hacia el oeste, hacia Europa, solo porque el Espíritu le conminó a no ir en ninguna otra dirección. Pero en Troas estaba en el lugar donde el Señor podía darle otra clase de dirección mediante la visión del llamado macedónico. Los obstáculos previos que le presentó el Espíritu lo prepararon para que aceptara esto como la voluntad del Señor. En Macedonia no dudó que el Señor lo había enviado, aun cuando en Filipos fue puesto en la prisión (Hechos 16:9, 25).

Cuando Pablo hizo su último viaje a Jerusalén, fue «ligado…en (por) el espíritu» (Hechos 20:22). No era su deseo personal ir a Jerusalén. Él deseaba ir a Roma y luego a España (Romanos 1:10-13; 15:23, 24). Pero fue atado por el Espíritu para que fuera a Jerusalén. Se usa el mismo verbo respecto de los prisioneros. Pablo fue más tarde a Roma encadenado, como prisionero del gobierno romano (aun cuando él siempre se consideró a sí mismo como un prisionero de Cristo). Pero aquí él era en verdad un prisionero del Espíritu. El Espíritu le llevaba a Jerusalén para que ministrara allí al llevar una ofrenda de las iglesias en Macedonia y en Grecia (Romanos 15:25-27).

Esto no quiere decir que Pablo fuese renuente a ir, aun cuando el Espíritu le daba testimonio de ciudad en ciudad que le esperaban cadenas y persecución. Pablo no fue movido por ello de su propósito de obedecer a Dios. El esperaba terminar su carrera con gozo (Hechos 20:23, 24).

En el capítulo siguiente del libro de Hechos hallamos más detalles de cómo el Espíritu dio testimonio. En Tiro, mientras el barco se hallaba descargando, Pablo y sus amigos pasaron siete días con los creyentes del lugar. «Ellos decían a Pablo por el Espíritu que no subiese a Jerusalén» (21:4). Sin embargo, la palabra por no es la palabra que se usa en los pasajes anteriores para la intervención directa del Espíritu Santo. Puede significar «a consecuencia del Espíritu», o «a causa de lo que el Espíritu decía». Definidamente, el Espíritu mismo no prohibió a Pablo que fuera. Más bien el Espíritu constreñía a Pablo a que siguiera adelante. Él no se contradice a sí mismo.

Los detalles de lo que sucedió en la siguiente parada de Pablo, Cesarea, hacen que el cuadro resulte más claro (Hechos 21:10-14). Un profeta, Agabo, bajó desde Jerusalén, tomó el cinturón de Pablo y lo usó en forma de lección objetiva para ilustrar el mensaje del Espíritu de que Pablo seria atado por los judíos de Jerusalén y que sería entregado a los gentiles. Por causa de esta profecía, todos rogaron a Pablo que no fuese a Jerusalén. Este fue, indudablemente, el caso en Tiro. La gente, al oír el mensaje del Espíritu, expresó sus propios sentimientos de que Pablo no debería ir.

Sin embargo, Pablo declaró que él estaba dispuesto no solamente a ser atado sino a morir en Jerusalén por causa del nombre del Señor Jesús. Él sabía que la voluntad de Dios era que fuera. Por fin los demás dijeron: «Hágase la voluntad del Señor». Esto es, ellos reconocieron que era realmente la voluntad del Señor que Pablo fuera.

En realidad, era muy importante que los cristianos supieran que era la voluntad de Dios que Pablo fuese aprisionado. Había todavía judaizantes alrededor que se oponían al evangelio que predicaba Pablo y que deseaban obligar a los gentiles a hacerse judíos antes que se hicieran cristianos. Efectivamente, ellos decían que los cristianos gentiles no eran realmente salvos.

Si Pablo hubiese ido a Jerusalén sin todas estas advertencias para que las iglesias supieran lo que iba a suceder, los judaizantes pudieran haber tomado el arresto que sufriría como un juicio de Dios. Esto pudo haber creado gran confusión a las iglesias. Pero el Espíritu, mediante esto, dio testimonio a Pablo y al evangelio que predicaba. Al mismo tiempo la Iglesia misma fue protegida de las fuerzas que causan división. El Espíritu es de veras el Guía y Protector que necesita la Iglesia.

El libro de Hechos enfatiza de este modo que el Espíritu Santo, en la misma naturaleza de las cosas, se halla íntimamente ligado con todo aspecto de la vida de la Iglesia y de los cristianos. Jesús es el Salvador. Jesús es el bautizador, Jesús es el Sanador. Jesús es el Rey venidero. Pero el Espíritu Santo revela a Jesús y hace por nosotros todo lo que Jesús prometió que Él haría. Somos bautizados en el Espíritu, dinamizados por el Espíritu, enseñados a ser discípulos por el Espíritu, guiados y reprimidos por el Espíritu. Y esto no está limitado a los apóstoles o a otros líderes. En el libro de Hechos, todo creyente es un testigo. Todo creyente es llenado. Todo creyente tiene el gozo del Señor. ¡Qué cuadro de lo que debiera ser la Iglesia!

8

EL ESPÍRITU EN LA
VIDA COTIDIANA

El libro de Hechos muestra que Pablo y sus compañeros evangelistas estaban llenos (se mantenían siendo llenos) de gozo y del Espíritu Santo (Hechos 13:52). La persecución y la tribulación solo les empujaban hacia adelante con más gozo todavía. Los convertidos de Pablo estaban llenos del mismo gozo (Hechos 16:34). Era un gozo que se derivaba del hecho de que el Espíritu daba honor y gloria a Jesús.

Pablo también daba toda la gloria a Jesús. Su mensaje, su ministerio y su vida personal se centraban en Jesús. Él nunca olvido esa visión celestial (Hechos 26:19). El hablaba continuamente de estar en Cristo. Rehusaba tratar de satisfacer a los judíos con señales o a los griegos con sabiduría (filosófica). Simplemente predicaba a Cristo crucificado (1 Corintios 1:22, 23; 2:2). Luego las señales siguieron en la demostración del Espíritu y de poder (1 Corintios 2:4). Esto es, las señales siguieron, no para convencer a los escépticos, sino en respuesta a la fe de aquellos que creían. Un buen ejemplo es la respuesta o reacción del cojo de Listra a la predicación de Pablo y a su mandato (Hechos 14:7-10).

Los escritos de Pablo muestran también que el Espíritu Santo era tan real y personal para él como lo era Jesús. Él reconoció el lugar importante que tenía el Espíritu en su ministerio, en la Iglesia, y en las vidas de los creyentes individualmente. El dio también enseñanza definida concerniente al Espíritu Santo y a sus dones, especialmente en Romanos, 1 Corintios, y Efesios.

Romanos y Gálatas recalcan el contraste entre la nueva vida en el Espíritu y la vida antigua de esfuerzo personal bajo la ley como también la vida antigua de pecado. Corintios y Efesios enfatizan la obra del Espíritu en los corazones de los creyentes y en la Iglesia. Pero en todas las epístolas de Pablo la obra del Espíritu es evidente e importante, aun en Filemón, que no menciona específicamente al Espíritu Santo. Esto resulta cierto también de los restantes libros del Nuevo Testamento, incluso el Apocalipsis.

No apaguéis el Espíritu

Las cartas de Pablo a los Tesalonicenses hablan solo en forma breve del Espíritu Santo. El expresa profunda preocupación por los nuevos convertidos. Dios había establecido la Iglesia mediante una acción poderosa del Espíritu. Pero, por causa de una violenta oposición, Pablo fue obligado a retirarse. Él escribe para alentarles. No deben olvidar que el evangelio no vino a ellos «en palabras solamente, sino también en poder, en el Espíritu Santo y en plena certidumbre» (1 Tesalonicenses 1:5). Como resultado, los creyentes llegaron a ser seguidores (imitadores) de los evangelistas y del Señor, «recibiendo la palabra en medio de gran tribulación (persecución), con gozo del Espíritu Santo» (1:6).

De esto vemos que Hechos, aún con la mucha atención que le da al Espíritu Santo, no siempre menciona cosas que son aclaradas en otros lugares. Hechos habla de la oposición en Tesalónica, pero no menciona la obra del Espíritu Santo en ese lugar. Lo más aproximado es la referencia a la queja de los opositores judíos «Estos que trastornan el mundo entero también han venido acá» (Hechos 17:6). Pero de lo que Pablo dice resulta claro que las señales que siguieron a los otros apóstoles (Hechos 2:43) estaban presentes. Aquí había gozo así como creyentes llenos del Espíritu Santo, igual que en todas las demás iglesias.

Sin embargo, Pablo tuvo que proseguir y exhortar a estos convertidos gentiles para que se abstuvieran de los pecados sexuales (4:3). Procedían de una cultura griega que no tenía idea de la pureza moral o de lo que la Biblia enseña respecto del matrimonio (Mateo 19:4-6). Pablo les recuerda que «no nos ha llamado Dios a inmundicia, sino a santificación. Así que, el que desecha (no reconoce) esto, no desecha (rechaza) a hombre, sino a Dios, que también nos dio su Espíritu Santo» (4:7. 8). El llamado a una vida santa dedicada a la voluntad y al servicio de Dios se halla en consonancia con la naturaleza de Dios como también con la naturaleza santa del Espíritu. Él es el Espíritu *Santo*.

Probablemente es teniendo esto en mente que el apóstol dice luego: «No apaguéis al Espíritu» (5:19). Se usa la palabra «apagar» para la acción de sofocar un fuego (Marcos 9:44, 46, 48, donde los fuegos de la Gehenna y el lago de fuego no pueden ser apagados), para lámparas que se dejan fuera de acción (Mateo 12:20; 25:8). También se usa respecto del poder del fuego suprimido (Hebreos 11:34, que probablemente se refiere a Daniel 3:25-28, donde el fuego no fue apagado pero no tuvo poder para quemar a los tres hebreos). El gozo en el Espíritu que tenían ellos al servir a Dios y al confiar en Jesús (1:9, 10) pudo haberse perdido si el Espíritu hubiese sido sofocado o suprimido por el pecado.

También el Espíritu Santo puede ser apagado por una actitud errónea, tal como lo señala la próxima apelación de Pablo. «No menospreciéis las profecías. Examinadlo todo; retened lo bueno». Ellos rechazaban las profecías y las trataban como si no tuviesen valor. Hay implicada aquí una actitud arrogante y desdeñosa. Posiblemente algunos de los que decían tener este don no cumplían con las normas bíblicas de santidad. O tal vez algunos hablaban conforme a lo que eran sus deseos o llevados por su entusiasmo más bien que por el Espíritu. Tales profecías serían ciertamente sin significado, y podrían predecir cosas que no se cumplieran.

Sin embargo, el desdén y la arrogancia no eran tampoco la obra del Espíritu. La respuesta no es rechazar todas las profecías por terror de que algunas pudieran ser falsas. Más bien, debieran probarse, rechazando lo malo y reteniendo lo bueno. (Véanse Deuteronomio 13:1-4; 18:21, 22; 1 Corintios 14:29.)

En 2 Tesalonicenses se muestra que había profecías en la iglesia que necesitaban ser probadas. Algunos habían venido inquietando a los creyentes al enseñarles que ellos no podían hacer suya la esperanza de encontrarse con el Señor en el aire (1 Tesalonicenses 4:16, 17). Su alegato era que Pablo había cambiado su modo de pensar y ahora enseñaba que ellos estaban ya en el Día del Señor. Esto implicaría que ellos no esperarían nada sino el permanecer en la tierra durante los juicios que vendrían. Para reforzar sus ideas no solo llevaban informes y cartas falsificadas supuestamente de Pablo, sino que reclamaban el apoyo «por espíritu». Es probable que eso signifique profecías u otros dones del Espíritu.

En definitiva, Pablo no había cambiado su modo de pensar. Él estaba proclamando la verdad dada por el propio Cristo (Gálatas 1:8, 11). Ellos podrían probar estas profecías, testimonios y cartas por la Palabra que él les había entregado a ellos (2 Tesalonicenses 1:5).

En realidad, ellos podían estar aguardando la salvación, y no la ira que vendría sobre la tierra (1 Tesalonicenses 5:9; 2 Tesalonicenses 2:13; compare Apocalipsis 16:1). El propósito de Dios para los creyentes ha sido siempre la salvación (incluyendo la completa herencia en Cristo y en los nuevos cielos y nueva tierra). No obstante, dos cosas son necesarias para que nosotros sigamos en el camino hacia el cumplimiento de esta salvación. Ellas son la santificación (dedicación, consagración a Dios y a su obra y voluntad) del Espíritu y la fe en la verdad (el evangelio). En verdad, las dos se hacen efectivas en nuestra vida mediante el trabajo del Espíritu. Las dos exigen nuestra respuesta.

Recibido mediante la fe

Romanos y Gálatas tratan con una gran cantidad de asuntos parecidos. Pero Gálatas fue escrito en el calor de la lucha de Pablo con los judaizantes. Romanos fue escrito más tarde, como un tratado más general del significado del evangelio, para preparar a los romanos creyentes para la esperada visita de Pablo.

Los gálatas habían provocado el asombro de Pablo. ¿Cómo podían estos nuevos convertidos escuchar a gente que deseaba que la salvación de ellos dependiera de sus propios esfuerzos? ¿Qué valor veían ellos en guardar la ley y en seguir las costumbres que eran corrientes entre los judíos? Jesús había sido presentado públicamente entre ellos como el crucificado. Eso había sido suficiente para la salvación de ellos.

Pablo hizo entonces una pregunta que había de darles una respuesta conclusiva: «¿Recibisteis el Espíritu por las obras de la ley, o por el oír con fe?» (Gálatas 3:2; compárase Hebreos 4:2, «el oír la palabra», y 1 Tesalonicenses 2:13, «la palabra de Dios que oísteis de nosotros»).

Obviamente no había nada vago o indefinido respecto de la experiencia de los creyentes gálatas. Ellos recibieron el Espíritu en un acto definido. Ellos lo sabían. Pablo lo supo. Pablo jamás habría usado la experiencia de ellos en un argumento de esta clase si no hubiese sido algo tan definido como las experiencias de Hechos 2:4; 10:46; y 19:6. Muy bien puede ser que la reacción de fe de ellos ocurrió durante la predicación de Pablo, una reacción no tan solamente para aceptar a Cristo sino también para recibir el bautismo en el Espíritu Santo.

Pablo preguntó luego, «¿Tan necios (faltos de inteligencia) sois? ¿Habiendo comenzado (hecho un comienzo) por el Espíritu, ahora vais a acabar por la carne?» Algunos consideran que la expresión «comenzado por el Espíritu» es una referencia a la experiencia anterior de llegar a ser cristianos (como parece ser el significado de «comenzar» en Filipenses 1:6, que promete que Dios, quien comenzó una buena obra en nosotros, la terminará). Más bien parece que Pablo quiere dar a entender el período completo del comienzo de su vida cristiana, mientras él todavía estaba con ellos. Compara esto con los esfuerzos presentes carnales y humanos de ellos, intentos de perfeccionarse por medio de guardar la ley.

Lo que sobresale en el argumento de Pablo es el hecho de que la fe es la clave a nuestra participación en toda la obra del Espíritu. ¿Ministra Dios el Espíritu (sigue dando el Espíritu en provisión abundante, esto es, con desborde pentecostal)? ¿Continúa obrando milagros (hechos de gran poder) entre vosotros? ¿Sobre qué base hace él tales cases, las obras de la ley al oír de la fe (esto es, sobre la base de la fe en el mensaje oído y la obediencia al mismo)? (3:5).

La ley, antes que traer bendición, trae maldición. Cristo nos redimió de esta maldición: «Para que en Cristo Jesús la bendición de Abraham alcanzase a los gentiles, a fin de que por la fe recibiésemos la promesa del Espíritu» (3:14). De este modo, dos benévolos propósitos de la redención de Cristo aparecen ligados para todos los que comparten la fe de Abraham. La bendición que él disfrutó es nuestra en la actualidad, como lo es el prometido Espíritu Santo.

Puesto que la bendición de Abraham y la promesa del Espíritu aparecen aquí coordinadas, algunos interpretan como que esto significa que Pablo identificaba a las dos. La bendición dada a Abraham (justificación por fe, Génesis 15:6) y la bendición prometida a todas las naciones (Génesis 12:3) llegan a ser de esta manera nuestras por medio del prometido Espíritu Santo. Esta es una posible interpretación. Pero parece que es mejor tomar el prometido Espíritu Santo no solamente como coordinado con la bendición de Abraham sino como culminante, y como relacionado específicamente a Gálatas 3:2. De este modo la bendición de Abraham viene por medio de Cristo a todas las naciones. Entonces, tanto los judíos como los gentiles que tienen fe pueden recibir el Espíritu.

Qué seguridad es ésta de la actitud favorable de Dios hacia todas las naciones, incluidos los judíos. El bautismo en el Espíritu Santo da así una evidencia clara, positiva e identificable de que Dios ha aceptado a los gentiles por su fe y que no exige que guarden la ley. Esta es exactamente la conclusión a la que llegó la Iglesia como resultado de la experiencia de Pedro en la casa de Cornelio (Hechos 10:44-47; 11:15-18). Aun más, Dios iba a continuar derramando su Espíritu y haciendo milagros para los creyentes gentiles que actuaran en fe y que no guardaran la ley (Gálatas 3:5). En verdad, las experiencias registradas en Hechos y la doctrina en las epístolas de Pablo están muy íntimamente correlacionadas.

Abba, Padre

Para presentar la misma verdad de otro modo, Pablo dice que Dios envió a Jesús (como hombre) para que viviera bajo la ley con el fin de redimir a los que estaban bajo la ley, de modo que nosotros (judíos y gentiles) «recibiésemos la adopción de hijos» (Gálatas 4:5). Con el término «adopción» se quiere dar a entender el entrar en los privilegios y las responsabilidades que les corresponden a los hijos. También usa él este término respecto de la condición de hijos de los israelitas (Romanos 9:4). Gálatas 4:1, 2 indica que el hijo y heredero de una familia adinerada en los días de Pablo sería tratado como un esclavo hasta que tuviese mayoría de edad. Entonces recibiría «la adopción», esto es, todos los derechos, privilegios, y responsabilidades que pertenecían a un miembro adulto de la familia. También se usaba «adopción» en el sentido moderno, de modo que los gentiles que no eran «hijos» de Abraham llegaron a ser herederos de verdad mediante la fe, genuinos hijos de Dios. Jesús murió, no solo para salvarnos de los fuegos del infierno, sino para hacer posible que recibiésemos todas las bendiciones que corresponden a un miembro de la familia de Dios (Efesios 2:19).

Luego, por el hecho de que ustedes son hijos, y porque todas las prometidas bendiciones que corresponden a los hijos ahora les pertenecen, Dios ha enviado el Espíritu de su Hijo a sus corazones, el que clama, «Abba, Padre» (Gálatas 4:6; Romanos 8:15). El Espíritu Santo es probablemente llamado aquí el Espíritu de su Hijo para recordarnos las palabras de Jesús en Lucas 24:49. Allí, Jesús usó el mismo verbo, «enviar», para decir, «enviaré la promesa de mi Padre sobre vosotros».

Este envío del Espíritu es claramente el bautismo en el Espíritu Santo, como se explicó en Hechos 1:4, 5; 2:4. El hecho de que Pablo se refiera a ello como el Espíritu que viene a sus corazones no es extraño. Él todavía tiene en mente la misma venida definida del Espíritu como en Gálatas 3:2. Todavía más, hemos visto en Hechos la variedad de términos que usa la Biblia para la venida del Espíritu en la experiencia pentecostal.

Es de gran importancia aquí, sin embargo, que Pablo establece con claridad de que el hecho de que ellos son hijos es la base para enviar el Espíritu. Algunos han procurado reinterpretar Gálatas 4:6 para evitar una diferencia entre la experiencia del nuevo nacimiento y el envío del Espíritu. Pero el versículo es una oración llana y sencilla que no admite otro significado. Algunos intentan hacer que los hijos sean solamente hijos en potencia, no nacidos de nuevo todavía, pero esto es solamente otro argumento ingenioso para intentar evitar el significado claro que tiene. Se puede ver con claridad que la condición de hijo debe preceder al envío del Espíritu en plenitud pentecostal.

El hecho de que Pablo tenía todavía en mente una experiencia clara que la gente puede saber si la tiene o no, se ve en el siguiente versículo (4:7), «Así que ya no eres esclavo, sino hijo». Al decir esto Pablo hace que cada individuo reconozca que el hecho de que experimentara el bautismo en el Espíritu es una confirmación positiva de que verdaderamente es hijo y heredero, no un esclavo de la ley.

Esto es confirmado por el Espíritu mismo que viene a nuestros corazones y continuamente clama, «Abba, Padre». «Clamar» significa generalmente exclamaciones en voz alta, gritos, tales como las que se necesitarían para llamar la atención en un mercado o en una plaza pública. Expresa una profundidad de intensidad, fervor, y urgencia, mediante la cual el Espíritu mismo dentro de nosotros clama a Dios como Padre.

La repetición del clamor le añade solemnidad. A menudo se dice en la actualidad que Abba era el equivalente arameo de «¡Papá!» en calidad de una forma de trato familiar. Resulta agradable pensar que tenemos el privilegio de la comunión más íntima con el Padre por medio del Espíritu. Verdaderamente así es. Sin embargo, Abba es realmente el correspondiente arameo para «el Padre», u «¡Oh Padre!» Se usaba en el círculo familiar. Pero en esa sociedad los niños no decían «papá». Muy respetuosamente decían «padre». En los intensos clamores del Espíritu no hay trazas de una excesiva o descuidada familiaridad.

Una mejor explicación podría ser que los primeros cristianos habían oído a Jesús que se dirigía a Dios con la expresión aramea Abba. Esto llegó a ser la forma común de expresarse en oración y fue adoptada por los gentiles de habla griega. Pero fácilmente pudo llegar a ser una forma sin significado, especialmente para aquellos que no hablaban arameo. Así es como el Espíritu Santo dirige sus corazones a Dios, al llamarle por el precioso nombre de Abba, pero añadiendo de inmediato «Padre» en su propio idioma. El deseaba que ellos sintieran que Dios era verdaderamente su Padre.

«Abba, Padre», no era por cierto algo dicho en lenguas, pero era el continuo clamor interno del Espíritu mismo. Está implicado, sin embargo, que esto mueve al creyente a una reacción, de tal modo que él también clama a Dios como Padre. Por el hecho de que estos clamores son genuinos y significativos, le dan al creyente una mayor seguridad de que es un hijo y un heredero.

Justicia mediante la fe

No solo la abundante provisión del Espíritu que Dios nos proporciona nos muestra que somos hijos; debiera hacernos comprender que no necesitamos añadir nada a la provisión de Dios. Los que enseñaban que los gentiles debían guardar la ley aparentemente decían que solo por medio de guardar la ley puede alguien ser justo delante de Dios. Pablo indica que nuestra esperanza es una mejor justificación (Gálatas 5:5). La ley no puede esperar conseguir genuina justicia, y ni siquiera ayuda para obtenerla.

Los gentiles que prestaban oídos a los judaizantes estaban poniendo su confianza en la circuncisión (como una señal del Antiguo Pacto) para su posición delante de Dios. Mediante esto, ellos estaban en realidad rechazando a Cristo, y habían caído de la gracia. No necesitamos la ley, «Pues nosotros por el Espíritu aguardamos (con ansiedad) por fe la esperanza de la justicia; porque en Cristo Jesús ni la circuncisión vale algo, ni la incircuncisión, sino la fe que obra por el amor» (Gálatas 5:5, 6). La fe es la clave. La fe hace lo que la ley no puede hacer cuando la fe es operativa, efectiva, por medio del amor (o en una atmósfera de amor). Por consiguiente, solo podemos esperar una justicia que agrade a Dios mediante el Espíritu por fe (o, mediante el Espíritu que se recibe por fe vitalizada por el amor).

Caminar en el Espíritu

Pablo se muestra continuamente cauteloso de que por recalcar demasiado una verdad no vaya a hacer que la gente tome una dirección equivocada. Ciertamente los gentiles estaban libres de la ley. Pero esto debe ser balanceado por el hecho de que no eran libres para la satisfacción de los apetitos carnales sino para la vida en el Espíritu. No debían usar su libertad como una ocasión (oportunidad, pretexto) para la carne (para dejar que los deseos e impulsos de la carne se impusieran). Más bien, por amor deberían servirse los unos a los otros (Gálatas 5:13). Esto significa tener la misma autodisciplina que manifestó Jesús cuando Él, el Señor de gloria, se humilló y fue entre nosotros «como el que sirve» (Lucas 22:25-27; Filipenses 2:5-8).

En algunos pasajes Pablo usa la palabra carne para denotar el cuerpo físico (2 Corintios 4:10, 11), pero aquí él quiere dar a entender las tendencias malignas dentro de nosotros que conducen a la satisfacción egoísta y a las rencillas. De este modo, los deseos que provienen de la carne en este sentido son directamente opuestos a los deseos que provienen del Espíritu (Gálatas 5:17). Y ni siquiera era suficiente que estos creyentes fueran simplemente bautizados en el Espíritu Santo. Se precisa caminar (vivir) en el Espíritu para tener victoria sobre los deseos e impulsos de la carne.

El problema que había con estos creyentes gálatas era que se estaban mordiendo y devorando unos a otros (Gálatas 5:15; comparar Santiago 4:1). Esta lucha mostraba que no estaban caminando en el Espíritu, porque si uno camina en el Espíritu, definitivamente no satisfará las concupiscencias (deseos, deseos pecaminosos) de la carne y de la mente. (El griego es enfático). Esto mostraba también que al ponerse bajo la ley tampoco obtenían victoria sobre la carne. En efecto, la ley estimulaba los impulsos de la carne, de tal modo que ellos ni podían hacer las cosas buenas que deseaban hacer, ni podían obtener la paz que deseaban ver. El único modo de conseguir la victoria en este conflicto entre la carne y el Espíritu era ponerse totalmente al lado del Espíritu y dejar que él fuera quien dirigiera. Además, eso significaría que ellos no estaban bajo la ley (la ley mosaica).

Caminar en el Espíritu y ser guiado por el Espíritu significa entonces algo más que milagros. Significa victoria sobre los deseos e impulsos de la carne. Significa la crucifixión de esos deseos. Significa cultivar el fruto del Espíritu, porque el fruto del Espíritu es el mejor antídoto para los deseos de la carne.

El principio de guía, entonces, se halla en Gálatas 5:16, 18. Pero Pablo nunca dejó a la gente solo con generalidades. Él estableció exactamente lo que quería decir por las obras de la carne que surgen de sus impulsos y deseos o concupiscencias. Identificó claramente el fruto que habría en las vides de los que fuesen guiados por el Espíritu. Él no quería decir que estas listas (Gálatas 5:19-23) lo incluyeran todo. (Nótese la palabra «tales» en los versículos 21, 23). Pero son lo suficientemente claras como para saber de qué está hablando.

En realidad, necesitamos ver el fruto del Espíritu contra el fondo de los deseos de la carne con el fin de ver si estamos andando en el Espíritu o no. Para Pablo aquí no hay términos medios. Las obras de la carne no son posibles si somos guiados por el Espíritu. Si hacen su aparición, significa que hemos dejado de vivir por el Espíritu; nos hemos apartado de su dirección. Esto no significa que el Espíritu nos haya dejado, sino que le estamos dando oportunidad a la carne en lugar de darle oportunidad a Él. Sin embargo, los que hacen (permanentemente, lo constituyen en práctica) estas cosas no heredarán el reino de Dios (Gálatas 5:21).

Las obras de la carne

Las obras de la carne pueden clasificarse en cuatro grupos. Primero, adulterio, fornicación, impureza, lascivia (testarudez desenfrenada, hechos licenciosos contra la decencia) y tiene que ver con la inmoralidad sexual. Mucho de esto ni siquiera era considerado pecado por la sociedad en general. Segundo, idolatría (incluyendo las imágenes y la adoración de los dioses que representaban) y hechicería (incluida la brujería, los encantamientos, y posiblemente el uso de drogas en ritos religiosos), tienen que ver con las religiones de origen humano. Tercero, están las enemistades (hostilidad), pleitos (contiendas, discordias, disputas, riñas), celos (celos respecto de lo que tienen otros), iras (arranques del mal genio, pérdida del control), contiendas (intrigas egoístas con motivos mercenarios, devoción egoísta a los intereses de uno como en la búsqueda de un puesto), disensiones (desavenencias, como entre partidos políticos), herejías (diferencias de opinión, especialmente cuando se les presiona hasta el punto de causar división), envidias (expresadas en mala voluntad y malicia), y homicidios (que a menudo son el resultado de cualquiera de estos; véanse Mateo 5:21-23; 1 Juan 3:14, 15). Todos esos tienen que ver con conflictos que surgen de nuestros propios impulsos y deseos egoístas. Cuarto, borracheras y orgías (parrandas que por lo general son el resultado de la borrachera).

Estos son nuestros impulsos naturales que batallan contra los deseos que el Espíritu tiene para nosotros. La civilización, la educación, la cultura, la buena crianza familiar pueden poner una delgada cobertura sobre estas cosas, de tal modo que un incrédulo puede presentar una buena apariencia. Pero por lo general no cuesta mucho que estas obras de la carne hagan su aparición a través del disfraz.

Cuando el cristiano se identificó con el Cristo crucificado, crucificó la carne con sus deseos. Pero esa victoria, que es nuestra potencialmente, debe convertirse en algo activo y real. Nosotros, como cristianos, vivimos en el Espíritu en el sentido en que tenemos nuestra vida por el Espíritu. Pero también debemos caminar por el Espíritu si es que las tendencias, impulsos y deseos de la carne han de ser verdaderamente crucificados en nuestra experiencia diaria (Romanos 8:4, 5).

El fruto del Espíritu

Nada hay que muestre mejor esto que nuestra relación de los unos con los otros. Si deseamos vanagloria (si llegamos a ser jactanciosos con ambición desmedida) nos provocamos e invadimos los unos a los otros (Gálatas 5:26). Si somos espirituales (viviendo por el Espíritu, caminando en el Espíritu, viviendo en activa comunión con Él) tomaremos el lugar humilde. En lugar de poner por debajo a las demás personas, en lugar de buscar nuestro propio deleite, llevaremos los unos las cargas de los otros, y nos preocuparemos por restaurar al hermano caído (6:1, 2). En realidad, ésta es una ilustración del fruto del Espíritu, fruto que comienza con amor y que se resume en amor. Se le llama el fruto del Espíritu por cuanto el Espíritu es su fuente. No crece en forma natural del terreno de nuestra carne humana. El amor es el sentimiento que manifestó Dios en el Calvario cuando envió a su Hijo para que muriera por nosotros cuando aún éramos pecadores (Romanos 5:8). Se le describe en 1 Corintios 13:4-7 como sufrido (paciente para con aquellos que nos provocan y nos injurian), benigno (que devuelve bien por mal), libre de envidia (incluida la malicia, la mala voluntad), humilde, desprovisto de presunción, jamás es rudo o descortés, nunca es egoísta o avaro, no se resiente, no guarda rencor, jamás se regocija en la iniquidad o en la caída de otros. Sobrelleva todas las circunstancias de la vida con fe y esperanza. ¡No es de extrañar que jamás deje de ser, que nunca cese!

El gozo es algo de lo cual el mundo nada sabe. Muchos se hallan empeñados en una loca persecución del placer. Algunos han hallado una medida de felicidad o satisfacción. Pero ni siquiera pueden imaginar lo que es tener el gozo profundo y continuo que es el fruto del Espíritu. Este se manifiesta cuando el Espíritu hace que Jesús y su obra de salvación sean más reales a nuestros corazones. Se expresa en un regocijo activo en el Señor (Filipenses 3:1). No obstante, está allí, nutrido por el Espíritu, bien sea que haya oportunidad para expresarlo o no, y aun si las circunstancias externas son gozosas o si no lo son (véanse también Romanos 14:17; 15:13; 1 Tesalonicenses 1:6; Filipenses 1:25).

La verdadera paz también proviene del Espíritu Santo. Incluye un espíritu sereno, pero es más que eso. Es la conciencia de que estamos en una correcta relación con Dios, una sensación de bienestar espiritual. Incluye la seguridad de que podemos confiar en que Dios suplirá todas nuestras necesidades «conforme a sus riquezas en gloria en Cristo Jesús» (Filipenses 4:19). Junto con el amor y el gozo viene la ayuda del Espíritu para el desarrollo del resto del fruto.

La paciencia es la cualidad que nos permite soportar a la gente que procura deliberadamente causarnos confusión o daño. Los incrédulos pueden hacer todo cuanto pueden para dañarnos o hacer que nos enojemos. Pero el Espíritu nos ayuda a tomarlo todo en amor con el gozo del Señor. De este modo no hay tentación a la venganza (Efesios 4:2: Santiago 1:19; Romanos 12:19).

La benignidad es una bondad y generosidad que procura poner a la gente en la mejor luz. Está presta a mostrar simpatía y da la respuesta suave que, según Salomón, es la que evita la ira o el provocar arrebatos de mal genio (Proverbios 15:1).

La bondad tiene la idea del desarrollo del carácter que es verdaderamente bueno, recto, confiable, y que todavía puede ser generoso y bueno para con los demás. Esto es lo que nos constituye en la gente noble de Dios. La manera mejor de describirlo es ser como Jesús (El abarcaba en su vida y ministerio todo el fruto del Espíritu).

La fe es un fruto del Espíritu que se distingue de la fe que trae salvación y la fe que obra milagros. La fe en el Antiguo y en el Nuevo Testamento incluye fidelidad y obediencia. Aquí puesto que es un complemento y un constituyente del amor, y puesto que se contrasta con las obras de la carne, el énfasis se halla probablemente en la fidelidad. Se trata de una fidelidad manifestada no tan solamente hacia Dios, sino que también hacia los demás. Sin embargo, esto no la hace esencialmente diferente de la fe salvadora, puesto que la fe salvadora incluye confianza y obediencia. El fruto del Espíritu debe crecer. La fe debería crecer y desarrollarse dentro de nosotros.

La mansedumbre no es rebajarse o apocarse a sí mismo. Más bien es una humildad verdadera que no se considera a sí mismo demasiado bueno como para realizar las tareas humildes. Quienes la tienen no son demasiado grandes o importantes como para ser corteses, considerados y amables con todos. Es modesta, pero está dispuesta a intentar realizar una tarea que debe ser hecha.

La templanza no es simple moderación. Es dominio propio. El verbo correspondiente se emplea para referirse a los atletas que deben controlarse en todo si es que quieren ganar (1 Corintios 9:25). El Espíritu no siempre quita todos los deseos ni los impulsos, y tendencias de la carne. Pero parte de su fruto es que nos ayuda a desarrollar el dominio propio que controla esos impulsos, deseos, pasiones y apetitos.

Sin embargo, el dominio propio no viene automáticamente. Lo que el Espíritu hace es ayudarnos a disciplinarnos. El temor cobarde es otra cosa que puede surgir de la carne. Pero, como Pablo le dijo a Timoteo, «Porque no nos ha dado Dios espíritu de cobardía, sino de poder, de amor y de dominio propio» (2 Timoteo 1:7). No nos desembarazamos de estos temores cobardes que nos impiden testificar para el Señor o hacer su voluntad con solo sentarnos al sol y absorber la lluvia. Tenemos que decidirnos y luego hacer lo que sabemos que deberíamos hacer. En otras palabras, tenemos que cooperar con el Espíritu en la disciplina de nosotros mismos si es que ha de crecer el fruto del dominio propio.

Esa cooperación con el Espíritu es necesaria para el crecimiento y desarrollo del fruto completo del Espíritu. Algunos suponen que precisamente por el hecho de que tenemos vida en el Espíritu o porque somos bautizados en el Espíritu, que es seguro que tendremos el fruto. Pero todo lo que crece automáticamente en la mayoría de los jardines son las malezas. Si se desea el fruto hay que cultivarlo. Dios hace algo de eso (Juan 15:1), pero nosotros tenemos nuestra parte.

Pedro, al tratar con algunos de los mismos frutos nos llama a mostrar toda diligencia y a añadir a nuestra fe virtud (2 Pedro 1:5-7). Esto puede significar que suplimos por medio de nuestra fe virtud (poder moral). O, mejor, significa que debemos ejercitar nuestra fe en tal manera como para producir virtud y el otro fruto en su turno: conocimiento, templanza (dominio propio), paciencia (sostenido aguante frente a las dificultades), piedad (en la adoración y en la religión práctica), afecto fraternal y amor (el mismo amor que es el fruto del Espíritu). Eso es lo que significa caminar mediante el Espíritu, respondiendo activamente a su dirección en obediencia y fe.

Pedro añade que si estas cosas están en nosotros y abundan no seremos estériles ni sin frutos en el conocimiento (personal) de nuestro Señor Jesucristo. Pero si carecemos de ellos estamos en terrible peligro (2 Pedro 1:8-10). Pablo añade que si perseveramos en sembrar para nuestra carne, de la carne segaremos corrupción (destrucción eterna), mientras que si sembramos para el Espíritu, del Espíritu segaremos vida eterna (Gálatas 6:8). Luego da una palabra de ánimo: «A su tiempo segaremos, si no desmayamos». Con la ayuda del Espíritu el fruto crecerá y producirá una cosecha abundante. Y ni siquiera tenemos que esperar hasta el fin para disfrutar del fruto. Mientras que está creciendo y desarrollándose podemos experimentar el amor y el gozo brotando desde nuestro interior por el Espíritu. Podemos sentir la realidad de esa paz interior aun cuando la muerte nos amenace. Podemos apoyarnos firmemente en el Espíritu Santo y recibir su ayuda cuando las cosas

EL ESPÍRITU SANTO REVELADO EN LA BIBLIA

vayan mal y otros tomen ventaja de nosotros. Podemos tomar el camino de la paz cuando otros están procurando promover las rencillas y la división. De este modo, el fruto no será algo secreto y escondido que no dé evidencia de su presencia. Podemos darnos cuenta si es que está desarrollándose en nosotros. Del mismo modo pueden darse cuenta los que nos rodean (Mateo 12:33).

El Espíritu de santidad

La carta de Pablo a los Romanos contempla la posibilidad de una mayor evangelización de los gentiles (Romanos 1:13; 15:28). De este modo, recalca la libertad del cristiano de la ley, tal como lo hace Gálatas. Muchas de sus enseñanzas concernientes al Espíritu Santo son también paralelas a las de Gálatas.

Como siempre, Pablo mantiene a Jesús en el centro. La primera referencia al Espíritu Santo en Romanos es en relación con Él (1:4). Verdaderamente la frase es «según el Espíritu de santidad». A causa de una frase paralela «según la carne» en el versículo 3, muchos consideran que esto significa el espíritu humano de Cristo, el que era sin pecado (Hebreos 4:15). O bien lo toman como que su espíritu humano era «el asiento de su naturaleza divina». De este modo ellos no ven como que el Espíritu Santo sea el agente activo de su resurrección aquí. En cambio, su carencia de pecado haría imposible que la muerte lo retuviera (así como algunos interpretan 1 Timoteo 3:16 también). Ciertamente hay verdad en esto. Pero el Espíritu de santidad es similar a expresiones tales como el Espíritu de verdad. Tampoco hay nada en contra de considerar al Espíritu Santo como el Agente activo mediante el cual Dios levantó a Jesús de entre los muertos.

En realidad, difícilmente el contraste podría ser entre Jesús en la carne y el Espíritu humano de Jesús. Es más bien entre su anterior estado humilde durante su ministerio terrenal y su presente poder y gloria en el cielo. La secuencia en Romanos 1:3-5 comienza con la primera venida de Cristo como el Hijo de David, el vástago que brota de las raíces de un tronco cortado, una raíz de tierra seca (Isaías 11:1; 53:2). Pero esa existencia humilde sobre la tierra ahora ya ha terminado. No podemos seguir mirando a Cristo (desde un punto de vista humano) como un Hombre sobre la tierra, con vínculos físicos y terrenales (2 Corintios 5:16). Mediante la resurrección de entre los muertos se ha declarado que Él es el poderoso Hijo de Dios (véase

Filipenses 2:9). El derramamiento pentecostal y los ministerios del Espíritu también dan testimonio de esto.

Pablo tenía su evidencia personal de que Jesús resucitó y está ahora exaltado, no solamente por la aparición en el camino a Damasco que le hizo ser un testigo ocular de la resurrección, sino también mediante la gracia y el apostolado que recibió. La misma clase de evidencia viene a todo creyente que es bautizado en el Espíritu según Hechos 2:4. Jesús prometió que Él pediría al Padre y que el Padre enviaría el Espíritu. Cuando recibimos el Espíritu con la misma evidencia definida de hablar en lenguas, llegamos a ser testigos de primer orden de que Jesús está de veras entronizado en el cielo y que hace lo que dijo que haría.

«Según el Espíritu» puede significar también «según fue predicho por el Espíritu» o «en el reino del Espíritu». Jesús se manifiesta ahora a nosotros, no en forma física, sino en el poder del Espíritu. Es una nueva época, en que el poder triunfal de la resurrección del Cristo glorificado es asequible mediante el Espíritu a todo creyente,

Judíos genuinos

Cuando Pablo trata del evangelio que es el poder de Dios para salvación (Romanos 1:16), reconoce que los gentiles se apartaron de Dios y necesitan desesperadamente el evangelio. Pero pasa lo mismo con los judíos. Su circuncisión, la señal del Antiguo Pacto de la ley ha sido despojada de significado por causa de su pecado. Dios deseaba justicia, no formalidades religiosas (Romanos 2:26). De este modo, el verdadero judío no es aquel que parece serlo externamente (mediante la circuncisión). El verdadero judío es aquel que lo es interiormente, con una circuncisión (una separación interior para Dios) del corazón realizada por el Espíritu Santo. (Véase Gálatas 6:15, donde lo que cuenta es la nueva criatura. Véase también Filipenses 3:3, donde se demuestra esto por la adoración a Dios en Espíritu.) Judío (de Judá) significa «hombre de alabanza» en el sentido de alguien que es alabado por sus hermanos (Génesis 49:8). Pero la alabanza del verdadero judío no viene de los hombres sino de Dios (Romanos 2:28, 29).

Esta obra interna del Espíritu Santo es realizada por la gracia mediante la fe (Efesios 2:8). La misma fe trae una esperanza positiva y una seguridad de compartir la gloria de Dios (Romanos 5:2). Jamás habremos de avergonzarnos de haber tenido esta esperanza. Esto es, nunca nos frustrará. Sabemos que no lo hará porque el amor de Dios ha sido derramado (en abundancia) en nuestros corazones por el Espíritu Santo que nos fue dado (5:5).

El don del Espíritu se refiere al bautismo en el Espíritu Santo. El amor de Dios es el amor que Él derramó supremamente en el Calvario. Pero el derramamiento de ese amor no concluyó en la Cruz. Pablo prosigue hasta decir que el Dios que nos amó lo suficiente para enviar a su Hijo a que muriera por nosotros, ciertamente nos ama lo suficiente como para suplir todo lo que necesitemos para conducirnos por todo el camino a la gloria (Romanos 5:8-10; 8:37-39).

La ley del Espíritu

Pablo contrasta la ley de Moisés con la gracia en Romanos capítulos 5 al 7, más bien que con el Espíritu. El verdadero conflicto se halla, entonces, no entre la ley y la gracia sino entre la ley y el pecado. La ley no era mala ni errónea. Era «santa, justa y buena» (7:12). El pecado, no la ley, es lo que trae la muerte (7:10, 11). Efectivamente, el pecado manifestó lo malo que es, lo pecaminoso que es, al tomar una cosa buena como la ley y utilizarla para agitar todavía más el pecado (7:7, 8)

El problema no era la ley, sino la debilidad del hombre (Romanos 8:2). La ley era semejante a un espejo que podía mostrar a los hombres sus faltas, pero que no podía ayudarles a mejorarse. Por medio de librar a los hombres de la ley, Cristo hizo posible servir a Dios en una nueva manera. El servirle mediante el Espíritu Santo es una manera mucho mejor que la manera antigua de tratar de seguir lo que estaba literalmente escrito en la ley (Romanos 7:6).

Esto anticipa Romanos 8, que habla de una nueva ley, «la ley del Espíritu de vida en Cristo Jesús». Esta ley libera al creyente de la antigua ley del pecado y de la muerte. La persona que estaba bajo la ley de Moisés no podía satisfacer las demandas de Dios en cuanto a la justicia. La ley solamente condenaba su pecado y traía muerte. De este modo, sus acciones estaban guiadas por una ley (un principio) de pecado y de muerte. Pero el Espíritu Santo trae vida en Cristo.

Al hablar de la ley del Espíritu, Pablo no pone en la misma clase al Espíritu con la ley de Moisés. La Biblia no substituye una lista de reglas por otra cuando el Espíritu nos liberta de la ley. Las listas de reglas que dicen: «No manejes, ni gustes, ni aun toques», no son otra cosa que enseñanzas de hombres. Son la clase de cosas que el mundo llama religión. Pero no tienen valor para librarnos de los apetitos de la carne (Colosenses 2:20-23). Esto es, si todo cuanto usted tiene no es más que una lista de reglas, todavía es posible que usted haga algo que no esté en su lista y que lo deje tan en la carne como cualquier borracho o adúltero. Pero ello no le va a causar a usted molestia por el hecho de que no está en su lista. Por cierto que haremos morir los pecados groseros de la carne (Colosenses 3:5-9). Pero buscaremos las cosas de arriba, nos vestiremos con el fruto del Espíritu, y permitiremos que la Palabra de Cristo habite en abundancia en nosotros en adoración y alabanza (Colosenses 3:1, 2, 12-17).

Cuando el Espíritu nos libera de la ley, Él a su vez no nos esclaviza. Nos da oportunidad para servir al Señor mediante nuestra propia y libre elección. Mediante la expresión «ley del Espíritu» Pablo quiere dar a entender un principio, algo que guía y gobierna nuestras acciones. Si cuando nos rendimos a Él nos dejamos controlar por el Espíritu, tendremos victoria en lugar de derrota. Habrá que batallar todavía (Efesios 6:12, 16), pero no estamos sin ayuda (Romanos 8:13).

Compartir la victoria de Cristo

El fracaso de la ley en producir justicia no se debió a la ley, sino a nuestra debilidad humana. Dios sabe esto y tiene compasión de nosotros (Salmo 103:13, 14), pero nuestra debilidad no nos excusa. En consecuencia, Dios envió a Jesús en semejanza de carne de pecado (como verdadero hombre pero sin pecado) y a causa del pecado (como una ofrenda por el pecado). En su condición de hombre, sin hacer uso de ninguno de sus poderes divinos, Jesús derrotó a la tentación en los mismos puntos en que Eva fracasó y donde todos nosotros fallamos (los deseos de la carne, los deseos de los ojos, y la vanagloria de la vida, los mismos deseos y tendencias que caracterizan al mundo; 1 Juan 2:16). Mediante esto Él condenó al pecado en la carne, esto es, demostró que nosotros pecamos, no porque tengamos que pecar, sino porque elegimos pecar y porque nos desentendemos de la ayuda que está a nuestra disposición mediante la Palabra y el Espíritu. Ciertamente somos culpables, pero Él ha quitado nuestra culpa mediante su sacrificio en el Calvario (Romanos 8:3). Al caminar en el Espíritu compartimos los resultados de su victoria y hacemos las buenas cosas que la ley pretendía que hiciéramos (Romanos 8:4).

También en Gálatas se hace énfasis en el caminar en y por el Espíritu. Romanos añade que esto incluye un propósito fijo, pensamientos, intenciones, metas y aspiraciones dirigidos. La persona «según la carne» vive en el reino de la carne y todo lo ve desde el punto de vista de los deseos e impulsos de la carne. (Véanse Mateo 5:28; 6:19-21, 31, 32). Pero los que viven por el Espíritu y en el Espíritu lo miran todo desde el punto de vista del Espíritu. Él se complace en glorificar a Cristo y dirige nuestras metas y nuestros esfuerzos hacia las cosas celestiales, las cosas de Cristo (Mateo 6:33; Colosenses 3:1, 2).

La intención carnal conduce únicamente a la muerte (Romanos 8:6). Efectivamente, ya es muerte en el sentido de separación de Dios. Por su misma naturaleza es enemistad (hostilidad) contra Dios y no puede sujetarse a la ley de Dios (someterse a los principios de vida que a Él le agradan). Pero la intención que nos es dada por el Espíritu trae vida y paz (incluida la comunión con Dios en contraste a la separación que produce el rendirse a los deseos carnales, o, como dice Gálatas, las obras de la carne).

Desde Romanos 8:8 en adelante Pablo habla directamente al creyente. No estamos en la carne (no vivimos conforme a la carne o en el terreno de la carne y de sus deseos) sino en el Espíritu (en el campo de acción del Espíritu y con la dirección y ayuda que Él da). Pero hay una condición. El Espíritu debe habitar (continuamente) en nosotros. Obviamente Pablo no habla aquí del bautismo en el Espíritu Santo, sino de la presencia del Espíritu que viene con la regeneración. La condición que desarrolla esta intención que es conforme al Espíritu es un asunto de pertenencia a Cristo. Si somos de Él, tenemos el Espíritu. Si dejamos de tener el Espíritu, no somos de Él.

Si tenemos el Espíritu, entonces Cristo está en nosotros, y el cuerpo está muerto a causa del pecado, pero el Espíritu es vida por causa de la justicia (Romanos 8:10). Muchos interpretan que aquí el Espíritu significa el espíritu humano, se basan para ello en que el conflicto entre la carne y el espíritu es solo de los creyentes que han nacido de nuevo. De este modo, el cuerpo (de deseos carnales) ahora está muerto a causa del pecado, pero nuestros espíritus humanos están vivos a causa de la justicia de Cristo ministrada por el Espíritu. Pero el conflicto en los versículos anteriores es entre la carne y el Espíritu Santo, no entre la carne y el espíritu humano. De este modo, la muerte física es en este cuerpo (ya estamos en el proceso de muerte) a causa del pecado, pero el Espíritu al mismo tiempo ministra vida espiritual dentro de nosotros a causa de la Justicia.

El pensamiento total de los versículos 10 al 13 se relaciona con la vida de resurrección de Cristo que llega a ser nuestra mediante el Espíritu. Nuestro cuerpo físico es mortal, sujeto a la muerte por causa del pecado. No importa lo que nosotros hagamos por ese cuerpo, hay solo una cosa que nuestro cuerpo puede hacer por nosotros. Puede llevarnos solo a la muerte. Mientras lo tengamos podemos usarlo para la gloria de Dios. Reconocemos también que es templo del Espíritu Santo y nos preocupamos por él y lo mantenemos limpio moralmente por esa razón. Pero no hay razón por la cual debiéramos hacer provisión para los deseos e impulsos carnales y pecaminosos (tales como los celos, enemistades, contiendas, enojos) que se originan en el cuerpo. Efectivamente, el hacer de ese modo ocasiona más que la muerte física.

Pablo (1 Corintios 9:27) mantenía su cuerpo en servidumbre (lo trataba con severa disciplina), no fuese que después de haber predicado a otros él mismo fuese eliminado (fuese descalificado y fracasara en recibir su herencia eterna, llegase a ser reprobado como los falsos maestros que se hallaban en camino al infierno y que arrastraban a otros con ellos). La muerte eterna, la pérdida completa de nuestra herencia eterna, es el resultado de vivir en el dominio de la carne, tal como vimos en Gálatas 5:21.

Por otra parte, si el Espíritu del Dios que levantó a Jesús de entre los muertos mantiene su morada en nosotros (como lo evidencia el hecho de que mantenemos una actitud de hacer morir los hechos pecaminosos del cuerpo), entonces el Dios que resucitó a Jesús vivificará también (dará vida a, resucitará) nuestros cuerpos mortales por su Espíritu que mora en nosotros (8:11, 13).

La participación de la herencia de Cristo

Tal como lo indicaba Gálatas, vivir y caminar por el Espíritu significa ser dirigido por el Espíritu. Esto es evidencia también de que somos hijos y herederos de Dios. Aquellos que se someten a la ley están en esclavitud, y llegan a ser esclavos del pecado y de la muerte. Pero el Espíritu que hemos recibido no es un espíritu de esclavitud que nos provoque temor. Más bien, es el Espíritu de adopción que nos hace exclamar, «Abba, Padre». En Gálatas, el «Abba, Padre» es la voz interior del Espíritu. Aquí está también nuestro clamor. Por él, o en este clamor, el Espíritu da testimonio a nuestro espíritu de que verdaderamente somos hijos de Dios. En otras palabras, podemos repetir la expresión, «Abba, Padre», y no tendrá significado alguno a menos que el Espíritu esté realmente presente en nosotros dando testimonio a nuestros espíritus de que en verdad somos hijos de Dios.

Pablo habla aquí de experiencia genuina. El testimonio del Espíritu no es algo vago. Cuando clamamos a Dios como Padre sabemos que no estamos pronunciando meras palabras. El Espíritu Santo nos hace conscientes de que Dios es realmente nuestro Padre. Por esto llegamos a saber también que nuestra condición de hijos es algo significativo. No somos simplemente herederos de Dios, sino que somos co-herederos con Cristo. Esto es, no debemos pensar de nuestra herencia con menosprecio. Alguien podría ser heredero de un millonario y heredar tan solo $10. Pero Cristo es el Hijo de Dios en un sentido especial. En calidad de heredero Él ahora reina triunfante en gloria. Pero nosotros somos co-herederos con Él, y compartimos toda esa gloria que es su herencia, llegando a compartir aun su trono (Romanos 8:17, 18; Apocalipsis 3:21).

Pablo tiene en mente lo mismo cuando habla de nuestro hombre exterior que se va desgastando (pereciendo gradualmente) mientras que nuestro hombre interior se renueva de día en día: «Porque esta leve tribulación momentánea produce en nosotros un cada vez más excelente y eterno peso de gloria» (2 Corintios 4:17). Él estaba dispuesto a padecer con y por Cristo, al considerar la gloria que había de manifestarse (Romanos 8:17, 18; 2 Corintios 1:5-7; Filipenses 3:10; Colosenses 1:24).

El don del Espíritu Santo es realmente una parte de esta gloria venidera. Lo que hemos recibido en nuestra experiencia presente son en verdad los primeros frutos de lo que estamos por recibir (Romanos 8:23). En su significado literal las primicias o primeros frutos eran no solamente la primera parte de la cosecha; eran la seguridad y promesa de que el resto de la cosecha vendría. De este modo, el derramamiento del Espíritu que hemos recibido hasta aquí es tan solo una pequeña muestra de la experiencia abundante en el Espíritu que es parte de nuestra adopción, parte de los privilegios de nuestra calidad de hijos que recibiremos en el futuro.

La redención del cuerpo

El problema está en nuestros presentes cuerpos mortales. Nuestra condición de hijos nos promete algo más que la sanidad de nuestro cuerpo, por maravilloso que eso sea. Porque aun la parte que es sanada continúa en su proceso de envejecimiento y decadencia, y desciende hasta la muerte. La sanidad as ciertamente un modo maravilloso en que el Espíritu quebranta el poder del enemigo en la enfermedad y en la adicción a drogas, pero hay también una redención de nuestro cuerpo para nosotros en esa calidad de hijos. En el momento de la resurrección y del rapto (1 Tesalonicenses 4:16) seremos transformados (1 Corintios 15:51, 52). Nuestro cuerpo actual será absorbido por un cuerpo nuevo que es tan diferente de lo que tenemos ahora como la planta entera de trigo es diferente de un grano desnudo. Será un cuerpo espiritual, no en el sentido de ser fantasmal o irreal, sino en el sentido de estar perfectamente adecuado para ser el templo del Espíritu Santo. El Espíritu Santo obra en nosotros ahora a pesar de nuestra debilidad e incapacidad. Pero nuestros nuevos cuerpos serán los instrumentos perfectos para la expresión de la vida en el Espíritu (1 Corintios 15:43, 44).

Algunos han llegado a suponer que es posible obtener la redención del cuerpo ahora mediante el Espíritu. Pero, aun cuando es algo que se nos asegura, permanece como una esperanza y no será parte de nuestra experiencia hasta que Jesús venga de nuevo (Romanos 8:24, 25). Somos verdaderamente los hijos de Dios ahora, pero «aun no se ha manifestado lo que hemos de ser». Cuando Él venga en su estado glorificado llegaremos a ser semejantes a Él (1 Juan 3:2). Mientras tanto, gemimos en nuestra debilidad con el resto de la creación a la espera del día en que recibamos esa adopción, esa redención de nuestro cuerpo.

Por tanto, permanecemos en la debilidad de nuestro cuerpo actual. Pero el Espíritu Santo está con nosotros. Aun cuando nuestra experiencia con Él en la época venidera estará más allá de todo cuanto conocemos en la actualidad, Él está todavía con nosotros en persona, listo a ayudarnos de una manera real y personal. Si bien es cierto que Pablo no denomina al Espíritu el Consolador, el Paracleto, también es cierto que él ve al Espíritu como nuestro Ayudador en la actualidad. Él está aquí para ayudarnos en nuestras debilidades. En nuestra debilidad a menudo no nos comprendemos ni comprendemos nuestras necesidades. Deseamos hacer la voluntad de Dios, pero ni siquiera sabemos orar como debiéramos. Luego el Espíritu viene en nuestra ayuda e intercede por nosotros (en lugar nuestro) con gemidos indecibles.

Estos gemidos no se expresan en palabras, ni siquiera en lenguas (aun cuando el Espíritu bien podría interceder con estos gemidos indecibles mientras hablamos en lenguas o mientras oramos o alabamos a Dios). Pero no es preciso que se expresen en palabras. El mismo Dios, el mismo Padre celestial que sabe lo que hay en nuestro corazón sabe también lo que hay en la mente del Espíritu Santo, sin que haya necesidad de palabras. Aun más, el Espíritu sabe cuál es la voluntad de Dios, de modo que podemos estar seguros de que su intercesión es conforme a la voluntad de Dios. En otras palabras, podemos estar seguros de que sus oraciones serán contestadas. No nos extrañe el que Pablo diga que nada puede separarnos del amor de Dios que es en Cristo Jesús nuestro Señor.

Una conciencia iluminada

Los capítulos 9 al 11 de Romanos tratan de la preocupación que tenía Pablo respecto de los judíos que rechazaban a Jesús. Estos tenían un espíritu de estupor en lugar del Espíritu Santo (11:8). Por el hecho de que Pablo se volvió a los gentiles en su ministerio algunos suponen que él ya no se preocupó más de los judíos. Pero él siempre fue primeramente a los judíos (aun en Roma; Hechos 28:17; Romanos 1:16). Todavía más, él tenía una honda y continua preocupación, porque su conciencia le daba testimonio en el Espíritu Santo (9:1-3).

El significado de esto parece ser que su conciencia estaba guiada e iluminada por el Espíritu Santo, quien sabe cuál es la voluntad de Dios. Nuestras conciencias nunca son una guía suficiente en sí mismas. Precisan de la Palabra. Necesitan la iluminación del Espíritu si han de sernos de utilidad. Pablo sabía, mediante la Palabra y mediante el Espíritu, que Dios todavía se preocupa de los judíos; por esta razón se preocupaba él también. De este modo, el Espíritu Santo le hizo saber también que su conciencia estaba en lo correcto, y que su preocupación era correcta. Su preocupación era más que un sentimiento de solidaridad con su pueblo. Provenía del amor de Dios.

Adoración espiritual

Después de demostrar que Dios todavía tiene misericordia para los judíos y los gentiles que crean, Pablo pasa a dar una guía práctica para los creyentes. Los sacrificios en el templo ya no eran necesarios. Cristo los ha cumplido de una vez y para siempre (Hebreos 9:11, 12, 25-28). Pero esto no quiere decir que tenemos que tomarlo livianamente o hacer las cosas a nuestro modo. Dios todavía nos llama a que presentemos, no sacrificios de animales muertos, sino sacrificios vivos, nuestros propios cuerpos (Romanos 12:1). Los únicos sacrificios que en la actualidad le resultan aceptables son los de cuerpos santos (separados, dedicados a Dios y a su servicio) y son nuestro culto racional (o adoración espiritual). Tal cual lo declara Pedro, nosotros los que hemos venido a Cristo somos piedras vivas, edificados en un templo espiritual. Somos también un sacerdocio santo para ofrecer sacrificios espirituales a Dios por medio de Jesucristo (1 Pedro 2:5). Esto también es la obra del Espíritu Santo, por cuanto la palabra espiritual aquí realmente significa causado por, lleno con, o correspondiente al Espíritu Santo.

El uso de dones espirituales

El siguiente pasaje (Romanos 12:3-8) nos da una de las cinco listas de dones espirituales que se hallan en la Biblia (véanse también 1 Corintios 12:8-10; 12:28; 12:29, 30; Efesios 4:11). Sin embargo, el propósito de Pablo en este lugar no es el de darnos una lista inclusiva, ni tampoco es el de describir los dones. Esto no era necesario. Los cristianos de Roma disfrutaban ya de estos dones, del mismo modo como las otras iglesias. Pero ellos necesitaban guías en lo concerniente a su uso.

El gran peligro en ser usado por el Espíritu en el ministerio de cualquiera de sus dones es el de comenzar a imaginar que hay algo de especial en nosotros y que eso es la razón por la que somos usados. Es imperativo, por tanto, que todo creyente piense sobriamente (con sensibilidad) respecto de sí mismo y de su don, y que reconozca que la medida de fe que tiene cada uno es distribuida o asignada por Dios.

Cuando entramos a considerar el ministerio, no tenemos derecho de elegir lo que nos gustaría hacer o qué función deseamos cumplir en el Cuerpo. «No me elegisteis vosotros a mí, sino que yo os elegí a vosotros» se refiere, no a la salvación, sino a la elección de los doce apóstoles para un adiestramiento y ministerio especiales. Nadie tiene derecho a decidir simplemente por su propia voluntad el ser un pastor o misionero. Lo mismo es cierto de las varias funciones dentro del Cuerpo que son cumplidas mediante dones espirituales. Nadie tiene en sí mismo la fe para profetizar, ni puede desarrollarla o producirla. Esta ha sido dada por Dios. En consecuencia, a Dios le corresponde toda la gloria. Nosotros somos simplemente miembros del cuerpo de Cristo, todos trabajando juntos, todos necesitándose unos a otros, pero no todos cumpliendo la misma función.

La palabra *función* no lleva implícita la idea de restricción a los oficiales de la iglesia. Los dones representativos de este pasaje no están limitados a oficios ni a oficiales. Sencillamente son ilustrativos de algunas de las variedades de ministerio o de servicio que el Espíritu da por medio de varios individuos en la iglesia. Cada creyente tiene una medida de fe proveniente de Dios para al menos uno de éstos o de otros dones similares.

En lugar de exaltarnos a nosotros mismos debemos reconocer que los varios dones espirituales (carismata) son expresiones de la libre gracia de Dios (favor inmerecido) hacia nosotros. Esto excluye el más leve pensamiento de que merezcamos recibir algún crédito por tenerlos o por usarlos, ya que la fe para ejercerlos también proviene de Dios.

No tan solo el don viene por medio de la medida de fe: debe ejercerse de acuerdo con la proporción de fe. A veces esto se entiende como «en acuerdo con la fe», considerando que «la fe» sea las enseñanzas del evangelio (como en Gálatas 1:23). Pero esto es una excepción al uso normal de la palabra. Es mejor darle el mismo significado como en el versículo 3. El significado más común de fe (aun cuando el griego dice «la fe») es una creencia y confianza activa en Dios, una fe que es lo opuesto de la incredulidad que impidió que Israel entrara en las promesas de Dios y que impedirá que nosotros entremos en ellas (Hebreos 3:19; 4:1, 2). En este caso, se trata de una fe dada por Dios con el poder para ministrar el don que el Espíritu da. La fidelidad también toma parte en esto. El profeta tiene la responsabilidad de desempeñar el ministerio que Dios le da. Y, puesto que la fe proviene de Dios, necesita mantener esa fe «viva, fuerte, e iluminada por horas de comunión con Dios».

Lo que se dice respecto del ejercicio de este don por parte del profeta, que debe profetizar (hablar por Dios) conforme a la proporción de fe, debería aplicarse igualmente a todos los otros dones mencionados. Si de la fe que tenemos damos un paso más allá hacia el esfuerzo propio, caemos. Si a semejanza de Pedro, cuando caminaba sobre las aguas, quitamos nuestros ojos del Señor y consideramos las dificultades que nos rodean, nos hundimos.

En los capítulos 12 al 14 de 1 Corintios hay un trato más amplio respecto de la profecía. Aquí el ministerio al que se alude parece ser el trabajo de los diáconos que servían en los asuntos rutinarios de hacer que la obra marchara, que llevaban las cuentas, que ministraban ayuda a los pobres, y que de alguna otra manera ayudaban en la iglesia. Ellos necesitaban el don del Espíritu para este trabajo, de modo que no se convirtiera en mera fórmula, sino que fuese un verdadero ministerio.

El maestro necesita darse a sí mismo al don de enseñanza. Esto también significa preparación, estudio, oración. Pero se necesita el don del Espíritu si es que ha de tenerse una genuina comprensión. La exhortación que incluye estímulo profético necesita del don del Espíritu si ha de desafiar al corazón, a la conciencia y a la voluntad (véase

1 Corintios 14:3, donde la exhortación se incluye en el don de profecía, aun cuando aquí se considera en forma separada).

Tal vez los dones restantes no parezcan tan sobrenaturales, pero en la realidad lo son. El *dar* necesita ser hecho con sencillez (con una intención recta), a la manera de Bernabé, no como Ananías y Safira (Hechos 4:36, 37; 5:1-3). Como recordarán, Bernabé estaba lleno del Espíritu Santo, en tanto que Ananías le mintió al Espíritu Santo. Hay quienes dan porque otros dan. Algunos dan esperando algo en retorno. Pero el dar que complace a Dios y que bendice a la Iglesia es aquel que viene porque Dios ha puesto en el corazón dar, y el don espiritual de dar hace que sus motivos se mantengan puros. Mientras usted siga la dirección del Espíritu en este don, Él le usará más y más para satisfacer necesidades específicas.

Presidir tiene que ver con cualquier clase de administración o supervisión, presidencia o superintendencia. Esto debe hacerse con diligencia, sincera devoción, buena voluntad, y celo a entusiasmo espiritual. La habilidad natural, la destreza humana, y la educación o adiestramiento específico pueden ser útiles en cualquiera de estas posiciones, pero nunca son suficientes para la obra de Dios. El don del Espíritu es lo que constituye la diferencia. El mostrar misericordia o ejecutar actos de misericordia tales como cuidar personalmente de los enfermos o restregar los pisos, llevar ayuda a los necesitados, visitar a los que están en la cárcel puede parecer que es algo que está dentro del terreno de lo natural, pero no todos pueden hacer estas cosas y ser de bendición. Todo esto debe hacerse con alegría, es decir, no por obligación, no con un sentir de deber, sino porque el don del Espíritu en su corazón le hace alegrarse de hacerlo.

En consecuencia, no basta con tener dones. El motivo, el amor, el celo, el estado de la mente y del corazón de la persona que ejercita el don es la principal preocupación de Pablo. Él va adelante, sin hacer mayores distinciones, y nos exhorta a que nuestro amor sea sin hipocresía, que aborrezcamos lo malo y sigamos lo bueno, que tengamos un fuerte afecto de los unos hacia los otros con amor fraternal, que demos mayor honor a los demás antes que a nosotros mismos. Cuando sean necesarios la diligencia o el celo no debiéramos ser tardos o perezosos. Más bien debiéramos ser fervientes (ardientes, quemantes, abrasados) en el Espíritu, sirviendo al Señor (obedientes a Él como nuestro Amo).

El Espíritu y el Reino

Hay tan solo unas pocas y breves referencias más al Espíritu Santo en el libro de Romanos. La siguiente es muy significativa respecto de la naturaleza del Reino. Pablo tiene muy poco que decir respecto del Reino de Dios en sus epístolas, tal vez ello se debe al hecho de que el reino (gobierno) de Dios es activo principalmente en esta época a través del Espíritu Santo. Pero la obra del Espíritu en lo que concierne a la preparación para la época venidera y en establecer dicha época es mucho más evidente.

Muchos consideran que este versículo (14:17) significa que el reino de Dios tiene que ver básicamente con realidades espirituales y que no tiene mayor relación con cosas materiales. No obstante, el objetivo del versículo tiene relación con la preocupación de Pablo de que mostremos amor hacia el hermano más débil, el que podría tropezar por causa de nuestra libertad para comer o beber cosas que él cree que no debe hacer. Debemos tener cuidado para no permitir que estas cosas se conviertan en un pleito. Las cosas que muestran que estamos bajo el gobierno o dominio de Dios, que demuestran que Dios es de veras el Rey de nuestra vida, no son lo que comemos o bebemos. Son la justicia, la paz y el gozo en el Espíritu Santo, En aquel entonces el problema era comer carne ofrecida a los ídolos. Ahora podrían ser otras cosas. Pero no manifestamos que Cristo reina en nosotros por insistir en nuestros derechos y libertades.

En realidad, la justicia, la paz y el gozo son enteramente nuestros en y por medio del Espíritu Santo. Él nos ayuda a permanecer por medio de la fe en la justicia de Cristo. Él nos ayuda a obtener victorias sobre el pecado, al darnos poder para rendirnos a Dios en obediencia y en servicio fiel. Él nos da poder para disfrutar de nuestra salvación en plenitud de paz y de bienestar espiritual. Él nos da gozo que se expresa en positivo regocijo y alabanza a Dios aun en medio de persecución y sufrimiento (Mateo 5:10-13). La fortaleza y gozo que provienen de Dios hicieron posible que Pablo y Silas cantaran alabanzas aun cuando se hallaban en la más obscura celda de la cárcel de Filipos (Hechos 16:25). Cuando Pablo escribió a los Romanos manifiesta la esperanza de llegar a ellos en paz (1:10). No sabía él que lo esperaba un arresto, pruebas, dos años de prisión en Cesarea, y un naufragio, antes de poder llegar a Roma. Él ya había pasado por cosas semejantes con anterioridad (2 Corintios 11:23-28), pero no fue abatido por ellas. El Espíritu le revelaba continuamente a Cristo en y a través de todas estas experiencias y él podía así regocijarse.

De modo que Pablo en Romanos 14:17 no dice que la justicia, la paz y el gozo en el Espíritu Santo son todo cuanto hay en el Reino. Él miró hacia la época venidera. Efectivamente, estas bendiciones son bendiciones del Reino futuro. Pero, por medio del Espíritu son también nuestra posesión presente. Mediante los dones y el fruto del Espíritu el Reino tiene su manifestación presente en la Iglesia.

Pablo pasa a demostrar que esta manifestación presente del Reino solo aumentó su anticipación de su futura esperanza. Su oración es que en vista de las promesas de Dios concernientes a Cristo, el Dios de esperanza llenará a todos los cristianos «de todo gozo y paz en el creer, para que abundéis en esperanza por el poder (grandioso, sobrenatural) del Espíritu Santo» (15:13). Además, ese gozo y paz no son negativos u ocultos, sino que son un acompañamiento poderoso y una expresión de nuestra creencia.

Pablo descubrió que este poder y este gozo se expresaban especialmente en conexión con el ministerio que Dios le dio hacia los gentiles. Compara este ministerio con un sacerdocio en el cual él ofrece a los convertidos gentiles como una ofrenda aceptable al Señor. Los enemigos que él tenía entre los judíos y entre los judaizantes decían que los gentiles que no guardaban la ley eran inmundos (Hechos 10:14, 15, 28, 34; 11:3). Pero Pablo los presentaba como una «ofrenda agradable, santificada (consagrada a Dios, hecha santa) por el Espíritu Santo» (Romanos 15:16).

El éxito de su misión a los gentiles no fue el resultado de sus propios esfuerzos. Cierto es que él trabajó duramente, no solo en la predicación, sino también en la confección de tiendas, con lo cual sostenía a todo el equipo evangelístico. Pero fue la obra de Cristo por medio de poderosas señales y milagros y el poder del Espíritu Santo, lo que atrajo a los gentiles y les hizo obedecer al evangelio (Romanos 15:18, 19).

Finalmente, Pablo solicitó a los Romanos que se esforzaran en oración junto con él por medio del Señor Jesucristo y mediante el amor (inspirado) del Espíritu. Ellos no conocían a Pablo, pero conocían a Jesús. Aunque no tenían oportunidad de aprender a amar a Pablo, el amor por él podía ser creado por el Espíritu, de modo que podían orar con sinceridad (15:30).

Cada una de las peticiones de Pablo fue cumplida, aun cuando no en la forma en que él esperaba. Fue librado de los judíos incrédulos que procuraban matarle y de más de cuarenta judíos que habían hecho juramento de no comer o beber hasta que le hubiesen dado muerte

(Hechos 21:31, 32; 23:12-24). El viaje a Roma trajo más victorias y liberaciones. En Roma, aun estando Pablo preso, el evangelio se difundió. De este modo, aun cuando las oraciones de los romanos estuvieron inspiradas de amor mediante el Espíritu, el Espíritu Santo sabía mejor que ellos, mejor que Pablo, cuál era la voluntad de Dios. Sin embargo, Pablo no se sintió frustrado. Él simplemente siguió viviendo en el Espíritu y por el Espíritu. Entonces el Espíritu continúo su obra de hacer que Cristo fuese real en su vida y ministerio.

9

EL ESPÍRITU EN EL MINISTERIO
DE LOS CREYENTES

Desde el comienzo de 1 Corintios Pablo atrae la atención a los dones del Espíritu. Él da gracias a Dios por la gracia que a los corintios les había sido dada por Jesucristo, de que en todo ellos estaban enriquecidos por Él, especialmente en los dos dones más altamente cotizados por los griegos: el de la expresión (hablar) y el de conocimiento (1:5). Efectivamente, el testimonio de Cristo estaba confirmado en ellos de tal modo que no quedaban a la zaga (no eran inferiores, no carecían) en ningún don (don espiritual, *carismata*). Pero a Pablo le interesaba de igual manera el fruto del Espíritu. Él les recuerda que Cristo los confirmará (fortalecerá, establecerá) hasta el fin, para que sean sin culpa «en el día de nuestro Señor Jesucristo» (cuando éste llegue y cuando permanezcamos ante su trono de juicio; Romanos 14:10; 2 Corintios 5:10).

Pablo vuelve al asunto de los dones espirituales en los capítulos 12 al 14. Pero él cree que es necesario en los primeros once capítulos conceder el máximo de su atención a los problemas que surgían de deficiencia en el fruto del Espíritu.

El problema principal tenía que ver con divisiones y contiendas en el Cuerpo, las que provenían de la carne y no del Espíritu. Los cristianos hacían uso de preferencias personales por Pablo, Apolos, o Cefas (Pedro) como una base para establecer lo que casi alcanzaba proporciones de partidos políticos. Había algunos que todavía se consideraban superiores a los demás y que se denominaban el partido de Cristo. Por causa de estas divisiones ellos quebrantaban la comunión espiritual de la iglesia y fomentaban contiendas.

La preocupación de Pablo por la comunión y unidad del Cuerpo de Cristo corre a través de toda la epístola. Él trata primeramente con las divisiones por medio de mostrar que éstas son la consecuencia de un fracaso en la cabal comprensión del significado de la cruz. Segundo, muestra que él y Apolos eran simplemente colaboradores con el Señor. Son siervos que pertenecen al pueblo, pero el pueblo pertenece a Cristo (1 Corintios 3:22, 23).

El fracaso en comprender el significado de la cruz se debía a que ellos todavía estaban mirando las cosas espirituales desde el punto de vista de la razón humana. Los corintios, como griegos que eran, estaban habituados a la idea de buscar y exaltar la sabiduría. Pero lo que ellos normalmente buscaban era sabiduría humana, el resultado de deducciones humanas, la aplicación de filosofías humanas. A causa del amor que ellos tenían por esta sabiduría, habían mirado a la cruz como locura (antes que hallaran la realidad de Cristo por medio de la predicación de Pablo; 1 Corintios 1:18).

Pero aun cuando ahora habían aceptado al Cristo de la cruz, todavía no veían la cruz en la plenitud de su significado como una expresión de sabiduría divina y como un ejemplo de amor y de humildad. Y tampoco habían dejado atrás sus tendencias a interpretarlo todo a la luz de lo que el hombre llama sabiduría. A cada uno de los grupos que estaban formándose en la iglesia, su lealtad a un maestro particular le parecía lógica. Aquellos que decían ser de Pablo creían que era correcto y prudente ser leales al fundador de la iglesia. Los que se adherían a Apolos probablemente alegaban que su conocimiento de la Biblia tenía mucho que enseñarle a la iglesia, y que su elocuencia la había hecho avanzar (Hechos 18:25, 27). Los que tomaban el nombre de Pedro como su estandarte probablemente decían que le honraban como a uno de los apóstoles originales.

Todo era razonable, lógico. Pero era la misma manifestación del espíritu de Pedro cuando quiso construir tres tabernáculos en el Monte de la Transfiguración. De súbito una brillante nube interrumpió la revelación y una voz dijo: «Este es mi Hijo amado, en quien tengo complacencia; a él oíd» (Mateo 17:3-5). Los corintios necesitaban tener una nueva visión del Cristo crucificado, Cristo poder de Dios, Cristo sabiduría de Dios (1 Corintios 1:24).

La sabiduría de Dios

Para ayudarles a corregir su dependencia de la sabiduría humana, Pablo contrasta la sabiduría de Dios con la sabiduría de los hombres. Les recuerda que su propia expresión y predicación no fue «con palabras persuasivas de humana sabiduría, sino con demostración (prueba convincente) del Espíritu y de poder» (2:4). Lo que Pablo les llevó no fue otra enseñanza, ni simplemente otra filosofía, ni algunas ideas humanas para ser discutidas. Ya habían tenido bastante de eso en su condición pagana. Él los llevó al laboratorio del Espíritu Santo y les mostró el poder de Dios. Les animó a que salieran en el mismo poder para que su fe pudiera permanecer en ese poder (incluyendo los dones del Espíritu).

La obra de Dios era un misterio, en el sentido en que no estaba revelada en su plenitud antes de la cruz, y también en el sentido en que los hombres no eran capaces de imaginársela mediante su sabiduría humana o sus poderes de razonamiento. Si hubiesen sido capaces de ello, «nunca habrían crucificado al Señor de gloria» (2:8).

Pablo explica esto por medio de una paráfrasis libre que da el sentido de Isaías 64:4 (a la luz de Isaías 52:15). «Cosas que ojo no vio, ni oído oyó, ni han subido en corazón de hombre (incluidas la mente y la imaginación), son las que Dios ha preparado para los que le aman» (1 Corintios 2:9). Las cosas que Dios ha preparado no son principalmente las glorias del cielo sino las glorias de la cruz y todo cuanto ella significa en el plan de Dios. Está incluido lo que ya estamos disfrutando mediante el Espíritu.

El significado de la cruz con relación a la vida cristiana presente y a la vida venidera no puede ser comprendido por la mente natural. Pero nosotros como cristianos no somos dejados en tinieblas. Dios nos ha revelado todo su plan mediante su Espíritu. Esto, por cierto, lo tenemos ahora registrado en el Nuevo Testamento, pero Pablo declara que participamos de la misma revelación por el hecho de que el Espíritu ilumina y explica estas verdades a nuestro corazón.

Podemos tener confianza en que lo que el Espíritu hace nos resulte real por cuanto el Espíritu verdaderamente sabe lo que hay en el corazón de Dios para nosotros. El escudriña (penetra) todas las cosas, «aun lo profundo de Dios» (2:10). Piense en todas las cosas contradictorias que dicen las filosofías humanas acerca de la naturaleza de Dios. La mente humana sencillamente no puede penetrar las profundidades. Pero el Espíritu puede.

Pablo ilustra lo que el Espíritu hace comparándolo con el espíritu humano. Nadie sabe lo que un hombre está realmente pensando, excepto su propio espíritu (2:11). Así también nadie puede mediante sabiduría humana procurar observar a Dios e imaginar lo que sucede en la mente de Dios. El Espíritu de Dios es el único que puede hacer esto. Cierto es que no podemos ir mucho más adelante con esta analogía. La relación del Espíritu Santo con Dios el Padre no es exactamente igual a la relación de nuestro espíritu con nosotros, por cuanto el Espíritu Santo es una Persona distinta del Padre. Pero Él conoce a Dios desde adentro. Puede así revelar correctamente lo que son los pensamientos y propósitos de Dios.

Lo que recibimos mediante el Espíritu no es semejante al espíritu del mundo. Los grandes pensadores del mundo pueden ser genios, pero ellos pueden hacer conjeturas tan solo respecto de las cosas que en verdad importan. Nosotros no necesitamos adivinar o imaginar lo que hay en la mente de Dios, por cuanto el Espíritu que hemos recibido es de Dios «para que sepamos lo que Dios nos ha concedido» (2:12). Pablo incluye aquí a sus lectores. La misma certidumbre de verdad que recibió Pablo del Espíritu Santo está al alcance de todo creyente.

Para mostrar con mayor claridad la diferencia entre la sabiduría terrenal y la celestial Pablo dice que no usó «palabras enseñadas por sabiduría humana, sino (con) las que enseña el Espíritu, acomodando lo espiritual a lo espiritual» (2:13). Esto es, Pablo no hizo uso del pensamiento retórico, lógico, o deductivo que caracterizaba a la sabiduría humana. No comenzó él desde el punto de vista de la sabiduría humana para tratar de pasar luego a lo espiritual, yendo, como diríamos, de lo conocido a lo desconocido. Él sencillamente presentó lo que el Espíritu Santo enseña, incluyendo lo que el Espíritu Santo trae desde el Antiguo Testamento y las enseñanzas de Jesús. (Un examen de los sermones de Pablo en el libro de Hechos muestra lo mucho que el Espíritu usaba el Antiguo Testamento. Véase Hechos 13:17-42.)

La frase «acomodando lo espiritual a lo espiritual» es difícil de interpretar. Hay quienes la entienden como «explicando las verdades espirituales a la gente espiritual». Otros, «comparando dones espirituales y revelaciones que ya tenemos con aquellos que recibimos y juzgando lo nuevo por lo antiguo». Todavía hay quienes leen: «reuniendo las verdades espirituales en una forma espiritual». El griego no es conclusivo. En 2:6 Pablo dice que él habló la sabiduría de Dios entre aquellos que son perfectos (maduros), con lo que parece decir aquellos que son espirituales, llenos y guiados por el Espíritu. Los versículos 14 y 15 pasan a comparar al hombre natural y al hombre espiritual. Esto calzaría con la primera explicación dada anteriormente. Pero en el mismo versículo 13 Pablo compara las palabras de la sabiduría humana con las palabras que enseña el Espíritu Santo. Eso señala a la tercera interpretación concerniente a las verdades espirituales. Tal vez sea éste uno de esos casos en que son posibles dos significados, puesto que Pablo dio a entender ambos.

Lo que el Espíritu Santo enseña no satisface al hombre natural (no espiritual) que está orientado tan solo hacia las cosas de este mundo. No recibe las cosas del Espíritu de Dios, porque le son locura (necedad). No tiene manera de captar su verdadero significado porque éstas deben discernirse (examinarse y juzgarse) a la luz que da el Espíritu Santo. (*Discernir* es el mismo verbo traducido «juzgar» en el versículo 15 y «escudriñar» en Hechos 17:11, donde los bereanos escudriñaron las Escrituras).

En contraste con el hombre natural, de mente mundana, «el espiritual juzga todas las cosas; pero él no es juzgado (y examinado) de nadie». Por esta razón, no necesitamos someter al examen y al juicio de los sabios de este mundo lo que aprendemos del Espíritu Santo. Con toda la sabiduría que ellos tienen no conocen la mente del Señor. Ellos podrían desear instruirnos. Pero seguramente son presuntuosos si piensan que van a instruir a Dios. Eso es precisamente lo que ellos tratan de hacer cuando procuran evaluar la Biblia como si fuera meramente un documento humano semejante a las obras de Shakespeare. Pero el cristiano tiene la mente de Cristo. Esto es, tiene la plenitud de la revelación de Dios dada en Cristo. El Espíritu Santo revela a Cristo y nos permite ver las cosas espirituales desde el punto de vista divino.

Probablemente no debiéramos limitar 2:15 a las cosas espirituales, ni tal vez a las cosas religiosas. «Todas las cosas» puede significar que la persona que está llena y dirigida por el Espíritu puede juzgarlo y evaluarlo todo. La Biblia no traza una línea entre lo sagrado y lo secular en este respecto. Dios está tan preocupado de las maravillas de la naturaleza y de las glorias de las estrellas como lo está respecto del cielo mismo. Él tiene control de los reinos y de las naciones y está cumpliendo sus propósitos en el mundo de los hombres (sin destruir la libre voluntad de ellos) tanto como en la Iglesia. La persona que es dirigida e iluminada por el Espíritu lo ve todo desde una perspectiva completamente diferente de como lo hace el mundano no espiritual.

Viviendo como hombres comunes

El verdadero problema de los corintios no era principalmente intelectual, sin embargo, era moral. Pablo dijo que aun cuando estuvo presente con ellos, no pudo hablarles como a espirituales (verdaderamente dirigidos por el Espíritu) sino como a carnales (dominados por las debilidades de la carne), como a niños en Cristo (3:1). Ellos tenían dones, pero no habían desarrollado el fruto o la madurez que se consigue mediante el Espíritu.

Ellos mostraban su carnalidad por las obras de la carne, mayormente por envidias, contiendas, y divisiones, así es que caminaban «como hombres» (3:3). Esto es, vivían, actuaban, y discutían como hombres ordinarios, en lugar de como hombres espirituales. Ellos seguían los deseos de la carne y de la mente tal como los paganos a su alrededor. Expresaban sus ideas en un terreno diferente, tal vez, puesto que hablaban de maestros y apóstoles. Pero sus actitudes y motivos eran los mismos. Necesitaban reconocer que había un día de juicio venidero (3:13). Los fuegos de ese juicio revelarían el carácter de sus obras y les dejarían sin recompensa.

La seriedad de estas obras de la carne se ve a la luz del hecho de que Dios desea la unidad en su santo Templo (en este caso, visto como la iglesia local). Pablo presume (3:16, 17) que ellos sabían verdaderamente que eran (como un cuerpo local) el templo (santuario, Lugar Santísimo) de Dios, y que el Espíritu moraba en ellos (dentro y entre el Cuerpo, no solo en las personas). Por consiguiente, a la luz de la santidad del templo de Dios lleno del Espíritu, Dios debe destruir a cualquiera que profane (destruya) este templo. La iglesia como un cuerpo es santa, apartada para su uso, santificada por la presencia del Espíritu Santo (véase 2 Pedro 2:9, 10, 12, donde el juicio eterno está reservado para tal tipo de ofensores).

No olvidemos, entonces, que la destrucción del templo era el resultado de su sabiduría humana, al no dar el lugar debido al Señor, en su empeño por glorificar al hombre. Tales pensamientos eran sabios según el modo de pensar de los hombres. Todo gran hombre de este mundo hace lo que puede para ganar seguidores. Pudiera ser que aquellos que promovían estas divisiones estaban realmente tratando de hallar una manera de exaltarse a sí mismos y a su calidad de dirigentes. Pero no es necesario que busquemos nuestra propia exaltación. Pertenecemos a Cristo. Ya estamos sentados juntamente con Cristo en los lugares celestiales «sobre todo nombre que se nombra, no solo en este siglo, sino también en el venidero» (Efesios 1:21; 2:6). Nada que podamos hacer puede darnos una mejor posición que ésa. Por consiguiente, lo que podemos hacer es tomar el lugar humilde y servirnos en amor los unos a los otros en cualquier lugar donde el Señor nos ponga.

Más obras de la carne

La carnalidad en la iglesia de Corinto no estaba limitada a rencillas y divisiones. Pablo trate con eso primeramente porque era lo que estaba provocando el daño mayor. También había fornicación (inmoralidad sexual) entre ellos (1 Corintios 5:11). Toleraban entre ellos a un hombre que estaba participando de un pecado que hasta los paganos que estaban a su alrededor consideraban vergonzoso. Los cristianos no le decían nada a ese hombre, en parte a causa de los antecedentes que ellos tenían, y posiblemente en parte a causa de la falsa doctrina. Corinto era una ciudad que se destacaba por su disolución a inmoralidad. Pero es posible que los falsos maestros estuvieran alegando libertad en Cristo para hacer cualquier cosa que se les ocurriera. Pablo les dio su juicio en cuanto a que el hombre debía ser privado de la comunión y entregado al reino de Satanás (para ser disciplinado). La idea es probablemente que el hombre pudiera ser afectado por alguna enfermedad y entonces se arrepintiera y buscara tanto la sanidad como el perdón (Santiago 5:15).

Luego Pablo advierte a toda la iglesia en contra de las obras de la carne. De igual modo que en Gálatas, recalca que quienes practican esas cosas no heredarán el reino de Dios. Pero con los corintios es un poco más específico al mencionar cosas que eran comunes en Corinto, tales como la homosexualidad y la extorsión (1 Corintios 6:9, 10).

Sin embargo, no dice que los que cometen tales pecados no tienen esperanza. En cambio, dice: «Y esto erais algunos; mas ya habéis sido lavados [de vuestros pecados, mediante la limpieza en la sangre de Jesucristo], ya habéis sido santificados [dedicados a Dios y a su servicio], ya habéis sido justificados [absueltos de vuestro pecado y culpa, y liberados del temor del juicio] en el nombre del Señor Jesús, y por el Espíritu de nuestro Dios» (6:11). Lo que el Señor había hecho por ellos, Él podría hacerlo por el peor de los pecadores.

El Señor para el cuerpo

Dos cosas más recalca Pablo en esta conexión. Una es que el pecado esclaviza. Aun las cosas que en sí mismas no son pecaminosas pueden esclavizarnos. Pablo no tenía la intención de hacer que la libertad cristiana fuese una excusa para dejarse esclavizar por cualquier cosa. El otro punto es que la inmoralidad sexual no es natural para el cuerpo humano. Los paganos consideraban que los pecados de inmoralidad, tales como adulterio, prostitución, y homosexualidad, eran simplemente «hacer lo que viene en forma natural». Pero Pablo negó que estas cosas estuviesen realmente en línea con la naturaleza de nuestro cuerpo (incluidas las personalidades humanas que van junto con nuestro cuerpo). Nuestro cuerpo no es malo en sí. El cuerpo no ha sido hecho para la inmoralidad, sino para el Señor, «y el Señor para el cuerpo» (6:13).

Algunos consideran que la declaración bíblica que precede a eso («Las viandas para el vientre, y el vientre para las viandas») es un paralelo en el reino temporal presente. Del mismo modo que el estómago necesita alimento para cumplir aquello para lo cual fue creado, así también el cuerpo necesita al Señor si es que ha de cumplir el servicio para el cual fue creado. (Véase Filipenses 1:20, donde Pablo se muestra anheloso de que Cristo sea magnificado o glorificado en su cuerpo, o por vida o por muerte).

El hecho de que Dios está de veras interesado en nuestro cuerpo y en lo que es «para» nuestro cuerpo se demuestra más adelante al levantar a Jesucristo de los muertos, lo que significa que Él también nos levantará mediante su poder (6:14). De esa manera, el cuerpo aún tendrá un lugar en los propósitos de Dios, pues de otro modo Él no se molestaría en resucitarlo. (Véase 1 Corintios 15:35).

Ante la preocupación del Señor por el cuerpo, no debemos por tanto suponer que solo nuestro espíritu es miembro de Cristo. También lo son nuestro cuerpo. ¿Cómo puede entonces un cristiano tomar un cuerpo que es de Cristo y unirlo al cuerpo de una prostituta, haciendo que el cuerpo de Cristo sea una carne con una persona sexualmente inmoral? (6:15).

El argumento contra la inmoralidad cobra mayor fuerza al reconocer que los que estamos unidos al Señor somos un espíritu con Él. Nuestro cuerpo y nuestra personalidad, controlados por el Espíritu Santo, están unidos con Él en el Espíritu. Efectivamente, nuestra unión en el Espíritu es más estrecha que la unión del marido y de la mujer en lo natural.

La inmoralidad es también no solo un pecado contra el Señor; es un pecado contra nuestros propios cuerpos. Debemos huir de toda especie de pecado sexual porque el cuerpo de cada cristiano es individualmente un templo del Espíritu Santo. De este modo, estos pecados son totalmente contrarios a la naturaleza del cuerpo de Cristo como también a la naturaleza del Espíritu Santo que mora en el templo. Tenemos el Espíritu Santo que proviene de Dios. Esto hace que el templo del cuerpo pertenezca a Dios, de modo que no somos nuestros. No somos nuestros doblemente, porque fuimos comprados por precio (1 Pedro 1:18, 19, «la sangre preciosa de Cristo»). No tenemos derecho de usar nuestro cuerpo o nuestra vida para la satisfacción de la carne o la exaltación del ego. Nuestro cuerpo y nuestro espíritu les pertenecen al Señor. Por consiguiente, nuestro objetivo debiera ser usarlos para glorificar a Dios (6:20). Esto significa además que debemos cuidar del cuerpo. Pero no vamos a usar esto como una excusa para proveer para los impulsos y deseos que vienen de la naturaleza inferior. Ni siquiera el placer legítimo debe convertirse en la razón de nuestra vida. Tenemos algo más maravilloso para hacer como es el glorificar a Dios en el servicio y en sacrificios.

También yo tengo el Espíritu

Los capítulos 7 al 11 de 1 Corintios tratan con una variedad de asuntos y problemas, con solo breves alusiones al Espíritu y su obra. Luego de dar su juicio en ciertos asuntos respecto al matrimonio. Pablo dice (literalmente): «y pienso que también yo tengo el Espíritu de Dios» (7:40). Él ya había dicho que tenía el Espíritu. Algunos toman esto como que él no tenía una palabra definida de Jesús sobre este asunto, pero que él en realidad tenía el Espíritu de Dios. Otros toman esto como una ironía, donde Pablo dice que él también podía afirmar que tenía el Espíritu tanto como (y más que) cualquiera de sus enemigos que se oponían a sus enseñanzas.

Al tratar el tema de la libertad cristiana, Pablo nos recuerda que el conocimiento envanece, pero el amor edifica (construye). Conocimiento, probablemente se refiera al conocimiento que es desarrollado por la razón humana, incluso aun cuando el tratar con verdades espirituales puede hacer que alguna persona se envanezca. Sin amor esto produce orgullo, arrogancia, presunción, y la clase de respuestas ingeniosas que humillan a otros. Pero el amor honra a Dios y al hombre y promueve el bien de todos (8:1). Este amor es primero que todo un amor por Dios que viene porque Él nos amó. Por medio de ese amor somos conocidos (reconocidos) por Dios (8:3). El amor que edifica es, por supuesto, el fruto del Espíritu.

Otra nota (11:4) será considerada más adelante. Mientras que al hablar de las costumbres en las iglesias, Pablo aclara que los hombres y las mujeres son igualmente libres para orar y profetizar (públicamente, es decir, en la congregación).

Comprensión necesaria

Pablo da comienzo al gran pasaje sobre los dones espirituales (1 Corintios 12 al 14) diciendo: «No quiero, hermanos, que ignoréis acerca de los dones espirituales». Con esto él no quiere dar a entender que ellos están totalmente ignorantes de los dones. Él ya ha dicho que ellos no carecen ni tienen deficiencia de ningún don (1:7). Lo que él quiere decir es que desea que ellos conozcan los dones y también el uso de ellos.

En un sentido, Pablo realmente no cambia el tema. Aun en esta discusión de los dones del Espíritu él está principalmente preocupado del fruto del Espíritu. El capítulo 12 aporta poco más que una lista de los dones. No hay clasificación sistemática, no hay descripción detallada de los dones individuales, no se discute su naturaleza, no se dan ejemplos por medio de los cuales podríamos identificarlos mejor. El problema en Corinto no eran los dones en sí, sino la forma en que se usaban. Los dones eran sobrenaturales y provenían de Dios. Pablo jamás cuestiona los dones de ellos. Nada había de malo en los dones como tales. Pero el uso que se les daba era incorrecto. Esta es la razón para el énfasis sobre el amor en el capítulo 13 y para la detallada discusión respecto de cómo usar las lenguas y la profecía en amor, que se encuentra en el capítulo 14.

Pablo reconoce que el Espíritu Santo está activo en la iglesia por medio de los dones. Pero el principal propósito de él es tratar todavía con la división y contienda provocada por la carnalidad e inmadurez de ellos. Como «niños en Cristo», la misma falta del fruto del Espíritu que les hizo fracasar en «discernir el cuerpo del Señor» en sus hermanos en la fe (1 Corintios 10:17; 11:21, 29, 33, 34), les hizo ejercitar los dones del Espíritu sin reconocer la unidad del cuerpo de Cristo.

Aparentemente muchos de ellos tenían la idea de que el don era de su pertenencia para usarlo como quisieran. Otros pueden haber estado exaltando un don como más importante que los demás. Todavía otros pueden haber fallado en reconocer la necesidad y la interdependencia de todos los dones. Algunos pueden haber ido en la otra dirección y tal vez llegaran a pensar que algunos de los dones eran completamente innecesarios.

Esto puede parecer extraño hoy a algunos que insisten en «imaginar que aquellos que disfrutaban de estos dones sobrenaturales del Espíritu eran modelos de santidad perfecta y de madurez espiritual». Debe recordarse que el fruto es algo que crece, que debe ser estimulado, que lleva tiempo para desarrollarse. También debe mantenerse presente que estos corintios no tenían el buen fondo moral y el conocimiento de las Escrituras que tenían hombres como el apóstol Pablo. Dios siempre comienza donde la gente está, les da tanto como la fe que tienen les permite recibir, y les lleva adelante.

Lo que Dios da es siempre verdaderamente un don. Algún día tendremos nuestra recompensa. Ante el trono de juicio de Cristo seremos juzgados sobre la base de nuestras obras (2 Corintios 5:10). Pero ahora un don es un don gratuito. No sería un don si fuesen necesarias buenas obras de cualquier clase como requisito previo para recibirlo. La gente tiene tendencia a olvidar que los dones del Espíritu deben recibirse sobre la misma base como el don del Espíritu y el don de la salvación. «Porque por gracia sois salvos por medio de la fe; y esto no de vosotros, pues es don de Dios; no por obras, para que nadie se gloríe» (Efesios 2:8, 9). Cuando el cojo en la puerta Hermosa fue sanado, la gente comenzó a poner su atención en Pedro y Juan, con temor reverente. Pedro tuvo que reprenderlos: «¿Por qué ponéis los ojos en nosotros, como si por nuestro poder o piedad hubiésemos hecho andar a éste?» (Hechos 3:12).

El hecho de que los dones del Espíritu son por gracia por medio de la fe se encuentra también implícito en la palabra griega más común que se usa para describir estos dones. Son *carismata*, «dones concedidos libre y gratuitamente», palabra que se deriva de *caris*, gracia, el favor inmerecido de Dios. *Carismata* son dones que se nos han concedido a pesar del hecho de que no los merecemos. Son un testimonio de la bondad de Dios, no de la bondad de quienes los reciben.

Una falacia común, que a menudo desvía a la gente, es la idea de que por el hecho de que Dios bendice o usa a una persona ello significa que el pone su sello de aprobación sobre todo cuanto esa persona hace o enseña. Aun cuando parece haber «unción», lo anterior no está garantizado. Cuando Apolos acababa de llegar a Éfeso, no solo fue elocuente y bíblico en su predicación; también era «de espíritu fervoroso». Tenía fuego. Sin embargo, Priscila y Aquila notaron que algo le faltaba. Así fue como le tomaron aparte (probablemente lo convidaron a comer a su casa), y le expusieron más exactamente el camino de Dios (Hechos 18:25, 26).

Lo que Pablo, como padre espiritual, quería explicar más exactamente a los creyentes corintios, entonces, era el camino de Dios respecto de los dones. En 12:1 él denomina a estos dones sencillamente «espirituales» (la palabra *don* no se halla en el griego aquí). La palabra por sí podría incluir otras cosas dirigidas por el Espíritu Santo y expresadas por medio de creyentes llenos del Espíritu. Pero en este pasaje Pablo está claramente limitando el significado de la palabra a los dones gratuitos o *carismata*, los que son mencionados una y otra vez (12:4, 9, 28, 30, 31; 14:1). Todos los escritores cristianos de la antigüedad tomaron, por consiguiente, la palabra *espirituales* como dones espirituales, reconociendo que eran dones sobrenaturales que tenían como su fuente inmediata al Espíritu Santo.

Una variedad de dones

En el capitulo doce Pablo da tres listas de dones. La primera (12:8-10) contiene nueve dones, los que probablemente son clasificaciones de dones, en que cada una tiene una variedad de formas de manifestación posible. La segunda lista (12:28) da ocho dones en que se incluye gente usada en el ministerio. Tres de estos dones no se mencionan en la primera lista. La tercera lista (12:29, 30) contiene siete dones en que entran elementos tomados de las dos listas anteriores.

Muchos hay que consideran la primera lista de nueve dones como completa e inclusiva. Esto significa que los otros dones que aparezcan en cualquier otra lista deben tomarse como expresiones o entretejidos de estos dones [una palabra de sabiduría, una palabra de conocimiento, fe, dones de sanidades, operaciones de (actividades que ponen de manifiesto) milagros, profecía, discernimiento de (distinción entre) espíritus, diversos géneros de lenguas, interpretación de lenguas]. Un escritor establece que «todo suceso sobrenatural en la Biblia o fuera de ella, por cierto que con la excepción de los milagros falsos de origen satánico, debe incluirse dentro del alcance de los nueve dones sobrenaturales». Pero Pablo no dice, ni siquiera de estos nueve dones, «Estos son los dones del Espíritu». Sencillamente él dice mientras recorre la lista, aquí hay un don dado por el Espíritu, luego otro por el mismo Espíritu, y otro por el mismo Espíritu. El énfasis se ha puesto en el hecho de que todos provienen del Espíritu Santo, y no en que se nombran todos los dones.

Parece mejor tomar todas estas listas como que meramente entregan muestras de los dones y vocaciones del Espíritu, muestras tomadas de una provisión infinita. ¿Cómo podría haber limite a la abundancia de sus dones puestos a disposición de la Iglesia para su comunión, vida y trabajo? Lo que parece preocupar más a Pablo es la variedad de los mismos que alguna especie de clasificación o categoría. En las varias listas él no los presenta en el mismo orden. Frecuentemente menciona lo que podríamos considerar especies o clases enteramente diferentes de dones, agrupándolos sin distinción alguna. Sea cual fuese la necesidad de la Iglesia, el Espíritu tiene algún don que la satisface.

Mediante la combinación de estas listas con la lista de Romanos 12:6-8 y de Efesios 4:11 en varias maneras, es posible llegar a un total de dieciocho a veinte dones. Pero algunos de esos dones tienen aspectos de coincidencia. Romanos 12 considera a la exhortación como un don distinto. En 1 Corintios 14:3 se halla incluida como una función de la profecía. Efesios 4:11 parece incluir al pastor y al maestro juntos como uno solo. Hay probablemente muchas otras interrelaciones.

Honrando a Jesús

Antes de presentar una lista de dones, Pablo atrae la atención al hecho de que el Espíritu Santo siempre glorificará a Jesús (12:3). Hemos visto que Pablo siempre mantuvo a Cristo como el centro de su ministerio. El Espíritu fue quien le guió a hacer esto, porque el Espíritu Santo desea honrar a Jesús. Jesús es la Palabra viva. Él vino para revelarnos a Dios y sus caminos (Juan 1:14, 18). Ahora Jesús ha vuelto al cielo, pero el Espíritu Santo todavía hace que Él sea para nosotros la Palabra viva de Dios. ¡Qué contraste es éste para estos creyentes corintios y su anterior condición, en que eran llevados por sendas extraviadas por los ídolos mudos, meras cosas que no tenían significado, ni palabra para ellos! (12:2). Esta fundamental falta de significado es algo cierto de todo lo que está fuera de Cristo.

La palabra que el Espíritu Santo da puede ser de esta manera probada por el hecho de que Él siempre reconoce a Jesús como el divino Señor exaltado sobre todo otro poder y autoridad, real o imaginaria reconocida por los hombres. Él es Rey de reyes y Señor de señores (1 Corintios 8:5, 6; 15:24, 25; Filipenses 2:9-11; Romanos 14:9). Por otra parte, nadie que hable por el Espíritu dirá jamás, «¡Sea Jesús maldito!» Algunos toman esta maldición como la exclamación de un espíritu demoníaco. Otros piensan que era proferida por falsos maestros, los cuales en el espíritu del Anticristo hacían una diferencia entre el hombre Jesús y el Cristo espiritual (véase 1 Juan 4:2, 3). Hay todavía quienes creen que procedía de oyentes ignorantes o indoctos, que malinterpretaban la enseñanza de Pablo respecto de Cristo hecho maldición por nosotros (Gálatas 3:13).

No solo el Espíritu Santo exalta a Jesús: nadie puede decir en realidad «¡Jesús es Señor!» si no es por el Espíritu Santo. Por supuesto que cualquiera puede decir las palabras, pero éstas serán vacías, sin significado, a menos que el Espíritu Santo personalmente haga que Jesús sea el divino Señor en nuestra vida cuando reaccionamos ante Él (Señor es el titulo común aplicado por los judíos a Dios). De este modo, en todo nuestro testimonio necesitamos la iluminación, unción, y dones del Espíritu. Es el Espíritu quien da sabiduría y quien aplica la verdad a los corazones (Efesios 1:17).

Aquí hay estimulo para nosotros también. Jamás debemos tener temor de buscar el Espíritu Santo y sus dones. El rendirse a Él jamás nos conducirá por caminos desviados, pues siempre Él honrará a Jesús y honrará su señorío. El ejercicio de los dones del Espíritu se convierte en una oportunidad para honrar a Jesús.

En consecuencia, el mantener a Jesús como nuestro centro, nos ayudará a ver la maravillosa unidad que corre a través de toda la variedad de dones espirituales. Esta unidad se ve también en la forma en que toda la Trinidad coopera para conjugar toda la diversidad de dones en una bella armonía de expresión (12:4-6).

La variedad es siempre necesaria, y los corintios estaban en posesión de ella. Pero, a causa de sus contiendas y divisiones, se hallaban corriendo en todas direcciones, de modo que los dones no rendían la ganancia y el uso para la Iglesia que Dios se había propuesto. Ellos necesitaban ver la armonía y cooperación de la Trinidad en la fuente misma de los dones.

Pablo habla primero del Espíritu como el que dirige la operación de los dones en nuestra vida (véase v. 11). Luego, el habla del Señor Jesús, por cuya autoridad el Espíritu Santo obra en el mundo hoy; luego habla de Dios Padre, quien es el Dador de toda buena y perfecta dádiva (Santiago 1:17).

Cuando Pablo se refiere a estos dones en su variedad de expresión y de distribución, usa tres términos diferentes (1 Corintios 12:4, 5). Hay variedades de dones (*carismata*), pero el Espíritu es el mismo, variedades de administraciones (ministerios, modos de servicio), pero el Señor es el mismo, variedades de operaciones (actividades), pero el mismo Dios es quien obra eficazmente en todo y en todos (véanse Efesios 3:20; Colosenses 1:29).

También es evidente de todo esto que Dios no concede sus gracias y dones en un gran depósito. No hay una reserva de estos dones en la Iglesia o en el individuo. Para cada uno de los dones gratuitos debemos mirar de nuevo a la fuente. También es evidente que los varios dones involucran un ministerio y servicio voluntario de nuestra parte. Dios no nos fuerza a responder en estas actividades. Los dones del Espíritu son necesarios si la Iglesia ha de continuar la obra de Jesús como fueron las intenciones de Él para esta época. Él no nos obliga a que entremos en estos ministerios contra nuestra voluntad. No concede sus dones a quienes no los desean y ni siquiera a quienes no se manifiestan anhelosos de tenerlos. Son demasiado valiosos para malgastarlos.

Efectivamente, los dones se conceden con la divina intención de que todos se beneficien con ellos (12:7). Esto no quiere decir que todos tienen un don específico, pero hay dones (manifestaciones, revelaciones, medios a través de los cuales el Espíritu se da a conocer abiertamente) concedidos continuamente para el provecho (uso, inversión, crecimiento) de todos. «Provecho» lleva la idea de algo útil, de ayuda, especialmente en la edificación de la Iglesia, espiritualmente y en números (el libro de Hechos tiene un tema de crecimiento numérico y geográfico. Dios desea que el evangelio se extienda por todo el mundo). Podría ilustrarse con el mandamiento del Señor: «Negociad entre tanto que vengo» (Lucas 19:13). En la medida en que ejerzamos el ministerio de sus dones Él nos ayuda a crecer en eficiencia y eficacia, del mismo modo como sucedió con los que usaron lo que el Amo les dio en la parábola de las diez minas (Lucas 19:15-19).

Concedido de acuerdo con la voluntad del Espíritu

La primera lista de los dones con su repetición del hecho de que cada uno es concedido por el mismo Espíritu (1 Corintios 12:8-10) conduce a un clímax en el versículo 11, el cual dice: «Pero todas estas cosas las hace uno y el mismo Espíritu, repartiendo (distribuyendo) a cada uno en particular (individualmente) como él quiere».

Existe un paralelo aquí con Hebreos 2:4, el cual habla de los apóstoles que oyeron primeramente al Señor y transmitieron el mensaje: «Testificando Dios juntamente con ellos, con señales y prodigios y diversos milagros y repartimientos del Espíritu Santo según su voluntad».

De estos pasajes resulta evidente que el Espíritu Santo es soberano para conceder sus dones. Estos son concedidos según su voluntad, que es la voluntad de Dios. Nosotros podemos buscar los mejores dones, pero Él es quien sabe lo que es mejor en una situación particular. Es evidente también que los dones permanecen bajo su control. Realmente permanecen como dones suyos. Jamás llegan a ser nuestros hasta el punto de que no le necesitáramos a Él para cada expresión de ellos. Ni tampoco llegan a ser una parte de nuestra naturaleza de modo que no podríamos perderlos o no podrían sernos quitados. La Biblia dice que los dones y el llamamiento de Dios son irrevocables (Dios no cambia de manera de pensar respecto de ellos), pero esto se dice respecto de Israel (Romanos 11:28, 29). Sin embargo, al principio parece ser que los dones y el llamamiento, una vez dados, permanecen a disposición. Israel perdió mucho por causa de su incredulidad, lo mismo puede sucedernos a nosotros. Pero podemos volver siempre en fe y hallaremos que los dones están todavía allí para volverlos a reclamar.

El soberano Espíritu Santo continúa siendo el mismo, bien se le llame el Espíritu Santo, el Espíritu de Cristo, el Espíritu de Jesús, el Espíritu de Verdad, o el Espíritu de Dios. De este modo, la fuente es la misma, sin importar cuál sea el don o quién sea la persona usada. También es claro que los dones pueden ser impartidos por Él a una persona para un ministerio más o menos regular en algún don o combinación de dones. Por ejemplo, las listas de dones incluyen profetas. O él puede proporcionar los dones para un breve ministerio a una simple manifestación del don en una reunión particular de la asamblea. De este modo, las listas incluyen profecía.

Vemos también que la unidad no quiere decir uniformidad. Cuando la Iglesia fracasa en lograr unidad por medio de la operación de los dones del Espíritu en amor, se obtiene a veces una apariencia de unidad por medio de insistir en uniformidad. Pero la unidad que trae el Espíritu es la unidad de un organismo vivo. Conserva su variedad. Puede ajustarse a situaciones nuevas y encarar nuevas oportunidades y desafíos. Sigue viviendo y creciendo. La uniformidad se puede obtener a veces por medios humanos y por organización humana. Pero es algo mecánico y superficial. Peor que eso, puede estar muerta. Por supuesto que esto no significa que la organización como tal debe evitarse. Nada en la naturaleza es más altamente organizado que un organismo viviente. La Biblia enseña organización, no por causa de la organización en sí, sino para que la tarea pueda ser realizada. Por otra parte, si todo cuanto tenemos es organización, no podemos vivir o crecer en Dios más de lo que podría hacerlo un automóvil, por fina que fuese su maquinaria.

Un cuerpo con muchos miembros

Para ilustrar la unidad de la obra del Espíritu y para demostrar que los dones del Espíritu no han sido dados para ser usados fuera de relación con el cuerpo de Cristo, Pablo hace en seguida comparaciones con el cuerpo físico. «Porque así como el cuerpo es uno, y tiene muchos miembros, pero todos los miembros del cuerpo, siendo muchos, son un solo cuerpo, así también Cristo» (1 Corintios 12:12).

Esto significa que el propósito de la variedad es hacer posible que el cuerpo funcione como una unidad. La variedad no es de este modo para la ventaja del individuo al darnos más cosas para disfrutar. Es más bien para la ventaja de la Iglesia. En el caso del cuerpo de Cristo la comparación es realmente a los dones que se manifiestan por medio de los diferentes miembros del Cuerpo. De este modo, los varios dones y ministerios del Espíritu son tan importantes y necesarios al cuerpo de Cristo como lo son las partes del cuerpo natural para nosotros como individuos. Dios no ha concedido otros medios para llevar a cabo sus propósitos en esta época actual. ¡Qué terrible es dejarlos atrofiarse por causa del desuso!

Unidad: la obra del Espíritu

La unidad del cuerpo de Cristo es en realidad parte de la primera obra del Espíritu Santo. Él no solo nos da vida espiritual y luego nos deja abandonados a nuestra propia suerte. Nos bautiza en el cuerpo de Cristo (12:13). Nos sumerge, sin importar quienes seamos, junto con judíos y gentiles, esclavos y libres. Luego nos hace beber a todos (ser mojados, saturados) de un mismo Espíritu. Pero no para la auto-exaltación o la rivalidad. El propósito continuado de Dios es que sirvamos y edifiquemos el Cuerpo.

Este versículo (12:13) se interpreta de diversas maneras. Un grupo insiste en que eso es lo mismo que el bautismo del creyente en el Espíritu Santo efectuado por Cristo. Por lo general lo identifican con la regeneración por medio del Espíritu, y a menudo con el bautismo en agua. O tal vez digan que Pentecostés produjo un depósito masivo del espíritu en la Iglesia y que nosotros obtenemos automáticamente nuestra porción cuando somos bautizados en la iglesia. Otros admiten que hay henchimientos del Espíritu, pero no bautismos después de la regeneración. Estos insisten en que 12:13 debiera traducirse: «Porque en un Espíritu también fuimos todos bautizados, de modo de formar un cuerpo». Es decir, hacen que el Espíritu sea el elemento en el cual somos bautizados en la conversión. Lo que se argumenta para esa traducción es que «por» un Espíritu debiera ser «en» un Espíritu. Su argumento es que la palabra griega *en* siempre significa «en» cuando se emplea con la palabra *bautizar*.

Esto es cierto en cuanto a los seis casos que comparan el bautismo de Juan en agua con el bautismo de Jesús en el Espíritu Santo. Sin embargo, a pesar del hecho de que la mayoría de los eruditos tradicionales identifican 12:13 con el bautismo en agua, debemos reconocer que un creyente debiera ser ya parte del cuerpo espiritual de Cristo si es que el bautismo en agua ha de ser testimonio significativo. Así que el bautismo en el Cuerpo no puede identificarse con el bautismo en agua.

Todavía más, la palabra *en* con frecuencia significa «por». En algunos casos se emplea con el Espíritu Santo, y entonces significa «por el Espíritu Santo». Lucas 4:1 habla de Jesús llevado por el Espíritu al desierto. Marcos 1:12 confirma enfáticamente que el Espíritu fue sin duda el agente. Lucas 2:27 es un caso similar: «movido por el Espíritu». Así también Efesios 3:5: «revelado ... por el Espíritu.»

Aun cuando muchos sienten que la evidencia no es conclusiva, o que la traducción es solo un asunto de elección, el contexto es realmente claro. Un examen de todo el pasaje da un firme respaldo a la versión Reina Valera corriente: «por un solo Espíritu.»

Todo el pasaje precedente recalca la unidad del Cuerpo mediante el hecho de que los diversos dones son dados por el mismo Espíritu. El Espíritu es el agente que da los dones. En los versículos 8 y 9, la palabra *en* se emplea de manera intercambiable con la palabra *día*, que significa «mediante». Bien sea por el Espíritu o mediante el Espíritu, es claro que el Espíritu es el agente. Así que el bautismo de 12:13 es de manera muy definida por el Espíritu en el cuerpo de Cristo, y por consiguiente es distinto del bautismo por Cristo en el Espíritu Santo en el día de Pentecostés. Eso encaja bien con la distinción entre la conversión y el bautismo en el Espíritu Santo que se halla en el libro de Hechos.

Holdcroft sugiere que actualmente hay por lo menos cuatro opiniones sostenidas por los eruditos creyentes en la Biblia. Una es que «la experiencia total del creyente con el Espíritu Santo es la función del Espíritu para bautizarlo en el cuerpo de Cristo». Esto se enseña a veces por negligencia y otras a propósito. Un segundo grupo cree que «ser colocado en el cuerpo de Cristo es la única experiencia del bautismo en el Espíritu, y aunque haya un henchimiento subsiguiente con el Espíritu, no es llamado bautismo. Esta es la posición de Merrill Unger, de Samuel Ridout, de Kenneth Wuest, y de muchos otros». Un tercer grupo distingue entre el bautismo por el Espíritu en el cuerpo y el bautismo por Cristo en el Espíritu para servicio. «Esta es la posición de Jasper Huffman, John R. Rice, R. A. Torrey, René Pache, y muchos otros». Un cuarto grupo incluye a los pentecostales, que distinguen entre los dos bautismos y la evidencia para el segundo bautismo que es el hablar en otras lenguas. «Ha sido expuesto por R. M. Riggs, E. S. Williams, Donald Gee, P. C. Nelson, Myer Pearlman», y muchos otros.

Holdcroft llega a sugerir que el rechazo de la posición pentecostal conduce con frecuencia a una carrera cuesta abajo que concluye en la negligencia de la obra del Espíritu en la vida del creyente. Así que, «desentendiéndonos totalmente del asunto de las lenguas, es claramente de importancia espiritual manifiesta disfrutar de un bautismo en el Espíritu significativo y personal».

Solo un cuerpo

El principal énfasis de 12:13 nos muestra que con toda la variedad existente en el Cuerpo todavía hay un solo Espíritu y un Cuerpo. Si una persona está verdaderamente en Cristo, es parte del Cuerpo, aun cuando piense que ahora es miembro de algún partido de Apolos, de Cefas, o de Cristo. Obviamente, cualquier iglesia o denominación que comienza a decir que es la única está desviada en su manera de pensar. Pero aún éstos son todavía parte del Cuerpo si es que han renacido efectivamente mediante el Espíritu.

Pablo compara esto, más adelante, con el cuerpo humano (12:14-20). El pie no puede decir que no es del cuerpo porque no es parte de la mano. Ni el oído puede decir que no es del cuerpo porque no es parte del ojo. Si cada parte del cuerpo tuviese la misma función, si todo fuese un gran ojo o un gran oído, no sería un cuerpo y no podría funcionar. De este modo, una iglesia en que todos tuvieran el mismo don o ministerio sería una monstruosidad, y no sería ciertamente el cuerpo funcional de Cristo.

Pablo lleva la analogía todavía más allá y enfatiza la interdependencia del cuerpo. Ciertamente hay muchos miembros, pero todavía es un cuerpo, en el que cada parte tiene necesidad de las demás. El ojo no puede decir que no necesita a la mano, ni la cabeza a los pies. Aun las partes del cuerpo que parecen ser más débiles o menos importantes son necesarias. Dios ha formado y unificado los miembros de nuestro cuerpo de tal manera que trabajen juntos en armonía perfecta y en dependencia los unos de los otros. Cuando una parte de nuestro cuerpo se hiere, todo el cuerpo (y la persona) se ve afectado. Cuando una parte del cuerpo es honrada, todo el cuerpo se regocija. La misma cosa debiera ser cierta del cuerpo de Cristo y de sus miembros individualmente (12:27).

Para que nadie pase por alto la verdad, Pablo presenta en forma más específica lo referente al cuerpo de Cristo. Así como Dios formó el cuerpo humano de tal modo que hubiera unidad y armonía, así Dios puso en la Iglesia primeramente apóstoles, luego profetas, tercero maestros, en seguida milagros (hechos de gran poder), luego dones de sanidades, ayudas, los que adminisran, los que tienen don de lenguas (12:28).

Algunos consideran que la enumeración que se presenta aquí está en orden de valor, de modo que los profetas y maestros son más importantes que milagros, y los más importantes de todos son los apóstoles. Si eso es así, deberíamos recordar todavía que cada miembro del Cuerpo es necesario e importante. Aun el último de los nombrados, el don de lenguas, si es menos importante, todavía es necesario, como lo es el ministerio de los apóstoles, profetas, y maestros. Efectivamente, fácil es ver la importancia de los apóstoles; por consiguiente, debiera darse más atención a la honra de los cuatro últimos de la lista, que están realmente agrupados juntos.

Otros interpretan como que el orden es cronológico. Jesús designó a los apóstoles como los primeros testigos de su resurrección y de sus enseñanzas. En seguida, les fue dado a los profetas y maestros que edificaran el Cuerpo, de modo que todos pudieran participar de los ministerios y dones del Espíritu. Luego el resto de los dones y ministerios fueron distribuidos entre ellos. Pero no se puede ir muy lejos con esta interpretación. Muchos consideran que en esta lista no hay intención de precedencia, puesto que el interés de Pablo se halla centrado todavía en la unidad y variedad necesaria en el Cuerpo.

Efectivamente, Pablo prosigue y pregunta: «¿Son todos apóstoles? ¿Son todos profetas? ¿Todos maestros? ¿Hacen todos milagros? ¿Tienen todos dones de sanidad? ¿Hablan todos en lenguas? ¿Interpretan todos?» Estás preguntas están formuladas de tal manera que exigen la respuesta, «¡No!» Dios ha dado intencionadamente diferentes dones y ministerios a diferentes personas. Él desea que comprendamos que nos necesitamos unos a otros. La Iglesia como un cuerpo no debiera estar satisfecha con tan solo los primeros dones. El Espíritu Santo desea usar cada miembro y presentar toda la variedad que edificará la Iglesia en unidad.

No hay intención aquí de establecer distinciones agudas entre clérigos y laicos, ni tampoco entre ministerios de tiempo completo y de tiempo parcial. Todos están trabajando juntos bajo la dirección del Espíritu Santo como Él quiere. Es claro que algunos serán usados regularmente en ministerios particulares. Algunos son profetas, otros son maestros. Los verbos que se usan en 12:30 son presentes continuos. Algunos se mantienen ministrando dones de sanidades. Algunos ministran regularmente al Cuerpo en diversos géneros de lenguas. Otros interpretan con regularidad estas lenguas a la congregación. Debiera notarse también aquí que puesto que estos hablan respecto de ministerios regulares al Cuerpo, el hecho de que las preguntas demandan una respuesta negativa no debiera recalcarse en exceso. Si algunos no tienen un ministerio en la línea de los dones de sanidades, eso no quiere decir que Dios no pueda usarlos ocasionalmente para ministrar sanidad a los enfermos. El hecho de que no todos tengan un ministerio de lenguas no significa que todos no puedan hablar en lenguas ocasionalmente o en sus devociones privadas. Tampoco ello es una exclusión de las lenguas en su carácter de evidencia inicial física del bautismo en el Espíritu conforme a Hechos 2:4.

Pablo prosigue a desafiar a los corintios a procurar (desear) los mejores dones, es decir, a esforzarse por obtener los dones espirituales más valiosos (carismata). Difícilmente puede esto significar la enumeración dada en el versículo 28. Puede referirse más bien a los dones que fuesen más necesarios y más edificantes en determinado momento. El mandato recalca también el hecho de que no tenemos los dones automáticamente tan solo por el hecho de tener el Espíritu. Se necesitan pasos adicionales de fe. Además, resulta claro aquí que aun cuando podamos tener un don o ministerio, no necesitamos limitarnos al mismo para siempre. El Espíritu Santo concede los dones «como él quiere», pero no desdeña las necesidades de cambio. Ni tampoco viola Él la integridad de nuestras personalidades al imponernos un don que no anhelemos de veras (12:31).

Un camino más excelente

Tal como ya hemos visto, 1 Corintios 12 toma a la gente que no carecía de ningún don espiritual y les muestra una manera mejor de ejercitarlos. La mejor manera es apreciar la variedad de dones y usarlos para promover la unidad del Cuerpo. Luego Pablo dice: «Más yo os muestro un camino aun más excelente» (12:31). Lo que él quiere decir es: «Estoy por señalarles y explicarles un camino todavía más excelente para el ejercicio de los dones.» Este es el camino del amor, porque el amor hará todo lo que se pide en el capítulo 12 y aún más.

No obstante, esto no significa que el amor puede ser substituto para los dones espirituales. Muchos dicen que el amor es un don del

Espíritu. Algunos llegan aun a decir que no se necesitan otros dones espirituales si tenemos el don supremo del amor. Sin embargo, el amor nunca es llamado don espiritual. El amor de Dios es verdaderamente un don para nosotros. Nos ha sido dado el amor de Cristo. La conciencia del amor de Cristo es también la obra del Espíritu en nuestros corazones (Romanos 5:5). Pero el amor como un factor motivador en nuestra vida es siempre un fruto del Espíritu, no un don del Espíritu. Tampoco hay un contraste entre el fruto del Espíritu y los dones del Espíritu en el sentido de decir que si uno tiene el fruto no necesita los dones. Todo el capítulo 12 muestra que los dones, por la misma naturaleza del Cuerpo, son importantes y necesarios para su vida y ministerio.

El contraste aquí es más bien entre dones espirituales sin amor y dones espirituales con amor. No existe la idea de degradar el valor de los dones espirituales o de decir que el amor es mejor que los dones espirituales. El asunto, en resumen, es que sin amor los dones más valiosos pierden su eficacia, valor, y recompensa.

Dones sin amor

Para exponer esto Pablo señala siete ejemplos de ministerio espiritual, siete cosas que los creyentes corintios tenían en muy alto estimación, sin importar a qué división de la iglesia pertenecieran.

Las lenguas sin amor no tienen más efecto que un ruidoso gong de metal o un címbalo resonante. Llama la atención pero no contribuye a la armonía de la música. La profecía, la comprensión de misterios (con clarividencia sobrenatural), el conocimiento (recibido sobrenaturalmente), y la fe tan grande que remueve no tan simplemente una montaña, sino «monte tras monte», efectuarán más que las lenguas. Pero sin amor, la persona que es usada en estos dones es nada. Personalmente, en lo que tiene relación con su lugar en el cuerpo de Cristo, nada es, aun cuando pueda tener el reconocimiento de mucha gente por sus dones.

Otros pueden sacrificar su dinero y posesiones personales para la obra del Señor. Pueden aun entregar sus cuerpos para ser quemados como mártires a causa de su fe. Muchos pueden recibir ayuda por medio de tales dones. Multitudes pueden ser desafiadas a servir al Señor por medio de la muerte de un mártir. Pero si aquellos que dan sus bienes y su vida no tienen una entrega de su yo, el amor del Calvario, el amor que se da a los que no lo merecen, el amor que nada busca en retorno, nada les aprovechará. Es decir, cuando se presenten ante el trono de juicio de Cristo, sus obras se convertirán en madera, heno, u hojarasca, en lo que a recompensa se refiere (1 Corintios 3:12).

El amor debe obrar en nuestros corazones hasta que se convierta en el motivo que controle todo cuanto hagamos. Tal amor trae consigo también todo el fruto del Espíritu (según lo muestra la descripción de 1 Corintios 13:4-7). Tal amor nunca deja de ser (en el sentido de llegar a su fin por el hecho de que no se le necesita o porque ya no es válido).

En contraste con el amor, las profecías cesarán (se usa aquí una palabra diferente). Las lenguas cesarán (llegarán a su fin, otra palabra diferente). La ciencia (probablemente se trata aquí del don espiritual de la palabra de ciencia) también acabará. Ahora conocemos solo en parte (imperfectamente), y profetizamos en parte (13:9), pero cuando venga lo perfecto (completo, de medida plena), lo que es en parte se acabará (cesará).

Algunos dicen que con «lo perfecto» Pablo quería decir la Biblia, de modo que ahora no necesitamos los dones porque tenemos la Biblia. Superficialmente, esto puede parecer lógico, puesto que la profecía y el conocimiento fueron de especial ayuda a la primera generación de creyentes que no tenían el Nuevo Testamento. Sin embargo, esta interpretación no encaja con la ilustración que usó Pablo. Durante toda la época presente nuestra comprensión y conocimiento son solo parciales, llegados a nosotros en forma indirecta como la imagen borrosa en un espejo imperfecto. (Los antiguos espejos eran realmente de metal pulido imperfectamente y dejaban mucho que desear). Esto no cambió de repente cuando se completó la Biblia. Efectivamente, con todo nuestro conocimiento de la Biblia, todavía vemos imperfectamente. De otro modo, no hallaríamos tantas diferencias de opinión aun entre cristianos llenos del Espíritu.

Todo cuanto dice la Biblia respecto de los dones espirituales muestra que éstos todavía son necesarios. Ellos son parte de lo que Dios ha establecido (colocado, fijado) como una parte integral de la Iglesia tal como Él ha colocado los varios miembros o partes del cuerpo humano en su lugar para cumplir su adecuada función (1 Corintios 12:18, 28). Esto claramente significa que han sido provistos para toda la era de la Iglesia. Pero son temporales por el hecho de que están limitados a la época presente. Hoy todavía son necesarios, pero cuando Cristo vuelva, el estado perfecto será develado. Seremos cambiados a su imagen. Ya no estaremos más limitados por estos actuales cuerpos perecibles.

Con nuevos cuerpos, nueva madurez, y la presencia visible de Cristo con nosotros, no necesitaremos los dones parciales. Las cosas que nos confunden ahora no nos confundirán ya más. Será fácil rendir nuestra presente comprensión parcial e incompleta cuando le veamos como Él es (1 Juan 3:2).

El pensamiento, entonces, no es que estos dones cesarían al concluir la Era Apostólica. Pablo sencillamente dice que no debemos esperar hallar la clase de permanencia en los dones espirituales que hallamos en la fe, la esperanza, y el amor. Estos continuarán por siempre. Aun cuando la fe se convierta en vista, la fe en el sentido de confiada obediencia será siempre la actitud correcta hacia Dios. Aun cuando la esperanza se convierta en realidad y recibamos la plenitud de nuestra herencia prometida, la esperanza en el sentido de una expectación de un bien futuro permanecerá. El amor, por cierto, no puede tener fin, porque Dios es amor. Mientras más tengamos de Él, más amor tendremos. Y puesto que Él es infinito, siempre habrá más por toda la eternidad. Estas cosas que son permanentes deben ser, por tanto, la guía para el ejercicio de los dones espirituales. Por sobre todo, deben ser ejercitados en amor.

10

EL ESPÍRITU EN EL
MINISTERIO DE LA IGLESIA

Teniendo presente el amor, 1 Corintios 14 avanza para dar instrucciones prácticas para el ejercicio de dos de los dones espirituales en la Iglesia: lenguas y profecía. Mientras avanzamos en el capítulo vemos una y otra vez que el amor es el principio que guía, y del cual fluyen estas instrucciones. Y tampoco debiéramos limitar lo que se dice tan solo a las lenguas y a la profecía. La mayor parte de las instrucciones básicas pueden aplicarse a otros dones también.

Mayor es el que profetiza

Uno de los problemas en la iglesia de Corinto era el uso excesivo del don de lenguas en su adoración cuando se reunían como un cuerpo. Puesto que el hablar en lenguas es la evidencia inicial física del bautismo en el Espíritu Santo (tal como lo indican los ejemplos del libro de Hechos), es fácil manifestar fe para reclamar el don de lenguas. Por el hecho de que el corazón del individuo se eleva a Dios mientras habla en lenguas y es bendecido y edificado, resulta fácil entonces responder en lenguas cada vez que uno siente el movimiento del Espíritu. En Corinto esto significaba que las lenguas se ejercían con tanta frecuencia en sus reuniones que se descuidaban otros dones. También sucedía a veces que la espontaneidad de su respuesta y el hecho de que muchos hablaban en lenguas al mismo tiempo, daba la impresión de confusión.

La corrección e instrucción eran necesarias, pero Pablo tenía cuidado de corregir en tal manera que quedara en claro que él todavía apreciaba los dones del Espíritu. Él se alegraba de todos ellos, inclusive de las lenguas. Él no tenía intención de cargar la mano con demasiada dureza en sus instrucciones para no desalentar a nadie en el uso de su don.

Esta es la razón por la que él aclara una y otra vez que no trate de detener el uso de las lenguas. Específicamente, él lo declara: «Así que, quisiera que todos vosotros hablaseis en lenguas» (14:5, donde el griego es un presente continuo). Él no dice que los que hablan en lenguas deben dejar de hacerlo. Les dirige más bien a orar a que puedan interpretarlas (14:13), lo que significa que habrá todavía lenguas que interpretar. Una persona que da gracias en lenguas no ha hecho nada de malo. Efectivamente, él da gracias bien (correctamente, recomendablemente) (14:17).

Pablo mismo dio gracias a Dios porque seguía hablando en lenguas más que todos los corintios. Sin embargo, en la iglesia (la asamblea de creyentes que se reunía para instrucción y adoración), dice él que prefería hablar cinco palabras con sentido para que por su voz pudiera enseñar a otros también, antes que diez mil palabras en lenguas (14:18, 19). Sin embargo, él no pretende excluir las lenguas ni siquiera por esto. Las mismas son todavía una parte legítima de su adoración (14:26).

Antes de dejar el tema, Pablo les advierte que no prohíban el hablar en lenguas. Aparentemente, a algunos no les gustaba la confusión causada por el uso excesivo de las lenguas. Habían tratado de resolver el problema mediante la prohibición de hablar en lenguas. Pero la experiencia era demasiado preciosa y la bendición muy grande como para que la mayoría de los corintios aceptara esto. Algunos dicen hoy: «Hay problemas con el hablar en lenguas, así es que mantengámonos alejados de ellas». Pero ésta no fue la respuesta de Pablo, ni para él ni para la Iglesia. Y aun los limites que él pone a las lenguas no tenían la intención de acabar con ellas. La intención de los tales era dar mayor oportunidad para la edificación mediante otros dones.

La edificación es la clave. Pablo deseaba ver la manifestación de los dones en tal forma que la Iglesia fuese edificada espiritualmente y en número de creyentes. Efectivamente, resulta perfectamente claro mientras avanzamos que Pablo tenía una continua y profunda preocupación por la salvación de las almas (14:23-25).

Sin embargo. Pablo no comienza reprendiendo a los corintios por su uso equivocado de las lenguas. Efectivamente, él comienza con una nota muy positiva. Ocupa cinco versículos para llegar a su tema. Aun cuando él le da un mayor énfasis en lo que sigue al hecho de que las lenguas necesitan interpretación (14:6-13).

Primeramente (14:1), Pablo les anima a seguir el amor, a esforzarse por el amor. Pero esto no significa descuidar los dones espirituales. También debemos procurar (estar profundamente preocupados y esforzarnos por) los dones espirituales. Todo miembro necesita tener el don o los dones que le harán capaz de funcionar en el Cuerpo como el Espíritu quiere.

Sin embargo, la profecía trae tal edificación al Cuerpo que todos debieran desearla. Se ve fácilmente su valor cuando se la contrasta con las lenguas. Cuando una persona habla en una lengua, no habla a los hombres sino a Dios (14:2). Nadie puede comprenderle (nadie aprende nada), porque en el Espíritu habla misterios (verdades secretas, conocidas solo de Dios). De este modo se edifica solo a sí mismo (14:4).

Pablo no dice que esto sea un error. Cada uno de nosotros necesita ser edificado, fortalecido espiritualmente, y Dios quiere que lo seamos. Ni tampoco es egoísta que deseemos ser edificados, porque esto nos ayudará a edificar a otros. Pero Pablo habla aquí respecto de lo que es mejor para la asamblea cuando se reúne (14:26). Es egoísta tomar el tiempo de la asamblea para recibir edificación para uno mismo, en circunstancias que podría recibirse esa edificación en los momentos de devoción privada de uno. Puesto que Pablo hablaba en lenguas más que todos ellos, aun cuando no en la asamblea, es evidente que él pasaba tiempo a solas con el Señor, en el que dejaba que las lenguas afluyeran mientras su corazón se elevaba en fe y alabanza a Dios.

Pero la profecía cumple una función más alta que la de tan solo edificar al individuo. Cuando una persona profetiza (habla en lugar de Dios mediante el Espíritu en un idioma que todos entienden), habla a los hombres (seres humanos, incluidas también las mujeres), no solo a Dios. Sus palabras llevan edificación (que edifica espiritualmente y desarrolla o confirma la fe), exhortación (que alienta y despierta, con un desafío general para que avancen en fidelidad y amor), y consolación (que anima, revive, y estimula la esperanza y la expectativa).

En realidad, los principios sentados en 1 Corintios 12 muestran la importancia del don de profecía. Allí se enfatiza que el Espíritu Santo desea usar al individuo para bendecir y edificar todo el Cuerpo. Él desea que crezcamos en Cristo, pues solo en la medida en que todo el Cuerpo se halle unido y cohesionado, y en que cada parte reciba su provisión de la Cabeza, el Cuerpo crecerá y se edificará en amor (Efesios 4:15, 16). El amor de 1 Corintios 13 nos conducirá también a esforzarnos en favor de la profecía con preferencia a cualquier otro don espiritual, pues ella es la que más hace por la edificación de la Iglesia. Por esta razón, el que habla en profecía a la Iglesia es más importante que el que habla en lenguas. La única excepción es cuando interpreta las lenguas, de modo que éstas hablen a las personas.

Las lenguas necesitan interpretación

Algunos ven en la última parte de 1 Corintios 14:5 el significado de que las lenguas con interpretación son el equivalente de la profecía. Lo que Pablo dice en realidad es que las lenguas con interpretación traen edificación a la Iglesia del mismo modo como la profecía. Las lenguas con interpretación pueden proporcionar una variedad de edificación, incluida la revelación (penetración en el significado de las verdades espirituales), la ciencia (comprensión espiritual), la profecía (un mensaje para animar o exhortar), la doctrina (enseñanza, no en el sentido de establecer nueva doctrina, sino para dar instrucción práctica, o para aclarar la verdad espiritual).

Por otra parte, las lenguas sin interpretación pueden compararse con una flauta o arpa que se toca sin notas claras o sin una melodía definida. Será sencillamente ruido para el que escucha. De manera similar, una trompeta no tiene valor para un ejército si sus notas son inciertas (indistintas e irreconocibles). Cualquier lengua que no se entiende no es otra cosa más que hablar al aire. No comunica. Pablo lo compara a la lengua de los bárbaros (en aquellos días cualquiera que no hablaba griego era llamado bárbaro. Los griegos rara vez se molestaban en aprender otros idiomas. Sencillamente ellos hacían que todos aprendieran griego, lo cual fue de gran ayuda para la difusión del evangelio). El punto es que no hay comunicación en ninguna dirección. De este modo las lenguas sin interpretación no proveen comunicación con otros. Pero la misma persona que habla pierde también el mensaje que el Espíritu puede desear dar.

Pablo añade rápidamente que él no está tratando de apagar el celo que ellos tenían por los dones espirituales. Su propósito es más bien que ellos procuren abundar (que busquen mantenerse rebosantes y abundantes) en ellos para la edificación de la Iglesia (14:12). En otras palabras, los dones debieran ejercitarse con tal madurez, orden, amor, y plenitud que sean una hermosa evidencia del deseo y poder del Espíritu Santo para edificar la Iglesia.

Por consiguiente, todos los que hablan en lenguas debieran procurar interpretar, pero no solo para la edificación de la Iglesia. Pablo prosigue (14:14, 15) y muestra que aun cuando el individuo sea edificado cuando habla a Dios (14:4), recibe un mayor beneficio aun para sí mismo si es que hay interpretación. Cuando habla en lenguas, habla por el Espíritu Santo, y su propio espíritu se eleva a Dios en alabanza y es edificado y enriquecido. Pero su mente o entendimiento no participa, así es que permanece sin fruto (improductiva). De este modo, una persona debiera ejercitar lenguas en la iglesia con el deseo y esperanza de poder interpretar. La iglesia de Corinto no cumplía con esto, pues había ocasiones en que no había intérprete presente (según lo da a entender 14:28). Sin embargo, éste era el ideal hacia el cual debían esforzarse.

Una vez más en (1 Corintios 14:15) Pablo nos recuerda que su intención no era impedir que se hablara en lenguas. Él seguirá orando con el Espíritu (por el Espíritu, es decir, en lenguas). Además, él orará haciendo uso de su mente y entendimiento. Cuando el Espíritu se mueva, él prorrumpirá en un canto espontáneo en lenguas. (El idioma griego generalmente significa cantar con acompañamiento musical, de modo que esto probablemente significa que los músicos también serían dirigidos por el Espíritu). También cantará alabanzas con la mente y el entendimiento.

De aquí podemos ver que, añadiendo a lo ya mencionado en 14:6, las lenguas pueden incluir el dar gracias, bendecir, alabar, o adorar. Pero si no se las interpreta, aquel que es indocto (sin preparación en las cosas espirituales) no puede unirse o expresar su amén a ello. En efecto, el versículo 16 puede significar que aquel que adora en lenguas sin interpretación pone a toda la iglesia en la condición de ignorantes, indoctos, sin preparación.

Esto sugiere también que la adoración en la iglesia debiera ser unánime, en la que todos participaran unidos de corazón, mente y alma. Sin embargo, esto no quiere decir que la adoración en lenguas aun sin interpretación no tenga valor. El que habla en lenguas adora o da gracias en buena forma (correctamente, digna de alabanza), pero el amor querría que los demás fuesen edificados. Tampoco es cierto que el versículo 19 indicaría, como dicen algunos, que Pablo estaría intentando suprimir las lenguas en la vida llena del Espíritu.

Tal como lo hemos notado, Pablo debe haber ejercido el don de lenguas principalmente en sus devociones personales, pero él lo consideraba una parte importante de su vida espiritual. Es posible que algunos corintios estuviesen descuidando la bendición que podría reportarles este don cuando se usaba de este modo.

Tampoco era una arbitrariedad de Pablo esta limitación suya de su expresión en lenguas en la asamblea. Él tenía el corazón de un verdadero pastor. Deseaba alimentar el rebaño. La verdad divina de la Palabra es el alimento que necesitan nuestras almas (1 Pedro 2:2). La enseñanza la pone en una forma que puede ser recibida y asimilada con provecho y bendición. El hecho de que Pablo ocupara todo el tiempo de la congregación con un don que le reportaba principalmente edificación a sí mismo, difícilmente habría mostrado el corazón de un pastor, ni habría sido una demostración del amor del capítulo 13.

Sed maduros en el modo de pensar

Pablo deseaba que los corintios compartieran la misma preocupación por la edificación los unos de los otros, por eso es que se da tiempo para tratar de que acepten su enseñanza (14:20). Él está a punto de dar limitaciones específicas para el uso del don de lenguas en la asamblea. Pero él sabía lo mucho que ellos apreciaban la libre expresión del Espíritu. Él sabía también que ya algunos de ellos estaban cerrando sus mentes. Tal vez algunos dejaban que los invadiera la ira, o comenzaban a criticar, a sentir malicia o mala voluntad. Es tan fácil sentirse insultado cuando alguien trata de dirigir nuestras acciones, especialmente en circunstancias en que hemos sido perfectamente felices y a menudo bendecidos con las cosas como son.

Por consiguiente Pablo les exhorta a que sean maduros. Uno no espera que un niño pequeño comprenda las cosas espirituales. Pero un adulto que es maduro en su modo de pensar se muestra deseoso de buscar comprensión. Por otra parte, los niños no desarrollan la malicia hondamente asentada o la habitual costumbre de criticar. Perdonan y olvidan con facilidad. En lo que a malicia se refiere, debiéramos entonces permanecer como niños, aun más, como bebés. Pero en nuestro modo de pensar y entendimiento necesitamos ser adultos. Se precisa ser maduros en el modo de pensar para recibir enseñanza sobre los dones espirituales. Pero esto era lo que Pablo esperaba de los corintios, y es lo que Dios espera de todos nosotros.

Las lenguas como señal

Pablo aclara que él no está diciendo que las lenguas no son necesarias en la adoración pública. El hablar en lenguas es una señal para el incrédulo que todavía es necesaria. Ante todo, es una señal de juicio, paralela a las lenguas o idiomas de Isaías 28:11. Tal como hemos visto,

Isaías estaba haciendo una advertencia a quienes hacían oídos sordos a la clara revelación de Dios. Dios les enviaría conquistadores extranjeros (los asirios) cuyo lenguaje les parecería a ellos como sílabas sin sentido, pero cuyas acciones dejarían en claro que los israelitas estaban separados de Dios, desvinculados de sus bendiciones, y expuestos a su juicio. Del mismo modo las lenguas son en la actualidad una señal para el incrédulo, la cual le hace comprender que se halla separado de Dios y que no puede entender el mensaje de Dios. También las lenguas son una señal para los incrédulos en el sentido en que atraen la atención y les hacen saber que algo sobrenatural está presente. Esto resultó cierto en el día de Pentecostés, cuando el sonido de las lenguas, como un «estruendo», hizo que la gente se reuniera.

Pero las lenguas traen tan solo una señal para el incrédulo, no un mensaje. Si toda la iglesia se mantiene hablando en lenguas, el efecto inicial pasará. Los incrédulos, o los indoctos (no instruidos en las cosas espirituales) dirán que la gente está loca (fuera de sus cabales, llevada de un entusiasmo descontrolado).

Como en Pentecostés

Muchos procuran hacer una distinción entre las lenguas en Corinto y las lenguas dadas por el Espíritu en el día de Pentecostés. Hay algunas versiones de la Biblia que traducen de manera diferente «hablando en lenguas» en Hechos y en Corintios. En Hechos le dan el significado de hablar en idiomas extranjeros. En Corintios le dan la connotación de hablar extáticamente o con sonidos extraños. Pero no hay evidencia de que los corintios hablasen en éxtasis, en el sentido de estar en un trance. Los espíritus de los profetas todavía estaban sujetos a los profetas. Las instrucciones de Pablo concernientes a la cortesía y al amor, y las restricciones impuestas a las lenguas no tendrían significado si ellos no estuviesen plenamente en control de sus sentidos y conscientes de lo que estuviese sucediendo a su alrededor.

En realidad, lo que sucedía en Corinto era exactamente paralelo a lo que sucedió en el día de Pentecostés. En Pentecostés la multitud fue inicialmente maravillada, pero nadie fue salvado por las lenguas. Eventualmente, mientras los ciento veinte seguían hablando en lenguas, muchos no podían ver una razón para lo que hacían los creyentes y dijeron que estaban llenos de vino nuevo (dulce, muy embriagante). Esto era sencillamente otro modo de decir que parecían estar fuera de sí, locos. En estos tiempos ha habido ocasiones en que los incrédulos han oído hablar en lenguas en su propio idioma, y se han maravillado de las grandiosas obras de Dios, como en Pentecostés (Hechos 2:11). Pero Pablo pone en claro que en la reunión ordinaria en que no hay gente presente de varios idiomas, el propósito y uso de las lenguas se halla algo restringido.

Por otra parte, el don de profecía no es una señal (sobrenatural) para el incrédulo (14:22). La palabra «señal» es una de las que se emplean para designar un milagro. Por el hecho de que la profecía es en su propio idioma el incrédulo no la ve como algo obviamente sobrenatural. Sin embargo, la profecía es en verdad una señal milagrosa para el creyente. Este se halla en armonía con el Espíritu. No tiene necesidad de que las lenguas le hagan saber que lo sobrenatural está presente. Cuando se manifiesta el don de profecía, él lo reconoce como una obra sobrenatural del Espíritu, plena de su poder.

Puesto que el Espíritu Santo obra por medio de la verdad, y aplica ésta al corazón de los incrédulos en su obra de convicción y de convencimiento (Juan 16:8), el incrédulo debe ser capaz de comprender lo que trae el Espíritu. El mensaje debe pasar por su mente para poder llegar a su corazón. De este modo, la profecía, dada en el idioma que todos comprenden, pone a los incrédulos o a los ignorantes espirituales en el lugar en que se ven a la luz del evangelio y reconocen que el mensaje proviene de Dios. Esto les hace postrarse y adorar y honrar a Dios. En lugar de decir que el que habla está fuera de sí, reconocen que «Dios está entre vosotros» (14:28).

Esto también fue exactamente la situación en el día de Pentecostés. Cuando Pedro se puso de pie para hablar, no presentó su propio razonamiento o sus pensamientos. Él habló como el Espíritu le dio que hablase, pero esta vez fue en profecía y no en lenguas. La palabra de profecía habló al corazón de ellos, tal como lo muestra Hechos 2:37, 41.

Si proseguimos la comparación con el día de Pentecostés, vemos que la nueva iglesia no pasó todo su tiempo hablando en lenguas, sino que «perseveraban en la doctrina de los apóstoles (en su enseñanza), en la comunión unos con otros, en el partimiento del pan y en las oraciones» (2:42). La palabra de Dios crecía, y el número de los discípulos se multiplicaba (Hechos 6:7). Esteban, «lleno de gracia y de poder hacía grandes prodigios y señales ... y no podían resistir a la sabiduría y al Espíritu con que hablaba» (Hechos 6:8, 10). Desde el comienzo se manifestó en la Iglesia una variedad de dones espirituales.

Pablo reconoció que esta variedad de expresión es algo normal. Las palabras «¿Qué hay, pues?» (14:26) manifiestan que Pablo deseaba que los corintios vieran esto. La primera regla para la manifestación de los dones espirituales, según lo indica el capitulo 12, es que ningún don carece de importancia y que ningún don debiera ser puesto a un lado. «Cada uno de vosotros» significa que todos debieran tener algo que contribuir a la edificación del Cuerpo. Nadie debe echarse atrás en su asiento para tan solo disfrutar de lo que reciba. Tampoco hay una distinción implicada entre lo natural y lo sobrenatural en el ministerio de los creyentes. Todo viene de la provisión de Cristo (Efesios 4:16), y es ministrado por y por medio del Espíritu Santo.

Cuando en aquel entonces los creyentes se reunían (por lo general en un hogar), uno podía tener un salmo (probablemente un salmo del Libro de Los Salmos) cantado bajo la unción del Espíritu (por lo general con acompañamiento musical). Otro podía traer una doctrina (enseñanza), esto es, instrucción de la Palabra de Dios iluminada por el Espíritu. Otro podía traer una revelación; esto es, uno de los dones de revelación, tal como una palabra de sabiduría o una palabra de conocimiento. Todavía otro podía traer una lengua y otro una interpretación. No hay un «orden de servicio» fijado en este cuadro de una reunión del Nuevo Testamento.

Reglamentación para la manifestación de las lenguas

Con el fin de hacer lugar para esta variedad de expresión, Pablo da cuatro instrucciones específicas que han de servir de guía en la expresión del don de lenguas en la adoración pública. En primer lugar, el número debiera limitarse a dos o a lo más tres (1 Corintios 14:27). Hay quienes interpretan que esto significaría dos o tres en forma sucesiva, lo que permitiría que más adelante en el culto hubiera otros dos o tres. Otros interpretan que significa dos o tres por la misma persona, permitiendo de esta manera que hubiera dos o tres más por la siguiente persona. Pero ninguna de estas ideas armoniza con el propósito de permitir una mayor variedad en la manifestación de los dones. Todavía más, «por dos» es un empleo distributivo de la palabra «por». En este contexto, su único significado puede ser dos, o a lo más tres, en cada reunión o cada vez que se reúnen los creyentes. Dos debieran considerarse suficientes, pero tres es permisible. Además, el propósito no es apagar el Espíritu, sino alentar a los creyentes para que busquen y ejerciten otros dones del Espíritu.

217

En segundo lugar, las lenguas debieran ser por turno (dadas por una persona a la vez). El amor y la cortesía no permiten que dos hablen en lenguas a la vez, como si estuvieran en competencia.

En tercer lugar, uno debiera interpretar. Esto es, debe darse oportunidad para una interpretación después de un mensaje en lenguas. Si alguien se pone de pie para darlo, no debiera ponerse de pie otro también, sino que debiera dársele oportunidad al primero para que interprete. Hay quienes consideran que esto significa que una persona en la congregación debiera encargarse de todas las interpretaciones. Pero esta idea no cuadra bien con el mandato de que cada persona ore que pueda interpretar las lenguas que él mismo haya dado (14:13).

Cuarto, si no hay intérprete presente (nadie que haya sido usado con el don), entonces no debiera haber manifestación de lenguas en voz alta, pues ello no edificaría a la Iglesia. Sin embargo, todavía la persona puede expresar el don en manera correcta si es que habla suavemente en forma directa a Dios (14:28). Esto todavía cumplirá el propósito principal del don (14:2). También debe mantenerse presente la exhortación a orar que podamos interpretar (14:13).

La profecía debe ser juzgada

No obstante, el don de lenguas no es el único don que necesita dirección e instrucción. Para todos los dones debieran buscarse principios que ayuden a la edificación del Cuerpo. Pablo señaló que la profecía es mayor que las lenguas por el hecho de que trae una mayor edificación. Pero esto no significa que los profetas tengan amplia libertad para ejercitar el don como les plazca. La profecía también necesita dirección y guía para su adecuada expresión.

En primer lugar, de los profetas pueden hablar dos o tres y luego deben permitir que los demás juzguen. La expresión «por dos» en sentido distributivo, que se usó en el caso de las lenguas, no se usa, sin embargo, en el caso de la profecía. El sentido parece ser que pueden profetizar dos o tres personas en forma sucesiva. Luego, antes que ministren otros, deben juzgarse estos mensajes.

En segundo lugar, el juicio implica una deliberada consideración de lo que dice el Espíritu, cómo es que esto armoniza con la Palabra, y lo que el Señor desea hacer en relación con ello. La profecía no es meramente un ejercicio espiritual. Trae un mensaje del Señor. Si una profecía sigue a la otra, vez tras vez, se perderá el efecto y habrá poca edificación. Por esta razón es que no se debe permitir que ni siquiera el don de profecía llegue a ser un medio de recibir bendición sin que luego se haga nada respecto de él.

Entonces, después de dos o tres mensajes en profecía, otros necesitan juzgar (examinar, diferenciar, evaluar). Se entiende que el juicio se hará con la ayuda del mismo Espíritu que da la profecía. Pero también es claro que la Biblia no pretende que nos sentemos con la boca abierta y que nos traguemos todo lo que se diga sin pensar en ello. Los bereanos fueron considerados nobles por el hecho de que escudriñaron la Escritura para ver si las cosas que decía Pablo eran así (Hechos 17:11). La misma aplicación puede hacerse respecto de los dones del Espíritu.

Además, a veces nuestras conclusiones necesitan ser evaluadas. Es posible ver una profecía a la luz de nuestros propios sentimientos, como en Hechos 21:4, 12. (Creo que los sentimientos de uno pueden llegar a mezclarse sin que uno se lo proponga.)

En tercer lugar, si una persona se encuentra en el momento de dar un mensaje en profecía y otra persona se pone de pie y con ello indica que Dios le ha dado una revelación (mediante algún don del Espíritu), entonces la primera persona debiera dar una oportunidad a la segunda para que hable. De este modo, el amor no permitirá que nadie monopolice todo el tiempo. Luego, a medida que continúen las profecías, una a la vez, varios individuos pueden ser usados, y todos pueden aprender, todos pueden ser exhortados (alentados y desafiados) (14:31).

Paz, no confusión

El amor, que es el principio que gobierna el ejercicio de los dones, trae paz, no confusión. Sin embargo, solo puede desempeñar su tarea si es que los que ministran los dones reconocen que los espíritus de los profetas están sujetos a los profetas. Si el profeta no manifiesta amor, cortesía, y consideración para con los demás, es culpa tan solo de él y no del Espíritu Santo. Podemos ver de aquí también que el creyente lleno del Espíritu no necesita temer que hará algo opuesto a la edificación sin que se lo haya propuesto. Los que ejercitan dones espirituales no están hipnotizados, ni están en estado de sonambulismo. Los profetas y médiums paganos son usados por malos espíritus y no siempre pueden controlar lo que hacen. Pero el Nuevo Testamento jamás considera que las lenguas o la profecía o cualquier otra manifestación del Espíritu sea incontrolable. El Espíritu Santo nos respeta como a hijos de Dios. Dios nos hace colaboradores, de tal modo que cooperamos con él y ejercemos los dones en fe obedientes al rendirnos a él gustosamente.

De aquí vemos que cualquier confusión que estuvieran experimentando los corintios era por culpa de ellos, no de Dios. Notamos también que Pablo no pone sobre los ancianos o pastores la responsabilidad por el orden o por la reglamentación de los dones. Tal como alguien ha dicho, la exigencia es de moderación (autodisciplina) y no de moderador. La responsabilidad en cuanto al orden ha de ser compartida por cada miembro individual de la congregación. Aun el Espíritu Santo respeta nuestra integridad y no nos obligará a obedecer las instrucciones dadas aquí. Por ejemplo, si hay más de tres mensajes en lenguas esto no significa que el cuarto no sea del Espíritu. Él pone sobre nosotros la responsabilidad. Si ante lo único que reaccionaremos serán las lenguas, él seguirá dándonos solamente lenguas; y con ello dejará que seamos bebés espirituales, si eso es lo que queremos.

Repetimos que Pablo no trata de poner a los corintios bajo esclavitud. Ni lo que él les da son instrucciones especiales que solo ellos necesitaban. Los mismos problemas, la misma necesidad en cuanto a variedad en los dones, la misma necesidad de cortesía y de amor se ve en todas las iglesias de los santos (los creyentes que están dedicados a Dios). Lo que él dice aquí (14:33) y en el versículo 28 tiene como intención el lograr que los corintios acaten las instrucciones que Pablo ha expresado para todas las iglesias.

El significado de esto parece ser que una persona no debiera interrumpir el ministerio de otra en el momento en que sienta que el Espíritu le mueve o impulse a ejercitar un don. Nada se pierde con esperar hasta que el Espíritu conceda la oportunidad de ejercitar el don en amor sin causar confusión o desorden. Efectivamente, el controlarse hará que la impresión del Espíritu sea más profunda y que la expresión del don sea más efectiva.

En circunstancias que Pablo habla respecto de interrupción y de desorden, sugiere que debiera evitarse otro tipo de interrupciones. Las mujeres (que en aquellos días por lo general carecían de educación) tenían como costumbre hacer preguntas en manera impropia, y contribuían de esta manera a la confusión. Deberían reservar sus preguntas para hacérselas en casa a sus esposos. Esto debería aplicarse a hombres y mujeres en asuntos que las costumbres consideraban indecorosos. Pero Pablo no está tratando en manera alguna de impedir que las mujeres profeticen, hablen en lenguas, canten, o de algún otro modo contribuyan a la adoración. Él esperaba que las mujeres oraran y profetizaran si el Espíritu les daba un ministerio (11:5). La Biblia no hace diferencia en las manifestaciones espirituales entre hombres y mujeres.

Pablo dice entonces que aquellos que se consideren profetas o espirituales (llenos y guiados por el Espíritu Santo), aceptarán estas instrucciones concernientes al uso de los dones (14:37). No se considerarán superiores a la Palabra de Dios. Apreciarán la variedad y la armonía. Se someterán al juicio de los demás. Tan solo los espiritualmente ignorantes rechazarán estas instrucciones. Pero no se les debe avergonzar en público. Debe dejarse que sigan en ignorancia, pero que sepan que permanecen en esa condición a su propio riesgo. Todavía desea Dios que las cosas se hagan decentemente y en orden. Pero, tal como dice Donald Gee: «No es el orden de un camposanto, sino el orden de una vida corporal que desarrolla todas sus funciones con naturalidad y eficacia para todos los involucrados.»

La expresión de los dones, sin embargo, y la preocupación de Pablo por ellos, no deben hacernos olvidar que su mayor preocupación era la predicación del glorioso evangelio que declaraba la resurrección de Cristo y la nuestra (1 Corintios 15). Mediante Cristo recibiremos un cuerpo espiritual, un cuerpo verdadero que es el templo perfecto, el perfecto instrumento para la expresión del Espíritu. La que ahora tenemos es solo parcial y puede ser solo parcial a causa de nuestras limitaciones presentes. Pero lo que es perfecto sin duda ha de venir. Nosotros esperamos algo aún mejor que lo que Dios dio a Adán en el comienzo. Nuestra restauración no es meramente a aquello que Adán perdió, sino a lo que Cristo ha preparado. Él se preocupará de nuestra resurrección y de nuestra herencia, porque Él es un Espíritu dador de vida (15:45). Esto puede tener el significado de que Él da vida procedente del reino espiritual donde ahora reina en gloria.

Las arras del Espíritu

También en Segunda de Corintios hay esa mirada hacia adelante. Junto con Efesios habla de las arras (la prenda) del Espíritu y lo conecta con un sello del Espíritu. Después de recalcar que Dios nos ha establecido en Cristo y nos ha ungido, Pablo dice que Dios también nos ha sellado y nos ha dado las arras del Espíritu en nuestros corazones (2 Corintios, 1:22). Luego, después de hablar del tiempo en que recibiremos nuestros nuevos cuerpos, dice (5:5): «Más el que nos hizo para esto mismo (nos ha preparado con este mismo propósito) es Dios, quien nos ha dado las arras del Espíritu».

Efesios 1:12, después de hablar respecto del propósito de Dios y de nuestra herencia, habla de cómo los creyentes confiaron en Cristo después que oyeron la palabra de verdad, el evangelio de su salvación, «en él», más bien, «por él», por Cristo, «habiendo creído en él, fuisteis sellados con el Espíritu Santo de la promesa, que es las arras de nuestra herencia hasta la redención de la posesión adquirida, para alabanza de su gloria» (Efesios 1:13, 14). Luego, Efesios 4:30 prosigue diciendo que no debemos contristar el Espíritu Santo de Dios con el cual fuimos sellados «para el día de la redención».

Las ideas del sello y de las arras están estrechamente vinculadas. Ambas recalcan el hecho de que lo que tenemos mediante el Espíritu en la actualidad es una garantía de una plenitud mucho mayor que ha de venir. Ambas están estrechamente relacionadas con la idea de las primicias también (Romanos 8:23).

Del mismo modo como las primicias son una parte genuina de la cosecha, así las arras son una parte verdadera de la herencia, y constituyen la garantía de lo que recibiremos en mayor medida más adelante. Nuestra herencia es más que una esperanza. Ahora, en medio de la corrupción, decadencia y muerte de la época presente, disfrutamos en y por medio del Espíritu Santo el verdadero comienzo de nuestra herencia. Efectivamente, el Espíritu Santo mismo es las arras, aun cuando indudablemente todos sus dones y bendiciones están incluidos.

El sello tiene relación con el pensamiento de 1 Juan 2:2. A pesar de que ya somos hijos de Dios, no hay gloria exterior todavía. Todavía tenemos estos cuerpos mortales con todas sus limitaciones. Todavía tenemos muchas de las dificultades, problemas y penas que son comunes a los hombres. Pero tenemos una posesión presente del Espíritu que es el sello que nos da seguridad de que somos hijos de Dios y que nuestra esperanza no nos frustrará (Romanos 5:5). Cuando Jesús venga seremos cambiados a la imagen de él y compartiremos su gloria y su trono. Mientras tanto, disfrutamos de una parte real de nuestra herencia en el Espíritu Santo.

Certeza, no protección

Algunos han considerado que el sello significa protección, resguardo, o seguridad. Pero el sello es un reconocimiento presente de que somos del Señor. De sí mismo, no significa que no podamos perder nuestra salvación. Tampoco hay en el griego empleado aquí la implicación de que este sea un sello semejante al de cuando se sellan los alimentos dentro de un frasco o lata para protegerlo de la contaminación. En verdad somos guardados por el poder de Dios mediante la fe para salvación (1 Pedro 1:5), pero esto no es automático. Debe conservarse la fe.

En Juan 6:27 Jesús dijo que el Padre puso su sello en Él, pero no para protección. Más bien, el Padre lo selló o lo designó como el Hijo de Dios y dador de vida eterna. Luego, cuando recibimos el testimonio concerniente a Cristo, nosotros atestiguarnos (reconocemos) que Dios es veraz (Juan 3:33).

En los tiempos del Antiguo Testamento el sello era el reconocimiento de que se había completado una transacción. Se colocaba un sello en la escritura de una propiedad para indicar que se había pagado el precio y que la transferencia había tomado lugar (Jeremías 32:9, 10). El sello del Espíritu indica de este modo que hemos sido liberados del poder de las tinieblas y hemos sido transferidos «al reino de su amado Hijo» (Colosenses 1:13).

En el Nuevo Testamento el sello tiene también la idea de una designación de propiedad, una marca que indica que somos hechura suya (Efesios 2:10). Por el hecho de que un sello antiguo a menudo imprimía un cuadro, puede hacerse la relación de que el Espíritu trae la imagen de Cristo «hasta que Cristo sea formado en (nosotros)» (Gálatas 4:19). También el sello es una marca de reconocimiento de que verdaderamente somos hijos de Dios y que efectivamente Dios ha aceptado nuestra fe.

El tiempo del sellado

Teniendo en consideración Efesios 1:13, «... habiendo creído en él fuisteis sellados con el Espíritu Santo de la promesa», hay algunos que nos hacen fijarnos en el hecho de que Cristo es el que pone el sello después que uno cree. Por tanto, ellos lo identifican con el bautismo en el Espíritu Santo. En este punto aun Dunn admite que el aoristo (pasado), que se usa aquí respecto del creer como en Hechos 19:2, normalmente significaría que el creer ocurre antes del sellado. Pero en manera semejante a la mayoría de los comentarios, él dice que el contexto exige que el creer y el sellado ocurran al mismo tiempo. Esto es, la mayoría considera que el sellado se refiere a la venida del Espíritu en la regeneración. Se argumenta que el contexto pone atención en la vida espiritual, no en poder para servicio. Sin embargo, en 2 Corintios 1:21, 22, la unión se halla en la lista, lo cual normalmente indica servicio o ministerio. Otros dicen que pertenecemos al Señor en el momento en que somos salvados y que no podemos hacer que el derecho de propiedad de Dios dependa de una experiencia posterior. Pero de todos modos este argumento no está bien presentado. El sello no era causal de propiedad. Tan solo reconocía propiedad. De este modo, la sangre de Jesús es el precio de la compra. Por fe creemos y somos hechos suyos. Luego, el bautismo en el Espíritu Santo viene como el sello, la certeza que Jesús nos da de que Dios ha aceptado nuestra fe.

Algunos interpretan el sello como una designación invisible. Pero esto no cuadra con el significado normal de un sello, que era el de proporcionar una identificación visible que otros pudieran ver. El sello es ciertamente algo más que el creer. La mayoría de los comentaristas olvida también que el bautismo en el Espíritu Santo era la experiencia normal de todos los creyentes en los tiempos del Nuevo Testamento. Por consiguiente, en la mente de Pablo no está él trazando una línea entre creyentes sellados y aquellos que no tienen ese privilegio. Él ve a todos los creyentes en posesión y disfrute de la experiencia y, en consecuencia, los considera incluidos.

Aun el sellado de los 144.000 de Apocalipsis 7:3 puede involucrar el sellado del Espíritu. Cierto es que ellos son sellados con una marca en sus frentes, pero aun en el Antiguo Testamento Dios no ordenaba que se pusiese una señal exterior sin que la acompañara una realidad interior. David fue ungido con aceite, pero el Espíritu Santo vino sobre él desde aquel día en adelante (1 Samuel 16:13).

Sin embargo, las arras habla de una primera cuota (cuotas como en una compra a plazo) de nuestra herencia futura. Así es como debe incluir el movimiento constante y el poder del Espíritu en nuestra vida. Esto es lo más importante que debemos tener presente. Esto está también de acuerdo con el tercer capítulo de 2 Corintios, donde Pablo considera la totalidad de la vida de sus convertidos como epístolas vivas, escritas no con pluma y tinta, sino por el Espíritu de Dios; no escritas sobre tablas de piedra, como lo estaba la ley de Moisés, sino en sus corazones (2 Corintios 3:2, 3).

La gloria de la que participamos

Pablo también ve la gloria de su herencia, no solo en la época venidera, sino que en su vida y ministerio presente. Su ministerio del Nuevo Pacto no era de la letra que mata (y deja en condenación) sino del Espíritu que da vida (2 Corintios 3:6). Este ministerio era mucho más glorioso que aquel que hizo brillar el rostro de Moisés (3:7, 8).

Moisés puso un velo sobre su rostro para esconder esa gloria. Desafortunadamente un velo sobre las mentes de muchos judíos les impedía ver una gloria mayor, la gloria en Cristo. En realidad, las profecías concernientes a Cristo estaban ocultas aun para los apóstoles hasta que el mismo Jesús les abrió el entendimiento e hizo que sus corazones ardieran dentro de ellos (Lucas 24:27, 32, 45-49). El Espíritu desea hacer lo mismo por nosotros al hacer vivir su Palabra (véase 2 Timoteo 3:16, 17).

También a los judíos les será quitado el velo del entendimiento cuando se conviertan al Señor. Y el Señor que ellos verán será Cristo revelado por el Espíritu. Donde está el Espíritu del Señor, entonces, el velo desaparece y hay libertad de la servidumbre de la ley que puso el velo sobre los entendimientos (véase también Juan 8:31, 32). Entonces todos nosotros, judíos y gentiles, con el rostro descubierto (sin velo) contemplamos por el Espíritu la gloria del Señor (2 Corintios 3:17 no significa que Cristo y el Espíritu son la misma persona, y ni siquiera que el Señor del Antiguo Testamento — Jehová — y el Espíritu sean la misma persona. Se trata simplemente de que el Espíritu Santo es portador de la gloria del Señor y sirve como intermediario entre Cristo y nosotros). Si proseguimos nuestra contemplación de la gloria del Señor, aun cuando sea como en un espejo (un espejo imperfecto, de consiguiente viéndolo a Él imperfectamente), somos cambiados de gloria (de un grado de gloria a otro) como por el Espíritu del Señor (2 Corintios 3:18). Esto es, Moisés fue el único que vio la gloria en Sinaí. Por consiguiente, solo él tuvo la experiencia y tuvo que ocultar la gloria mediante un velo. Pero, mediante el Espíritu, el Cristo glorificado que es nuestro Mediador a la diestra de Dios se revela continuamente a todos nosotros (2 Corintios 5:16), y nuestro proceso de cambio es constante.

El contexto muestra, sin embargo, que Pablo esperaba que la gloria se manifestara, no en su rostro como en el caso de Moisés, sino en su ministerio, especialmente en la proclamación del glorioso evangelio de Cristo (2 Corintios 4:1, 5). Este ministerio de Pablo fue aprobado y mostró su gloria creciente por medio de la fidelidad de sus convertidos, por medio de sus sufrimientos, por medio del Espíritu Santo, y por medio de su amor (6:4-6).

Un templo, un cuerpo

En Efesios, Pablo dice que ora por los creyentes para que Dios les dé el espíritu de sabiduría y de revelación en el conocimiento de Él (1:17), no solo para la satisfacción de sus deseos, sino para que sean capaces de ver a Cristo tal cual es, como la Cabeza resucitada y exaltada de la Iglesia (1:20-23).

Parecida era la preocupación que tenia Pablo porque las iglesias de Asia se dieran cuenta de que la obra del Espíritu es mantener la unidad del cuerpo de Cristo. En Corinto el problema era que diferentes facciones surgían en una iglesia predominantemente gentil. En Éfeso y en las iglesias de Asia parece haber habido todavía un gran grupo de creyentes judíos entre los creyentes gentiles. De este modo la línea de separación se hallaba principalmente entre judíos y gentiles. Tenían necesidad de que se les recordara que la Iglesia ha sido hecha una mediante la muerte de Cristo, quien derribó la pared (la ley) que separaba a los judíos de los gentiles. Ahora, por medio de Él (Hebreos 10:20) ambos tienen acceso por un Espíritu al Padre (Efesios 2:18). Ahora estamos unidos, siendo edificados en un templo santo «para morada de Dios en el Espíritu» (2:22).

Pablo les recuerda también que el misterio de que los gentiles fuesen coherederos con los judíos no fue revelado en los tiempos antiguos. El Antiguo Testamento dice con claridad que los gentiles compartirían la bendición (Génesis 12:3, por ejemplo). Pero lo que no era claro era que Dios consideraría a los judíos y a los gentiles como pecadores, que los pondría a todos en el mismo bote, y que luego mostraría su misericordia al dejar que unos y otros ingresaran a la Iglesia sobre la misma base, por gracia mediante fe.

Este misterio no le fue revelado solo a Pablo, sino a todos los santos apóstoles y profetas de la Iglesia primitiva mediante el Espíritu (Efesios 3:5). Sin embargo, Pablo fue constituido en el principal anunciador de estas buenas nuevas a los gentiles. Por medio de él, y por medio de la conversión de los gentiles se le hace saber a los principados y potestades en los lugares celestiales la multiforme sabiduría de Dios. Esto no fue un pensamiento de última hora. Estaba de acuerdo con el propósito eterno que Dios se propuso en Cristo Jesús nuestro Señor (3:10, 11). De esta manera, mediante la Iglesia Dios revela todavía su propósito eterno.

Con este pensamiento en mente, Pablo ora que Dios concede a los creyentes el ser fortalecidos con poder en el hombre interior por su

Espíritu (3:16). El poder (sobrenatural) no es para milagros, sino para el mayor de los milagros, el milagro continuado de la morada de Cristo en sus corazones mediante la fe. También es para ayudarles a que, arraigados y cimentados en amor, puedan comprender la anchura, la longitud, la profundidad y la altura de todo el plan de Dios, y para que conozcan el amor de Cristo y sean llenos de toda la plenitud de Dios. Porque él es capaz de hacer todas las cosas mucho más abundantemente de lo que pedimos o entendemos, según el poder que actúa en nosotros (3:17-20). ¡Qué concepto más impresionante! Dios no solo desea que tengamos una vista panorámica de su plan. Él desea llenarnos de su presencia, lo que debe significar con su propia naturaleza, su santidad, amor, y gracia.

Nosotros tenemos, sin embargo, nuestra parte en tratar de mantener la unidad del Espíritu en el vínculo de la paz, porque debemos cultivar el fruto del Espíritu, especialmente el amor (4:2, 3). Esta unidad es mantenida también mediante el reconocimiento de que hay un Cuerpo, y un Espíritu, ya que somos llamados en una esperanza de nuestra vocación (esto es, el llamado a ascender, que nos hace marchar presurosos hacia la meta en Cristo). Esto significa honrar a un Señor Jesús, confesar una fe (un cuerpo de doctrinas, un evangelio), un bautismo (con toda probabilidad no se trata del bautismo en agua, sino del bautismo en Cristo mediante el Espíritu, lo que nos unifica a todos), un Dios y Padre de todos (4:6). El énfasis se halla en un Dios, un Cristo, un Espíritu Santo, y por consiguiente un Cuerpo. El énfasis aquí no está en algo externo, y ciertamente ni en formas ni en organización externa. Todavía hay unidad con variedad. Pero la variedad, la diversidad, debiera traer bendición y fortaleza al cuerpo local, no dividirlo en facciones. Porque a cada uno de nosotros le es dada la gracia conforme a la medida del don de Cristo (4:7). La gracia, por cierto, incluye dones del Espíritu sin los cuales «la iglesia no puede subsistir en el mundo».

Dones dados a los hombres

Para ilustrar lo que quiere decir por gracia ministrada por el don de Cristo, Pablo cita del Salmo 68:18, y con ello indica que los dones recibidos fueron dados a los hombres (Efesios 4:8). Efesios 4:9. 10 son un paréntesis. Luego Pablo sigue diciendo que estos dones son apóstoles, profetas, evangelistas, pastores, y maestros (o pastores maestros). Esto es, Cristo al ascender a lo alto como nuestro exaltado Señor ha llevado a los hombres cautivos de sí mismo. Luego los ha dado como dones a la Iglesia para perfeccionar (para madurez) a los santos, de modo que los santos (todos los creyentes) puedan hacer la obra del ministerio y edificar el cuerpo de Cristo. De este modo, todo el cuerpo de Cristo llegará al estado de madurez en el cual dejan de ser bebés espirituales que se dejan extraviar por cualquier engañador que se presenta. En lugar de eso, seguirán creciendo en Cristo en todas las cosas y recibirán de Él una provisión que les permitirá ministrar una variedad de dones para la edificación del Cuerpo, tanto en lo espiritual como en número (Efesios 4:13-16).

Obviamente, los dones de Cristo son los mismos que en Corintios se identifican como dones del Espíritu. Pero el énfasis aquí se halla en los hombres y en los ministerios. El énfasis principal en este pasaje tiene relación con lo que Dios hizo en el comienzo para establecer la Iglesia. Pero la Biblia indica también una continua necesidad de ministerios que establezcan la Iglesia y que lleven a los creyentes al estado de madurez. El crecimiento de la Iglesia, edemas de las necesidades de los jóvenes y de los nuevos convertidos, exige esto.

Renovación mediante el Espíritu

La clave para el éxito de este ministerio en el Espíritu es todavía el fruto del Espíritu. Pablo insta a continuación a los creyentes para que se vuelvan de lo que es la conducta de los gentiles con toda su impureza y avaricia. Deben despojarse de la antigua manera de vivir, la que era natural para ellos cuando eran gentiles. Necesitan renovarse en el espíritu de su mente y revestirse del nuevo hombre el cual es creado según Dios (a la imagen de Dios) en la justicia y santidad de la verdad (4:23).

Esto equivale a abandonar los pecados específicos que eran comunes entre los gentiles, tales como la mentira y el robo. También debe incluirse no ofender al Espíritu Santo mediante amargura, ira, enojo, gritería (el dirigirse el uno al otro con gritos airados), maledicencia (calumnias, lenguaje abusivo), y malicia. El Espíritu Santo hace un mejor trabajo cuando manifestamos bondad unos con otros, cuando somos tiernos (compasivos), perdonándonos unos a otros, así como Dios nos perdonó por causa de Cristo (4:32).

Esto significa andar como hijos de luz, reconociendo que todo el fruto del Espíritu es en toda bondad, justicia y verdad (5:9). Significa también que no debemos embriagarnos con vino (ni con alguno de los falsos estimulantes del mundo) en lo cual hay disolución (vicio, disipación, e incorregible libertinaje). En cambio, hemos de mantenernos llenos del Espíritu (5:18). Esto (según lo indica el idioma griego) no es experiencia de una sola vez, sino un llenado continuo, o, lo que es mejor, llenados repetidos, tal como lo sugiere el libro de Hechos.

Si de veras hemos de estar siendo llenos del Espíritu, esto se manifestará en nuestra adoración al hablar entre nosotros (unos a otros) con salmos e himnos, y cánticos espirituales, cantando y haciendo melodía (tocando instrumentos musicales) en (con) nuestros corazones al Señor (5:19). Los salmos y los himnos eran probablemente extraídos del libro de los Salmos (en Hebreo llamado Tehillim, «Alabanzas»). Los cánticos espirituales serían otros cánticos dados por el Espíritu (no necesariamente en lenguas, pero dados en el sentido en que el Espíritu da la sabiduría y el entendimiento).

Nuestra obediencia al mandato de ser llenos del Espíritu se manifestará también en nuestro amor de los unos por los otros, especialmente en nuestras familias (5:21 al 6:9). Esto no será fácil. Estamos empeñados en una lucha contra el diablo, y necesitamos toda la armadura de Dios para resistirle (6:11). Pero podemos hacer más que mantenernos a la defensiva contra él. Necesitamos tomar la espada del Espíritu que es la Palabra de Dios. La Palabra es, efectivamente, la única herramienta, la única arma, el único instrumento del Espíritu. Nosotros llegamos a ser los agentes del Espíritu, no sus instrumentos. Se usa un instrumento como un martillo o una espada, sin que haya sentido de cooperación de su parte. Se le toma y se le deja en forma arbitraria, pero nosotros somos agentes del Espíritu, embajadores de Cristo, colaboradores con el Señor, amigos a los cuales Él revela su voluntad y sus planes. Sin embargo, la Palabra llega a ser por intermedio nuestro, la herramienta del Espíritu.

Necesitamos desarrollar la batalla positivamente también mediante la oración. El escudo de la fe detendrá todos los dardos encendidos del enemigo (los que siempre vienen desde afuera del creyente, nunca de espíritu maligno en su interior). Pero nosotros necesitamos establecer el equilibrio «orando siempre con toda oración y súplica en el Espíritu» (Efesios 6:18).

Permaneced firmes en un mismo Espíritu

A los filipenses Pablo da las buenas nuevas de que a pesar de sus cadenas y de toda la oposición, Cristo está siendo predicado. Se regocija también porque sabe que esto resultará en su salvación (liberación, probablemente de la prisión) por medio de la oración de ellos y la provisión (apoyo infaltable) del Espíritu de Jesucristo (1:19).

De nuevo en el caso de los filipenses se muestra la preocupación de Pablo por la unidad y la eficacia del Cuerpo. Él desea oír que ellos permanecen firmes en un mismo espíritu, combatiendo unánimes por la fe del evangelio (1:27).

El fruto del Espíritu sigue siendo la clave. Si hay alguna consolación (incentivo) en Cristo, si algún consuelo de amor y comunión (participación) del Espíritu, si algún afecto entrañable (compasión) y misericordias, que se muestre entonces la Iglesia de acuerdo y que muestren el fruto del Espíritu mediante su preocupación y amor los unos por los otros (Filipenses 2:1-4), y por medio de su moderación o control de sí mismos (Filipenses 4:5).

Los judaizantes eran todavía un problema también en Filipos, pues Pablo tiene que advertirles respecto de los mutiladores del cuerpo (refiriéndose a la circuncisión hecha con la esperanza de salvación). Los judíos se designaban a sí mismos con el nombre de la circuncisión. La verdadera circuncisión, el verdadero Israel de Dios (Gálatas 6:16), son, sin embargo, aquellos que adoran a Dios en Espíritu (Filipenses 3:3). (O, como dicen algunos antiguos manuscritos: «quien adore mediante el Espíritu de Dios»). En nuestra adoración mediante o en el Espíritu nos regocijamos en Jesús y no tenemos confianza en la carne, esto es, en lo que podríamos hacer de nosotros mismos.

Lugar de preferencia para la Palabra

Colosenses no menciona específicamente al Espíritu con la misma frecuencia que Efesios, pero el énfasis de Colosenses está en Cristo como la Cabeza del Cuerpo. Muestra, concentradas en Él, todas las cosas. Pero estas cosas son también la obra del Espíritu.

Pablo da gracias por el buen informe que ha recibido del amor de ellos en el Espíritu (es decir, lo que era un fruto del Espíritu; véase Romanos 15:30). Las cosas que les pide de que se despojen son las mismas obras de la carne que él menciona en otras epístolas (Colosenses 3:8, 9). Lo que él les pide de que se revistan son las mismas virtudes que él también llama fruto del Espíritu. Sobre todas estas cosas, dice él, vestíos de amor, que es el vínculo perfecto; esto es, que une y mantiene juntas todas las otras virtudes (3:14).

En lugar del mandamiento de ser llenos del Espíritu, Pablo da otro mandamiento que llama la atención a otra base importante para la adoración espiritual: «La palabra de Cristo more en abundancia en vosotros». Esto es, por supuesto, la obra del Espíritu. Por el hecho de que somos llenos de la Palabra como también del Espíritu, nuestra adoración incluirá enseñanza y exhortación de los unos hacia los otros, cantando con gracia en nuestros corazones al Señor con salmos e himnos y cánticos espirituales (3:16). Se ve con claridad que la Palabra y la enseñanza deben tener un lugar céntrico. Nuestros cánticos deben tener un mensaje bíblico.

Avivar el fuego del don de Dios

Al escribir a Timoteo, Pablo concede especial atención a estimular el ministerio de Timoteo mismo como un ministerio en el Espíritu Santo. Él desea que la verdad pase a las generaciones futuras, y sabe que el conflicto que él ha tenido con los falsos maestros no terminará con su muerte. Efectivamente, el Espíritu estuvo hablando con claridad que en los últimos (futuros) tiempos algunos se apartarían de la fe, dando oído a espíritus engañadores y a doctrinas de demonios (enseñanzas cuya fuente son demonios; 1 Timoteo 4:1). Es muy importante, por tanto, que Timoteo confíe lo que ha oído de Pablo a hombres fieles que enseñarán a su vez a otros (2 Timoteo 2:2).

Esto es lo mismo que él tiene en mente en 1 Timoteo 1:18, donde confía un encargo (un cuerpo de instrucciones) a Timoteo para que lo pase a otros de acuerdo con las profecías que se «hicieron antes» respecto de él (esto es, profecías que se hicieron respecto de él mucho antes), para que por ellas (inspirado por ellas, o en cumplimiento de ellas) pudiera seguir peleando la buena batalla de la fe.

Este mismo ministerio de enseñanza está en mente también cuando Pablo (1 Timoteo 4:12-16) dice: «Ninguno tenga en poco tu juventud (que no te miren hacia abajo porque eres joven); sino sé ejemplo de los creyentes en palabra, conducta, amor, espíritu, fe y pureza. Entre tanto que voy, ocúpate en la lectura (leyendo las Escrituras del Antiguo Testamento en voz alta a otros), la exhortación (mediante el don del Espíritu, pero en relación con las Escrituras leídas) y la enseñanza (enseñando la verdad cristiana a otros). No descuides el don (espiritual) que hay en ti, que te fue dado mediante (acompañado de) profecía con la imposición de las manos del presbiterio (los ancianos o dirigentes de las asambleas locales). Practica estas cosas. Ocúpate en ellas (permanece en ellas, vive en ellas), para que tu aprovechamiento (progreso) sea manifiesto a todos. Ten cuidado de ti mismo y de la doctrina (enseñanzas); persiste en ello, pues haciendo esto, te salvarás a ti mismo y a los que te oyeren».

Aparentemente Timoteo necesitaba este clase de estimulo a causa de la persecución que iba en aumento. De este modo en 2 Timoteo 1:6-8 Pablo prosigue: «Por lo cual (a causa de la fe verdadera, sincera y genuina de Timoteo, versículo 5), te aconsejo que avives (que mantengas encendido, ardiendo) el fuego del don de Dios que está en ti por (dado con el acompañamiento de) la imposición de mis manos. Porque no nos ha dado Dios espíritu de cobardía, sino de poder, de amor y de dominio propio (auto-disciplina, control prudente y meditado de sí mismo). Por tanto, no te avergüences de dar testimonio de (acerca de) nuestro Señor, ni de mí, preso suyo, sino participa de las aflicciones por el evangelio (únete a mí en las aflicciones por el evangelio) según el poder de Dios.»

Finalmente, en 2 Timoteo 1:13, 14. Pablo dice: «Retén la forma (la norma) de las sanas (saludables, correctas) palabras que de mí oíste, en la fe y amor que es en Cristo Jesús (las que vienen por estar en Cristo Jesús). Guarda el buen depósito por el Espíritu Santo que mora en nosotros».

Algunos han tratado de usar estos pasajes para promover la idea de que por profetizar sobre alguien se le pueden dar o transmitir a esa persona dones espirituales. Otros han interpretado que por medio de la imposición de manos se conceden dones espirituales. No debemos olvidar, sin embargo, que el Espíritu da los dones como Él quiere. Pero ni siquiera éste es el punto principal aquí. Estos pasajes se comprenden mejor a la luz de Hechos 13:2, 3 y de Hechos 16:2. En Hechos 16:2. Timoteo es presentado a Pablo y se une a su compañía con la aprobación de los hermanos que se hallaban en Listra y en Iconio. En Hechos no se dan mayores detalles sobre este hecho, pero de lo que Pablo le dice a Timoteo es evidente que ocurrió algo similar a lo que sucedió en Antioquía en Hechos 13:2, 3. ¿Por qué deseaban los hermanos que Timoteo se uniera al grupo misionero de Pablo? Lo más probable es que hubo profecía que dirigió a las iglesias para que separaran a Timoteo para la obra para la cual el Señor lo había llamado. Luego Pablo y los ancianos oraron e impusieron sobre él sus manos al tiempo que expresaban su fe y aceptación del llamamiento de Timoteo. «Mediante profecía», y «con la imposición de las manos del presbiterio» o la imposición de las manos de Pablo (lo que ocurrió indudablemente en la misma ocasión en que ocurrió la imposición de manos de los ancianos) significa solo acompañado de. Ni la profecía ni la imposición de las manos es la causa del don. Más bien, éstas prestaron su respaldo al don que Dios ya había concedido.

Lo importante es que Dios tiene un depósito (una inversión) en Timoteo, el cual Timoteo debe preservar mediante el Espíritu Santo que mora en nosotros. A través de todos estos pasajes se halla también repetido el énfasis sobre la enseñanza. Timoteo debe aplicarse a la doctrina, y vivir lo que enseñe, si es que ha de salvarse a sí mismo y salvar a sus oyentes. Hallamos aquí la sugerencia de que el don (carismático) espiritual, que Pablo menciona repetidamente, tenía que ver con la enseñanza, especialmente con la confirmación de los creyentes mediante un ministerio de enseñanza. Cierto es que él tenía que predicar la Palabra y hacer la obra de un evangelista (2 Timoteo 4:2, 5), pero debería hacerlo todo con toda paciencia y doctrina (enseñanza activa).

Para desarrollar este don, Timoteo necesitaba mantener encendida la llama del mismo. No podía descuidarlo. El hecho de que hubiera profecías y se impusieran las manos no era suficiente. Era necesaria una constante atención a este ministerio. El podía llegar a estar muy ocupado en otras cosas, descuidarlo, y el fuego se apagaría. O bien podía permitir que la amenaza de sufrimiento le impidiera ver lo que el poder de Dios realmente podía hacer. El temor cobarde no proviene del Espíritu Santo. En cambio, el poder y el amor sí vienen de Él. Lo mismo ocurre con el dominio propio. Todo esto es necesario también para guardar el depósito del evangelio que Dios ha dado. Muchos han procurado hacerlo mediante el razonamiento humano, estableciendo credos, mediante excelente apologética, pero han fracasado. Esto no puede hacerse independientemente del ministerio y de los dones del Espíritu. Pablo le recuerda también a Timoteo de la obra del Espíritu en relación con Cristo (1 Timoteo 3:16). «Dios fue manifestado (revelado) en carne (en el Hombre Jesús), justificado (vindicado) en (por medio de) el Espíritu, visto de los ángeles, predicado a los gentiles (las naciones), creído en el mundo, recibido arriba en gloria». Algunos interpretan que justificado en el Espíritu significa «manifestó su rectitud al entrar al reino del Espíritu». Pero parece mucho más probable que se refiera a la vindicación lograda cuando fue resucitado de entre los muertos mediante el Espíritu. Algunos consideran que este versículo era un fragmento de un himno en relación con Cristo, el cual había sido dado por el Espíritu y que se cantaba en las iglesias que Pablo estableció. En todo caso, es un bello resumen de lo que la religión cristiana enseña respecto de Él. (Algunos creen que «visto de los ángeles» se refiere a la bienvenida dada por los ángeles a Cristo después de su ascensión. «Recibido arriba en gloria» se refiere al acto de Cristo de llevar a su Iglesia al cielo cuando Él venga de nuevo.)

Derramado abundantemente

Gran parte de la instrucción que Pablo da a Tito es similar a la dada a Timoteo. Sin embargo, en Tito 3:5-7 hay una declaración hermosa y muy bien condensada de lo que Cristo ha hecho por nosotros: «Nos salvó, no por obras de justicia que nosotros hubiéramos hecho, sino por su misericordia, por (mediante) el lavamiento (baño) de la regeneración (el nuevo nacimiento) y por la renovación (la hechura de nuevo) en (por) el Espíritu Santo, el cual derramó (vertió) en nosotros abundantemente por Jesucristo nuestro Salvador, para que justificados por su gracia, viniésemos a ser herederos conforme a la esperanza de la vida eterna».

Hay muchos que consideran que esto es una referencia al bautismo en agua, y suponen que Pablo ha cambiado aquí su manera de pensar respecto de los medios de salvación. Pero el énfasis es todavía el mismo, y la salvación no es por obras. El lavamiento o baño es el nuevo nacimiento mismo. En Efesios 5:26 se usa la misma palabra: «El lavamiento del agua por la palabra». Se relaciona con Romanos 10:8, 9, la palabra que está cerca de ti, en tu boca y en tu corazón, la palabra que Pablo predicaba, «Que si confesares con tu boca que Jesús es el Señor, y creyeres en tu corazón que Dios le levantó de los muertos, serás salvo». El baño, aun el baño de agua, es la Palabra que usa el Espíritu Santo, porque Él es el Espíritu de Verdad, no el Espíritu de agua (comparar también con Juan 13:10; 15:3).

La renovación en el Espíritu Santo tiene que ver probablemente con nuevas relaciones, puesto que la palabra regeneración tiene que ver con vida nueva. Puede referirse al bautismo en el cuerpo de Cristo mediante el Espíritu (1 Corintios 12:13). Luego, como un pensamiento adicional, el Espíritu Santo es aquel que Dios ha derramado abundantemente mediante Jesucristo nuestro Salvador. El derramamiento por Jesús es una referencia a Hechos 2:33 y a Joel 2:28. Pero la referencia principal no es al día de Pentecostés, puesto que Pablo y Tito han sido incluidos. Cada uno tuvo su Pentecostés personal, el cual le llegó por intermedio de Jesucristo. De aquí resulta evidente que todo nuevo creyente puede tener su propio Pentecostés personal, su propia experiencia del bautismo en el Espíritu Santo, y que puede ser la misma rica experiencia dada en Hechos 2:4.

Que Pablo llegue a decir «para que justificados por su gracia, viniésemos a ser herederos» no afecta esa seguridad. Sencillamente reconoce que la justificación por gracia (y por supuesto, mediante la fe; Efesios 2:8) es lo que hace posible que seamos herederos. En realidad, el versículo 7 es solo una ampliación de la frase «nos salvó ... por su misericordia» en el versículo 5.

Dones conforme a la voluntad de Dios

Hebreos también habla de dones del Espíritu Santo como parte del testimonio milagroso sobrenatural de Dios al mensaje de salvación predicado por la primera generación de creyentes (2:4). Pero, mientras que en 1 Corintios 12:11 éstos son distribuidos por el Espíritu como Él quiere, aquí se dice que es según la voluntad de Dios. Esto viene a demostrar simplemente que lo que Pablo dice respecto de que el Espíritu sabe cuál es la voluntad de Dios es correcto (Romanos 8:27).

También los creyentes son hechos partícipes (poseedores) del Espíritu Santo, experiencia que es paralela al gustar (participar) de los poderes (grandes, poderes sobrenaturales) del siglo (época) venidero (6:4, 5).

El Espíritu Santo es también un testimonio a nosotros de que Dios ha aceptado el sacrificio de Cristo y que «hizo perfectos para siempre a los santificados» (10:14, 15). Esto es confirmado en mayor medida por la profecía de Jeremías (10:16; Jeremías 31:33), aun cuando Jeremías mismo no menciona al Espíritu Santo. En este contexto, el «perfeccionamiento» fue cumplido en el sacrificio de Cristo en el Calvario. «Para siempre» significa que es continuamente o por todo el tiempo, y se refiere al hecho de que su sacrificio fue «una sola vez» (Hebreos 9:28). «Santificados»» se halla en una forma continua del verbo, «aquellos que están siendo santificados a consagrados, dedicados a Dios y a su servicio».

Aun cuando el Espíritu da testimonio a esto, la dedicación o separación a Dios es llevada a cabo por la muerte de Cristo (véase también Hebreos 13:12). Esto está de acuerdo con el énfasis general de Hebreos, el cual da prominencia a Cristo como el divino Hijo, y que en general tiene menos que decir respecto del Espíritu Santo que epístolas tales como Romanos y Corintios. Lo mismo puede decirse respecto de la obra de convicción y de convencimiento obrada por el Espíritu, la cual Hebreos muestra que es un asunto de hacer que los hombres vean su relación con un Dios viviente. (Véanse también 3:12; 9:14; 10:31; 12:12).

Notamos también que en Hebreos en lugar de dar el autor humano de una cita del Antiguo Testamento, siempre la atribuye al Espíritu Santo, el Autor divino (3:7; 9:8; 10:15). También Hebreos 9:8 es interesante porque muestra que el Espíritu Santo tenía en mente la tipología mientras inspiraba la escritura de los pasajes del Antiguo Testamento. Esto es, en la misma escritura del Antiguo Testamento Él ya hacía preparativos para, y señalaba, la obra de Cristo.

Celoso anhelo

La epístola de Santiago menciona tan solo una vez al Espíritu Santo: «El Espíritu que él ha hecho morar en nosotros nos anhela celosamente» (Santiago 4:5). El contexto trata con el hecho de que la amistad con el mundo hace que uno sea enemigo de Dios, y con la necesidad de someterse a Dios y su gracia. Es posible hacer que el versículo signifique que Dios abriga sentimientos tan profundos por el Espíritu Santo que mora en nosotros que desea que le demos oportunidad de que Él desarrolle su fruto y conceda sus dones. También es posible entender que el mismo Espíritu Santo desea profundamente que cooperemos con Él en su fruto y dones. El efecto es el mismo, cualquiera sea la forma en que se interprete el versículo.

Santiago también habla de que todo don perfecto proviene del Padre, quien «de su voluntad, nos hizo nacer por la palabra de verdad» (1:17, 18). Esto indica que lo que Pablo y Juan le atribuyen al Espíritu Santo es verdaderamente también de Dios el Padre. Pero esto es nada más que otra evidencia de la cooperación perfecta de toda la Trinidad.

La obediencia a la verdad mediante el Espíritu

Las epístolas de Pedro muestran también que el Espíritu Santo inspira la Palabra y la predicación del evangelio (1 Pedro 1:11, 12). Él declara que «ninguna profecía de la Escritura es de interpretación privada (no se trata de que alguien dé su propia explicación). Porque nunca la profecía (la Palabra de Dios) fue traída por voluntad humana, sino que los santos hombres de Dios hablaron siendo inspirados (llevados, dirigidos) por el Espíritu Santo» (2 Pedro 1:20, 21).

Es también mediante el Espíritu que llegamos a tener santificación o consagración a Dios (1 Pedro 1:2). Él nos permite cooperar con esta obra al purificar nuestras almas en obediencia a la verdad para un sincero amor fraternal (1 Pedro 1:22).

Eso puede significar la participación en los sufrimientos de Cristo. Pero nos sentimos felices si es que esto significa padecer afrenta por causa de su nombre, pues el Espíritu de gloria, el Espíritu de Dios, reposa sobre nosotros (1 Pedro 4:14). En lo natural, la autopreservación es la primera ley de la naturaleza humana. El mundo pone gran énfasis en el interés personal, y exalta al «número uno». La competición lleva a un deseo de dominar a otros y de actuar como un tirano. Pero Jesús fue entre nosotros como un Servidor de los demás. El mayor entre nosotros ha de ser siervo (esclavo) de todos (Lucas 22:27; Mateo 20:25-28; 23:11). El vencer nuestras inclinaciones naturales es solo posible mediante el poder del Espíritu Santo y en la medida en que Cristo viva en nosotros y su naturaleza sea formada en nosotros. Entonces, la provisión de la gracia de Dios hará posible aun el morir por nuestro Señor. ¡Cuán grande contraste hay entre la muerte de Esteban y la muerte de Herodes Agripa! Esteban, lleno del Espíritu Santo, miró al cielo, vio la gloria de Dios, y pudo perdonar a quienes lo habían herido mortalmente (Hechos 7:55-60). Herodes, en un acto de autoexaltación, tomó para sí la gloria que pertenecía a Dios y murió en agonías bajo el juicio de Dios (Hechos 12:21-23).

Del mismo modo que Pablo, Pedro destaca también que Jesús resucitó mediante el Espíritu (1 Pedro 3:18). Por el mismo Espíritu también, fue y predicó a los espíritus encarcelados (1 Pedro 3:19). Algunos interpretan esto como que mediante el Espíritu Santo, Cristo predicó a través de Noé para advertir a aquellos que en la actualidad son espíritus encarcelados. Otros lo interpretan como que por el Espíritu Él fue después de su muerte (o resurrección) a anunciar o proclamar su triunfo a los ángeles que en este momento se hallan recluidos. De lo que sí podemos estar seguros, sin embargo, es de que este pasaje no enseña que haya una segunda oportunidad de salvación.

El Espíritu que actúa por medio de la autoridad de Cristo

El libro del Apocalipsis es por sobre todo una nueva revelación de Jesucristo (1:1). En el libro, el Espíritu Santo revela a Cristo, habla en lugar de Cristo, y actúa en favor de Él. Todo mediante su autoridad. Lo que Jesús dice en forma individual a las siete iglesias de Asia, llega a ser su mensaje para todas las iglesias mediante el Espíritu (2:7, 11, 17, 29; 3:1, 6, 13, 22; 14:13). Esto muestra que el Cristo resucitado y glorificado que ahora está a la diestra del Padre nos habla en la época de la Iglesia mediante el Espíritu. Lo que Juan ve también, lo ve mientras está en el Espíritu (1:10; 4:2; 17:3; 21:10).

La relación entre el Espíritu Santo y Cristo se ve con mayor claridad todavía al comparar las visiones de los siete espíritus de Dios ante el trono (1:4; 4:5) y los siete espíritus del capítulo 5. En el capítulo 4 son siete lámparas de fuego que indican luz, vida y sabiduría. En el capítulo 5 son siete cuernos (que indican autoridad y poder) y siete ojos (que indican sabiduría y conocimiento) en el Cordero. Pero son enviados a todo el mundo (5:6). Los siete cuernos y los siete ojos no indican que haya 14 espíritus. Más bien, los siete espíritus pueden referirse a las siete manifestaciones del Espíritu de Dios reveladas en Isaías 11:2. O bien el número siete puede sencillamente ser el número de integridad y de perfección. De este modo, Cristo obra en la integridad del Espíritu para manifestar su poder y su sabiduría al mundo. El Espíritu actúa por consiguiente en esta era por medio de la autoridad del Cordero, que todavía ostenta las marcas de haber sido muerto. Los efectos del Calvario nos son ministrados plenamente por el Espíritu.

Finalmente, el Espíritu se une con la Novia (la Iglesia) y dice: «¡Ven!» (21:17). Esta invitación ha de pasar de unos a otros en todos los que oigan. Porque hay una abundante provisión del agua de la vida para todos los que tienen sed, y para todos los que quieran. Todos pueden acudir y tomar gratuitamente y en cantidad ilimitada. Con seguridad esto incluye los derramamientos del Espíritu como ríos de agua viva, tal como lo señaló Jesús mismo cuando dijo: «Si alguno tiene sed, venga a mí y beba» (Juan 7:37-39). De este modo, el último libro de la Biblia no termina sin renovar la invitación a todos para que no solo disfruten la salvación mediante Cristo, sino continuos derramamientos pentecostales.

11

EL ESPÍRITU EN LAS
DEMOSTRACIONES
SOBRENATURALES

El ministerio del Espíritu Santo en la Iglesia primitiva se desarrolló
en una atmósfera de confiada expectación. Ellos no solo esperaban la
bendición diaria y la manifestación de los dones del Espíritu; tampoco
olvidaban que Pentecostés era una fiesta en que se ofrecían los primeros frutos. Pentecostés era parte de la cosecha final. De este modo, ellos
miraban hacia adelante al retorno de Cristo. De la vigorosa experiencia
pentecostal de ellos surgió el lema, Maranatha, «¡El Señor viene!» Y ni
siquiera el transcurso del tiempo logró menguar su esperanza. Cuando
Pablo estaba próximo a concluir su vida recién vino a darse cuenta de
que no viviría para ver el día glorioso en que los muertos en Cristo resucitarán. Pero no por eso estuvo él menos seguro de que Jesús volvería
(2 Timoteo 1:12; 2:10, 13; 4:7, 8).

Esa esperanza de ver otra vez a Jesucristo hizo que los primeros
cristianos estuvieran más conscientes que nunca de la necesidad de llevar a cabo su trabajo en el poder del Espíritu. En esta época el Espíritu
Santo es el único que nos puede ministrar la vida, el poder y la persona
de Jesús. Bien sea que se le llame el Espíritu de Dios o de Cristo, el
Espíritu de paz, verdad, poder, gracia, o gloria, siempre es el mismo
Espíritu Santo que hace de Jesús una realidad y que continúa su obra.

Sin embargo, Él se distingue de Jesús como otro Consolador o Ayudador, y como el que da testimonio de Cristo mediante su enseñanza
(Juan 14:16, 26; 16:13, 14) y por medio de sus grandiosos hechos (Hechos 2:43; Romanos 15:18, 19). Se distingue también del Padre, y es
enviado por el Padre y por el Hijo (Gálatas 4:6; Juan 14:26; 15:26; 16:7).
Se muestra su divinidad por todo cuanto hace, especialmente por el

hecho de que conoce las cosas profundas de Dios (1 Corintios 2:10, 11), y que ora por nosotros conforme a la voluntad de Dios (Romanos 8:27).

Él también ayuda a cumplir aquellas oraciones, al dirigir a los individuos y a la Iglesia en la voluntad de Dios. Fue a causa de que Él dirigió a Felipe hasta un eunuco etíope y a Pedro hasta la casa de Cornelio, y luego dio a la iglesia de Antioquía instrucciones para que enviaran a Pablo y a Bernabé, que la iglesia llegó a ser misionera. Todo cristiano gentil tiene una gran deuda con el Espíritu Santo, quien derribó las barreras y ayudó al menos a algunos a vencer sus arraigados prejuicios y a moverse por todo el mundo.

Una vida totalmente dedicada a Dios

Esta dedicación al servicio de Dios nació realmente de una dedicación a Dios mismo. En todo aspecto de la vida del cristiano, el Espíritu nos señala a Jesús y derrama el amor de Dios en nuestros corazones. Si estamos verdaderamente en Cristo, hemos de vivir en y por el Espíritu. De modo que ningún aspecto de nuestra vida debe carecer de su toque. Lo que Él hizo por los creyentes del primer siglo mientras vivieron, trabajaron, adoraron, manifestaron su esperanza y sufrieron por Cristo, desea hacerlo por nosotros. ¡Quién sabe si no hay algunos delantales y pañuelos que Él podría usar para ministrar la sanidad en la actualidad! Pero aun más importante, Él desea hacernos uno en el Espíritu y uno en Cristo al unirnos en comunión con Él.

En realidad, Él está presente para guiarnos bien sea que recibamos manifestaciones especiales de sus dones y revelaciones o no. Hay personas que tienen la idea de que no están en el Espíritu a menos que reciban una nueva revelación o una nueva dirección de parte de Él cada día. Pero cuando Pablo fue impedido por el Espíritu de predicar en Asia, esto es, en Éfeso, él no recibió en ese momento otra instrucción. Su fidelidad a su tarea le hizo ir por muchos días a través de Misia hasta los límites de Bitinia. No fue sino hasta entonces que recibió otras instrucciones de parte del Espíritu (Hechos 16:6, 7).

Gran parte de la vida de los primeros cristianos consistía en una dedicación a cumplir fielmente la obra del Señor y los asuntos de la vida sin intervenciones espectaculares. Sin embargo, ésa no era una existencia monótona. Los dones del Espíritu y la presencia de Cristo eran su porción diaria, tanto en el trabajo como en la adoración. Era una vida de crecimiento en gracia, como también en el fruto del Espíritu.

El crecimiento en la gracia y el desarrollo del fruto del Espíritu fue posible, y es posible en la actualidad, por medio de Cristo que nos santificó por su sangre (Hebreos 13:12). Esto es aplicado a cada persona por el Espíritu Santo, que nos santificó al separarnos del mal y al dedicarnos a Dios cuando nos dio nueva vida y nos colocó en el cuerpo de Cristo (1 Corintios 6:11). Pero ése es únicamente un aspecto de nuestra santificación. La oración de Pablo es que Dios nos santifique por completo (1 Tesalonicenses 5:23). Hay también un aspecto continuo de santificación en el cual debemos cooperar. Debemos presentarnos a Dios (Romanos 12:1, 2), y mediante el Espíritu seguir tras esa santidad (dedicación, consagración en la correcta relación a Dios y al hombre) sin la cual nadie verá al Señor (Hebreos 12:14). Esta es una santidad semejante a la de Él, la que el Espíritu Santo nos ayuda a conseguir (1 Pedro 1:15, 16).

Esto significa reconocer y poner en práctica nuestra identificación con Cristo en su muerte y resurrección. Diariamente debemos considerarnos «muertos al pecado, pero vivos para Dios en Cristo Jesús, Señor nuestro» (Romanos 6:11). Diariamente debemos presentar por fe cada facultad de nuestro ser a Dios como «instrumentos de justicia» (Romanos 6:13; 1 Pedro 1:5). De este modo debemos seguir haciendo morir los impulsos de la vida antigua y continuar ganando victorias mientras vivimos para Jesús (Romanos 8:1, 2, 14; Gálatas 2:20; Filipenses 2:12, 13).

Por una parte, cambiamos de un grado de gloria al otro al contemplar y servir a Jesús (2 Corintios 3:18). Por la otra, la misma dedicación a Dios puede hacer que suframos por Cristo y por el evangelio. Pablo no solo se consideraba a sí mismo crucificado con Cristo y viviendo una vida nueva en y por medio de Cristo (Gálatas 2:20), sino que estaba dispuesto también a cumplir en su carne «lo que falta de las aflicciones de Cristo por su cuerpo, que es la iglesia» (Colosenses 1:24). Esto es, él no había tenido todavía que morir por causa de la Iglesia, pero hasta que eso sucediera, estaba dispuesto a seguir sufriendo para establecer ese Cuerpo, y que más y más creyentes fueran añadidos al mismo.

Toda la obra de santificación es la obra del Espíritu, y ésta recibe en el Nuevo Testamento la mayor parte de la atención. Se antepone al testimonio, al evangelismo, al dar, y a toda otra forma de servicio cristiano. Dios desea que seamos algo, y no solo que hagamos algo. Pues solo cuando lleguemos a ser semejantes a Jesús podrá ser eficaz lo que hagamos y proporcionarle gloria a Él. Nuestra adoración también, al ser guiada por el Espíritu y al ser impulsada por el Espíritu en todo aspecto nos alienta en esto mismo.

El don del Espíritu

Debemos evitar la idea, sin embargo, de que nuestro principal objetivo en la vida cristiana es conseguir nuestra perfección. Realmente conseguimos mayor crecimiento mientras estamos en servicio. La persona santa (dedicada, consagrada) no es la que pasa todo su tiempo en el estudio, la oración, y en las devociones, por muy importantes que éstos sean. Los vasos santos del tabernáculo no podían ser usados para propósitos ordinarios, pero no era su separación del uso ordinario lo que les constituía en santos. No eran santos sino hasta que estaban verdaderamente en el servicio de Dios. De este modo, es santo quien no solo está separado del mal, sino separado para Dios, santificado y ungido para el uso del Señor. Esto era simbolizado en el Antiguo Testamento por el hecho de que la sangre era aplicada primero, y el aceite sobre la sangre. Así, la limpieza era seguida de una unción simbólica que representaba la obra del Espíritu en la preparación para el servicio. Entonces nosotros también somos ungidos, como lo fueron los profetas, reyes y sacerdotes del tiempo antiguo (2 Corintios 1:21; 1 Juan 2:20).

Los medios y el poder para el servicio vienen a través de los dones del Espíritu. Pero los dones del Espíritu deben distinguirse del don del Espíritu. El bautismo en el Espíritu era necesario antes que los primeros discípulos salieran de Jerusalén o aun comenzaran a cumplir la Gran Comisión. Ellos necesitaban poder, y el nombre mismo del Espíritu Santo está conectado con poder. Él vino como el Don y como el Poder. El mismo es las primicias de la cosecha final, que ha venido para dar comienzo a una obra que ha de reunir alrededor del trono a gentes de todo linaje, lengua, pueblo, y nación (Apocalipsis 5:9). El mismo bautismo en el Espíritu fue experimentado por otros en por lo menos otras cuatro ocasiones en Hechos, como ya hemos visto, como también por otros en un tiempo más tarde, según Tito 3:5.

El día de Pentecostés la recepción del don del Espíritu estuvo marcada por la evidencia inicial física (o externa, puesto que no era completamente física) de hablar en otras lenguas (idiomas diferentes del suyo) como el Espíritu les daba que hablasen. Tomando como punto de partida el hecho de que las lenguas es la evidencia dada, y especialmente del hecho de que las lenguas fueron la evidencia convincente en la casa de Cornelio («Porque los oían que hablaban», Hechos 10:46), tenemos una base excelente para considerar las lenguas como la evidencia inicial física (o externa) del bautismo en el Espíritu Santo.

Tal como muchos están dispuestos a admitir, es difícil probar por medio del libro de Hechos que el hablar en lenguas no es la evidencia inicial del bautismo en el Espíritu Santo. La mayoría de los que intentan descalificar a las lenguas como la evidencia recurren a las epístolas, y en ellas buscan pruebas teológicas de su posición. Pero las epístolas no están en manera alguna divorciadas de las experiencias de Pablo, y ciertamente tampoco lo están de las experiencias de la gente a la cual él escribió. El considerarlas totalmente teológicas, en contraste con el libro de Hechos, no cuadra con la realidad. Aun en las ocasiones en que las epístolas presentan una verdad proposicional, tal como la justificación por fe, ésta se relaciona con la experiencia anterior de Abraham (Romanos 4). Según ya hemos visto, gran parte de lo que Pablo dice en sus epístolas en lo concerniente al Espíritu se halla directamente en paralelo a las experiencias del libro de Hechos.

El argumento contra las lenguas como la evidencia se basa mayormente en la pregunta: «¿hablan todos en lenguas?» (1 Corintios 12:30). Ya hemos visto lo débil que es este argumento, especialmente por el hecho de que el verbo se halla en presente continuo. «¿Hablan todos continuamente en lenguas?», lo que significaría: «¿Tienen todos un ministerio para la Iglesia de hablar en lenguas?»

Es importante el valor de las lenguas como una señal, en la edificación personal, y para enseñarnos a responder al Espíritu con sencillez y con la fe de un niño. El hecho mismo de que no sepamos lo que estamos diciendo nos ayuda a aprender a responder al Espíritu sin mezclar nuestros conceptos y deseos, por cuanto hablamos como el Espíritu da que hablemos. Por lo general, no hay registro mental en nuestro cerebro de lo que vamos a decir. En cambio, nuestra mente está a menudo llena de alabanza al Señor, y sencillamente (pero en forma activa) rendimos nuestros órganos vocales, boca y lengua, al Espíritu y hablamos lo que Él nos dé. (Algunos dicen que el Señor les dio unas pocas palabras antes que hablaran. Cuando ellos obedecieron y hablaron lo que vino a su mente, el Espíritu Santo les dio la facultad y la libertad para expresarse en lenguas.)

En el libro de Hechos las lenguas vinieron también cuando se recibió el don del Espíritu. Tal vez haya un intervalo entre el momento de creer para salvación y el de recibir el don, como bien quizá no haya tal intervalo. Lo ideal sería que uno pudiera ejercitar su fe en tal forma que recibiera el don tan pronto como fuese creyente. Pero en Hechos no se indica un intervalo entre la recepción del don del Espíritu y la recepción de la evidencia de hablar en lenguas. Donald Gee cuenta su propia experiencia de recibir el bautismo en el Espíritu Santo «por fe» y luego después de dos semanas de nueva plenitud en su alma, haberse hallado «comenzando a proferir palabras en una nueva lengua». Muchos otros han testificado de experiencias similares. En la experiencia personal del autor de este libro, el Espíritu Santo hizo que Jesús fuese tan maravillosamente real que él no tuvo conciencia de hablar en lenguas (aun cuando otros dijeron que así fue). A la noche siguiente él le dijo al Señor que si había una libertad en el don de lenguas, que la deseaba. De inmediato, las lenguas fueron derramadas en gran abundancia. Tal vez esto sea también un asunto del viento que «de donde quiere sopla». Sin embargo, hay una seguridad de que tenemos el don del cual habla la Biblia cuando hablamos en lenguas. De este modo, la Biblia es la guía, y nosotros debemos juzgar nuestra experiencia por medio de ella.

Esto no quiere decir que debiéramos buscar las lenguas. Nuestra atención debiera estar en el gran Bautizador, el Señor Jesús mismo. La fe que cree que Él cumplirá su promesa es la clave para ser bautizado en el Espíritu. Puesto que el bautismo es para servicio, también están siempre en orden la consagración y la entrega a Dios (Romanos 6:13; 12:1). Pero no podemos programar la forma en que venga. Cada ocasión que se menciona en el libro de Hechos fue diferente. A veces Él viene a pesar de lo que nosotros hacemos. Además, «el viento de donde quiere sopla» (Juan 3:8). Él puede venir en una suave quietud, con un sencillo silbido. Puede venir acompañado del sonido de un fuerte vendaval. Dispongamos nuestro ánimo para dejar que Él venga como quiera.

Debiera reconocerse también que el hablar en lenguas es solamente la evidencia inicial del bautismo en el Espíritu Santo. Se presentarán otras evidencias a medida que la plenitud del Espíritu inunde todas las avenidas de la vida (Juan 7:37, 39; Hechos 4:8). También podemos esperar que se manifieste una mayor reverencia por Dios (Hechos 2:43; Hebreos 12:28); una dedicación y consagración a Dios y a su Palabra más intensas (Hechos 2:42); y un amor creciente y más activo por Cristo, por la Biblia, y por los perdidos (Marcos 16:20).

Efectivamente, siempre debiera tenerse presente que el bautismo en el Espíritu no es una experiencia culminante. Así como Pentecostés mismo fue solo el comienzo de la cosecha y trajo a los hombres a una comunión de adoración, enseñanza y servicio, del mismo modo el bautismo en el Espíritu Santo es tan solo una puerta a una relación creciente con el Espíritu y con los demás creyentes. Conduce a una vida de servicio en que los dones del Espíritu proporcionan poder y sabiduría para la difusión del evangelio y el crecimiento de la Iglesia. La rápida difusión del evangelio en muchos sectores del mundo en la actualidad es una evidencia de esto. En la medida en que se presenten nuevas necesidades, y así como Dios en su voluntad soberana desarrolla su plan, deberán esperarse nuevas experiencias de llenado y nuevas instrucciones para servicio.

Dones generosos del Espíritu

El ministerio del Espíritu y sus poderosos hechos fueron la porción abundantísima de la Iglesia primitiva (según lo indica el griego en Gálatas 3:5; Filipenses 1:19). La abundancia de dones y la forma maravillosa en que éstos satisficieron las necesidades del Cuerpo muestran que el camino de Dios siempre es, «No con ejercito, ni con fuerza, sino con mi Espíritu, ha dicho Jehová de los ejércitos» (Zacarías 4:6).

Sin embargo, no hay un orden especial en el cual la Biblia presenta los dones. Romanos 12:6-8 comienza con profecía. Primera de Corintios 12:8-10 comienza con la palabra de sabiduría. Las otras tres listas comienzan con los apóstoles. Algunos intentan clasificar los dones según su naturaleza, tales como dones de revelación, dones de poder, y dones de expresión. Otros distinguen entre dones viajeros, tales como apóstoles, maestros, y evangelistas; y dones locales, tales como pastores, los que presiden, y los que ayudan. O bien los dividen conforme a su función, tal como proclamación, enseñanza, servicio y administración. Estos son todos legítimos, pero no hay manera de evitar las superposiciones que ocurren con cualquier sistema de clasificación.

Algunos tratan de distinguir entre dones públicos y privados, o entre dones funcionales y oficiales. Pero estas personas frecuentemente pasan por alto el hecho de que todo cristiano tiene su propio don, vocación, u oficio.

Otros intentan distinguir entre dones extraordinarios que son carismáticos, completamente sobrenaturales, y los cuales ellos erróneamente suponen que están más allá del control del individuo (como profecía, milagros, sanidades, y lenguas) y los que ellos llaman ordinarios o no carismáticos, y que incluyen habilidades naturales, humanas (como maestros, ministerio, gobierno, administración, ayudas, dar, y manifestar misericordia). Algunos llevan esto más allá y sugieren que puesto que los apóstoles y profetas fueron necesarios para el establecimiento o la colocación de los cimientos de la Iglesia (Efesios 2:20), en la actualidad ya no son necesarios. Pero Efesios 4:7-11 pone en claro que para el establecimiento de la Iglesia fueron necesarios los apóstoles, profetas, evangelistas y pastores-maestros por igual. Pablo no hace distinción alguna entre ellos. Parece claro también que cada uno de estos ministerios incluye dones sobrenaturales (algunos consideran que los profetas de Efesios 2:20 son los profetas del Antiguo Testamento. Sin embargo, 3:5, y 4:11 señalan definidamente profetas del Nuevo Testamento).

Ni tampoco la Biblia distingue entre dones que son «más sobrenaturales» y «menos sobrenaturales». Todos ellos son parte de la obra del Espíritu por medio de la Iglesia. La declaración de Harold Horton de que todos los dones son «ciento por ciento milagrosos» y que «están totalmente desprovistos del elemento natural», ha sido llevada al extremo por algunos. Él mismo dice más tarde que la expresión del don «puede variar de acuerdo con el oficio o aun con la personalidad de aquel por medio de quien es dado».

Aquí surge un problema cuando algunos dicen que dones tales como profecía o la palabra de sabiduría y la palabra de ciencia son totalmente sobrenaturales y que deben manifestarse de un modo independiente, distinto, que los identifique por lo que ellos son. No ven estos dones relacionados de alguna manera con la enseñanza o la predicación. Pablo contrasta lo que enseña la sabiduría del hombre con lo que enseña el Espíritu, e indica que el Espíritu da la sabiduría y el conocimiento que habrán de ser usados por el predicador o el maestro. El comentario que hace Donald Gee es apropiado: «Si nuestro concepto de lo que es 'sobrenatural' se interpone impidiéndonos ver los dones del Espíritu en los ministerios de predicación y de enseñanza, entonces es claro que nuestra comprensión del significado de 'sobrenatural' necesita ser corregida. Tal vez algunos confunde 'espectacular' con 'sobrenatural'». En realidad, los dones están interrelacionados, y cada uno comprende una variedad de manifestaciones o maneras en las que puede expresarse.

Tres grupos de dones

Por razones de conveniencia, los dones serán considerados en tres grupos. Primero, dones para el establecimiento de la iglesia y para llevarla a la madurez en que todos los miembros pueden recibir sus propios dones y contribuir a la edificación del cuerpo local (Efesios 4:11-16). Estos son los apóstoles, profetas, evangelistas, y pastores-maestros que son elegidos por el Señor, cautivados por Él, y dados como dones a la Iglesia, no simplemente a alguna Iglesia local particular. En cada ministerio hay involucrada más de una manifestación ocasional de un don del Espíritu. En manera semejante a los primeros apóstoles, estos son hombres maduros, adiestrados, que no fueron enviados en su misión hasta que hubieron ganado experiencia bajo el gran Maestro Jesús, luego el Maestro Espíritu, el Espíritu de Verdad). El ministerio de ellos no se limitó a una Iglesia local. Tarde o temprano se mudaban de un lugar a otro, pues fueron dados a la Iglesia como un todo.

Segundo, dones para la edificación del cuerpo local por medio de los miembros individuales. Estas son manifestaciones específicas de los dones espirituales dados según la necesidad y conforme a la voluntad del Espíritu. Pueden ser ejercitados por cualquier miembro de la congregación. Sin embargo, en algunos casos, aun en congregaciones locales puede desarrollarse un ministerio paralelamente con un don, de modo que en este sentido algunos pueden ser llamados profetas, intérpretes, u obradores de milagros (1 Corintios 12:29; 14:28). Pero esto no significa que ellos «tienen» el don en el sentido en que el don residiría en ellos. Los dones siguen siendo todavía del Espíritu, y cada expresión se recibe directamente de Él según sea su voluntad. También es importante el hecho de que todos estos dones son ministrados en el contexto del cuerpo. Hay cierta espontaneidad en relación con ellos. Pero no deben ejercerse de acuerdo con los sentimientos del individuo, sino de acuerdo con las instrucciones de la Palabra (1 Corintios 14), y conforme a los dictados de la cortesía y del amor. Tampoco estos dones hacen que una persona sea independiente de la ayuda de otros. Todas las cartas de Pablo muestran lo mucho que él dependía de la ayuda y las oraciones de la gente de las iglesias.

Tercero, dones para servicio y extensión. Estos incluyen administración, presidir, servicio, repartir, ayudas, misericordia, y exhortación. Otros dones también se sobreponen en este grupo. Es indudable que profecía, fe, milagros, y sanidades contribuyen también a la extensión.

Apóstoles, embajadores de Cristo

Jesús es el supremo sumo sacerdote y apóstol (Hebreos 3:1; Juan 5:36; 20:21). Sin embargo, la palabra apóstol era usada respecto de cualquier mensajero que se designaba y comisionaba para un propósito especial. Epafrodito fue un mensajero (apóstol) designado por la iglesia en Filipos y enviado a Pablo (Filipenses 2:25). Los misioneros que formaban parte del grupo de Pablo fueron los mensajeros (apóstoles) enviados y comisionados por las iglesias (2 Corintios 8:23).

No obstante, los doce fueron apóstoles en un sentido especial. Después de una noche de oración, Jesús escogió a los doce de entre un gran número de discípulos y les dio el nombre de apóstoles (Lucas 6:13). La comunión de la Última Cena estuvo limitada a ellos (Lucas 22:14). Pedro reconoció que los doce tenían un ministerio y una responsabilidad especial (Hechos 1:20, 25, 26), teniendo presente, probablemente, que los doce tendrían en el futuro que juzgar (gobernar) a las doce tribus de Israel (Mateo 19:28). Así es como, después de la elección de Matías, no se hicieron nuevas elecciones para ser incluidos en el número de los doce. Ni se eligieron reemplazantes cuando éstos sufrieron el martirio. En la Nueva Jerusalén hay solo doce fundamentos que llevan grabados los nombres de los doce apóstoles (Apocalipsis 21:14). De este modo los doce fueron un grupo limitado y desarrollaron una función especial en la predicación, la enseñanza y el establecimiento de la Iglesia, como también en testificar de la resurrección de Cristo en poder. Nadie más puede ser apóstol en el mismo sentido en que ellos lo fueron.

Hubo, sin embargo, otros apóstoles. Jesús también envió a otros setenta. Estos formaban un grupo diferente del de los doce (Lucas 10:1). Pero al enviarlos Jesús usó la misma palabra que había empleado al enviar a los doce (en Lucas 9:2), la palabra griega *apostello*, de la cual proviene la palabra apóstol. También dio a los setenta la misma comisión, y ellos regresaron con los mismos resultados.

Pablo y Bernabé también son llamados apóstoles (Hechos 14:4, 14). Pablo también declara que Andrónico y Junias eran estimados entre los apóstoles que fueron antes que él (Romanos 16:7). Sin embargo, Pablo se refiere a todos los demás apóstoles como sus antecesores (Gálatas 1:17). Cuando habla de las apariciones del Cristo resucitado, menciona que Cristo fue visto por Cefas, los doce, luego por quinientos, luego por Santiago el hermano de Jesús, luego por todos los apóstoles, «y al último de todos» fue vista por Pablo, como «un abortivo» (1 Corintios 15:5-8). De este modo, parece que el resto de aquellos que reciben el nombre de apóstoles en el Nuevo Testamento también pertenecían a un grupo limitado del cual Pablo era el último.

Esto encuentra su confirmación en las cualidades establecidas en conexión con la selección de un reemplazante para Judas (Hechos 1:21,

22). Un apóstol tenía que ser testigo ocular de la resurrección y de las enseñanzas o dichos de Jesús. Esta es la razón por la cual el apóstol Pablo estaba viendo constantemente la necesidad de defender su apostolado. Él les dice a los corintios: «¿No soy apóstol? ¿No soy libre? ¿No he visto a Jesús el Señor nuestro?» (1 Corintios 9:1). Luego él sigue diciendo que ellos son el sello, los resultados, la confirmación, de su apostolado. Pablo también dejó bien en claro a los gálatas que él recibió los hechos del evangelio, no de hombre, ni de los otros apóstoles, sino de Jesús mismo (Gálatas 1:1, 11, 12, 16, 17). En esta forma él fue un testigo de primera mano, tanto de la resurrección como de las enseñanzas de Jesús.

Pablo también cumplió las funciones de los apóstoles. Después de Pentecostés, los apóstoles hicieron muchas señales y prodigios (Hechos 2:43; 5:12), y testificaron con gran poder de la resurrección de Jesús (Hechos 4:23; 5:32). Enseñaron a la gente (2:42), y les pareció que el ministerio de la Palabra era su principal responsabilidad (Hechos 6:3; 8:25). También Pablo conecta a menudo su apostolado con la proclamación de la resurrección de Cristo, con la predicación y la enseñanza, y con las señales de un apóstol «en toda paciencia, por señales, prodigios y milagros» (2 Corintios 12:12; 1 Corintios 15:9; 1 Timoteo 1:1; 2:7; 2 Timoteo 1:1, 11).

Sin embargo, a pesar de las limitaciones en el oficio de apóstol, hay una continuación del ministerio apostólico que es indicada por medio del Espíritu Santo (Hechos 5:32). Vemos también que Dios ha puesto en la Iglesia apóstoles, profetas, maestros, milagros, ayudas, los que administran, los que tienen don de lenguas (1 Corintios 12:28). Se usa exactamente la misma expresión respecto de estos dones como la que se usa en relación con las varias partes del cuerpo humano en 1 Corintios 12:18. En otras palabras, tal como los ojos, oídos, manos, y pies son todos necesarios para el adecuado funcionamiento del cuerpo, del mismo modo estos dones ministeriales, por la naturaleza misma de la Iglesia, son necesarios para el adecuado funcionamiento de ella.

El ministerio apostólico es, entonces, una obra de edificación de la Iglesia, de edificación comunitaria, ejercida con acompañamiento de milagros que son la obra del Espíritu. Los apóstoles dejaron tras sí iglesias establecidas, organizadas con sus propios ancianos (llamados también obispos o sobreveedores, como superintendentes, oficiales administrativos elegidos de las congregaciones) y diáconos (ayudantes, elegidos también de la congregación). Seguramente, tal ministerio ha continuado a través de la historia de la Iglesia y todavía es necesario. También han aparecido los falsos apóstoles (Apocalipsis 2:2), pero ellos deben ser probados respecto de su enseñanza (Gálatas 1:8) y respecto del fruto de su vida. Los apóstoles genuinos edificaron la Iglesia. Ninguno de ellos procuró jamás hacerse de un grupo de seguidores.

Profetas, voceros de Dios

Jesús mismo fue el gran Profeta, aquel que el Antiguo Testamento señaló como el que venía (Hechos 3:22; Mateo 21:11; Juan 6:14; 7:40; Deuteronomio 18:15).

El profeta del Antiguo Testamento era un vocero de Dios lleno del Espíritu, una boca para Dios, pero enseñado por Dios respecto de lo que debía hacer y decir (compare Miqueas 3:8; Amós 3:8; Éxodo 7:1; 4:15, 16).

La palabra empleada en el Nuevo Testamento indica también un vocero para Dios, el que proclama la revelación que ha recibido directamente de Dios. Con los apóstoles, ellos revelaron verdades que eran misterios en los tiempos del Antiguo Testamento pero que ahora son reveladas por el Espíritu (Efesios 3:5), y de este modo ayudaron a colocar el fundamento de la Iglesia (Efesios 2:20). Esto implica que se usaron en presentar verdades que más tarde quedaron incluidas en el Nuevo Testamento.

Pero del mismo modo como en los tiempos del Antiguo Testamento hubo muchos profetas que desafiaron al pueblo y lo condujeron en la adoración, pero que no escribieron libros, así fue en la Iglesia del Nuevo Testamento. Muchos trajeron iluminación y aplicación práctica de verdades ya recibidas. Un buen ejemplo es el de Silas y Judas que fueron los portadores de la decisión del Concilio de Jerusalén a Antioquía: «Y Judas y Silas, como ellos también eran profetas, consolaron y confirmaron (estimularon y desafiaron) a los hermanos con abundancia de palabras» (Hechos 15:32). Esto está en perfecto acuerdo con la naturaleza de la profecía como lo hemos visto en 1 Corintios 14:3.

También algunos profetas fueron usados para predecir el futuro, como Agabo en dos ocasiones de las cuales hay registro (Hechos 11:28; 21:11). En ambos casos Agabo dejó su hogar en Judea para dar la profecía donde habría de tener beneficio. En el primer caso, se tomó una ofrenda para ayudar a la iglesia de Jerusalén durante la época de hambre profetizada, la que efectivamente ocurrió. En el segundo caso, la Iglesia estaba preparada para ver la voluntad de Dios en el arresto y encarcelamiento del apóstol Pablo. En ningún caso había doctrina nueva involucrada. Ni tampoco se dieron instrucciones respecto de lo que la Iglesia había de hacer. Esto fue dejado librado a la reacción de ellos al Espíritu. Jamás hubo algo parecido a decir la suerte en el ministerio de estos profetas, ni proveyeron ellos un substituto para una búsqueda personal de la voluntad de Dios.

Los que eran usados regularmente por el Espíritu en el ejercicio del don de profecía en la congregación local son también llamados profetas (1 Corintios 14:29, 32, 37). La Biblia nos advierte también contra los falsos profetas que reclaman hablar por el Espíritu y que deben ser puestos a prueba (1 Juan 4:1).

Evangelistas, anunciadores de buenas nuevas

Un evangelista es un predicador del evangelio, un anunciador de buenas nuevas. Jesús mismo fue el evangelista ungido profetizado, ungido para predicar el evangelio, y conocido por predicar el mensaje de buenas nuevas a los pobres (Lucas 4:18; 7:22).

La palabra evangelista se emplea solo en otros dos lugares en el Nuevo Testamento. Felipe llegó a ser conocido como el evangelista (Hechos 21:8). Luego Pablo instó a Timoteo para que hiciera la obra de evangelista (2 Timoteo 4:5). Pero el verbo y el nombre correspondiente son usados muchas veces al hablar de llevar buenas nuevas, declarar alegres nuevas (Hechos 13:32), predicar el evangelio de la gracia de Dios, el evangelio de la paz, o sencillamente predicar a Cristo. El evangelio es las buenas noticias respecto de Jesucristo. El evangelista viene, entonces, no a condenar al mundo, sino para que el mundo pueda ser salvo por medio de Él (Juan 3:17).

Usando a Felipe como un ejemplo, vemos que el ministerio de evangelista lo llevó a gente que no conocía al Señor. En primer lugar, fue a una ciudad donde los milagros produjeron gran gozo y donde la gente creyó su predicación y fueron bautizados (Hechos 8:6-8, 12). En segundo lugar, fue enviado a una persona, y a partir del lugar donde el eunuco leía, él predicó, (evangelizó, llevó las buenas nuevas referentes) a Jesús (Hechos 8:35). De ese modo, el evangelismo masivo y la evangelización personal son igualmente la obra del evangelista.

Aquí hay una distinción entre el evangelista y el profeta que a menudo se pasa por alto. El evangelista no iba a las iglesias. Él iba donde estaban los pecadores. Los profetas iban a las iglesias. Como en el caso de Judas y de Silas, la obra de ellos fue la de mover, avivar, y fortalecer a los creyentes. En cierto sentido, entonces, los profetas eran hombres de avivamiento. Ciertamente, puede haber combinaciones de estos ministerios. Muy a menudo el evangelismo es mucho más fácil cuando la iglesia local es movida, avivada, y fortalecida. Pero Pablo indica que algunos hombres están especialmente dotados como profetas, otros como evangelistas.

La Biblia también nos pone sobre aviso respecto de ciertos evangelistas. Hay quienes predican otro, evangelio y que deben ser considerados como anatema, porque caerán bajo el juicio de Dios (Gálatas 1:8, 9)

Buen alimento de pastores maestros

A pesar de que algunos consideran a los maestros y pastores como ministerios separados en Efesios 4:11, parecen estar unidos. La repetición de la palabra otros indica que se consideran solo cuatro ministerios, y que los pastores son también maestros.

La palabra pastor aquí no es usada en el sentido moderno de la palabra (nuestros pastores están más cerca de lo que era el anciano-presbítero-obispo del Nuevo Testamento, el oficial administrativo de la iglesia local, quien debía ser también «apto para enseñar»; 1 Timoteo 3:2).

Se usa la misma palabra griega para designar a Jesús como el gran Pastor de las ovejas (Hebreos 13:20), nuestro buen Pastor (Juan 10:2, 11, 14, 16; 1 Pedro 2:25). El pastor oriental conducía a su rebaño hasta donde éste podía hallar alimento y agua (Salmo 23:2). La palabra hebrea empleada para pastor tiene la significación de alimentador. La preocupación principal del pastor, de acuerdo con el término que aquí se emplea, no es dirigir los asuntos de la iglesia, sino impartir enseñanza. El buen alimento es, por supuesto, la Palabra de Dios. Y la tarea del pastor-maestro es explicarla y hacer que a la gente le resulte bien entenderla, asimilarla y aplicarla. Vivimos en un mundo de cambios, donde los nuevos problemas, las nuevas interrogantes, y las nuevas circunstancias hacen ciertamente necesaria la ayuda de un maestro que señale los principios de la Palabra y demuestre la forma en que éstos se relacionan con nuestro diario vivir. Este sigue siendo la obra del maestro que está dotado por el Espíritu y dedicado a Cristo.

Jesús es también el gran Maestro. El Espíritu Santo es de manera tan prominente el Espíritu Maestro como es el Espíritu de poder y el Espíritu de profecía, y quién sabe si más (Juan 14:17, 26). Es cierto que el Espíritu Santo nos enseña a todos directamente (2 Corintios 3:3; Juan 6:45; 1 Juan 2:20, 27; Jeremías 31:34). No necesitamos autoridad humana para obtener seguridad de nuestra salvación, ni necesitamos que alguien nos enseñe a conocer al Señor en una manera mejor y más personal. El Espíritu y la Palabra bastan para eso. Pero los maestros dotados por el Espíritu y dados por Cristo a la Iglesia pueden descubrir verdades que han sido descuidadas, y ayudar a adiestrar y a inspirar a otros para que lleguen a ser maestros. Dios desea que todos lleguen a ser maestros en el sentido de estar capacitados para explicar la Palabra a otros. Pero los maestros que puedan alimentarnos con la leche y la carne de la Palabra son necesarios antes que esto pueda ser una realidad (Hebreos 5:12-14).

Apolos puede ser un ejemplo de un maestro que «regaba» lo que Pablo había plantado en Corinto, y que ayudaba a la gente a crecer espiritualmente por medio de su refrescante enseñanza (Hechos 18:27; 1 Corintios 3:6). Ciertamente, su enseñanza debe haber venido con los ríos de agua viva, el flujo poderoso del Espíritu Santo (Juan 7:38). Recuérdese también que Apolos tenía un espíritu dócil a la enseñanza (Hechos 18:26).

Desafortunadamente, existen quienes están siempre aprendiendo y que nunca pueden llegar al conocimiento de la verdad (2 Timoteo 3:7), guías ciegos de los ciegos (Mateo 15:14), falsos maestros que niegan al Señor que los compró (2 Pedro 2:1). Dios no perdonará a los tales. Los cristianos que aman y honran a Jesús pueden disfrutar de una unidad del Espíritu y de la fe, aun cuando no estén de acuerdo en algunos puntos o aun en algunos de los métodos de interpretación bíblica. Tenemos amor por los pecadores, aun por aquellos que niegan al Señor, puesto que nuestro deseo es atraerles hacia Él. Pero eso es diferente de la comunión en el Espíritu que gozamos con los creyentes, una comunión que crece en mejor forma si es que mantenemos un espíritu dócil a la enseñanza.

Dones para lograr la edificación de la iglesia local

Según se ha indicado, los dones que aparecen en la lista de 1 Corintios 12:8-10 parecen ser clases de dones que deben ser ejercidos uno a la vez en varias ocasiones por varios individuos, según sea la voluntad del Espíritu. Debiera advertirse todavía más que cada uno de estos dones está dirigido hacia las necesidades del Cuerpo, más bien que hacia las necesidades de aquel que es usado por el Espíritu para ministrar el don.

Una palabra de sabiduría

Este es una palabra (una proclamación, una declaración) de sabiduría dada para satisfacer la necesidad de alguna ocasión o problema particular. No depende de la habilidad humana o de la sabiduría humana sino que es una revelación del consejo divino. Mediante la percepción sobrenatural concedida por este don tanto en la necesidad como en la Palabra de Dios se logra la aplicación de esa Palabra a la necesidad o al problema que está entre manos.

Por el hecho de ser una «palabra» de sabiduría, es claro que se da únicamente lo necesario para la ocasión. Este don no nos eleva a un nuevo nivel de sabiduría, ni hace que sea imposible que cometamos errores. Sencillamente nos permite sacar algo del ilimitado almacén de Dios (Romanos 11:33). A veces puede traer una palabra de sabiduría para guiar a la iglesia, como en Hechos 6:2-4; 15:13-21. También es posible que satisfaga las promesas dadas por Jesús en cuanto a «palabra y sabiduría, la cual no podrán resistir ni contradecir todos los que se opongan» (Lucas 21:15). El hecho de que Jesús estuviese hablando de un don sobrenatural de una palabra de sabiduría queda en evidencia por su mandato de no meditar (preparar) de antemano lo que habrían de decir en las sinagogas o delante de las cortes (Lucas 21:13, 14). Esto se cumplió ciertamente en el caso de los apóstoles y de Esteban (Hechos 4:8-14, 19-21; 6:9, 10).

Una palabra de ciencia

La sabiduría parece tener que ver con el correcto uso del conocimiento. De este modo el don de una palabra (proclamación, declaración) de ciencia (conocimiento) se halla íntimamente relacionado al don de una palabra de sabiduría. Al escudriñar las Escrituras uno halla que se dice mucho respecto de la «iluminación del conocimiento de la gloria de Dios en la faz de Jesucristo» (2 Corintios 4:6), de la fragancia celestial del conocimiento que Dios da de nosotros en Cristo (2 Corintios 2:14).

La oración de Pablo en favor de los efesios es: «Que el Dios de nuestro Señor Jesucristo, el Padre de gloria, os dé espíritu de sabiduría y de revelación en el conocimiento de él» (Efesios 1:17-23). Por los colosenses él ora también que sean «llenos del conocimiento de su voluntad en toda sabiduría e inteligencia espiritual», de modo que ellos puedan andar «como es digno del Señor, agradándole en todo, llevando fruto en toda buena obra, y creciendo en el conocimiento de Dios» (Colosenses 1:9, 10). Santiago hace un llamado a demostrar conocimiento mediante buenas obras nacidas de una conducta buena (noble, digna de elogio) (Santiago 3:13).

Hay gran énfasis en el conocimiento de la verdad, esto es, la verdad revelada en el evangelio (1 Timoteo 2:4; Hebreos 10:26). El conocimiento incluye también las exigencias del evangelio y la aplicación de ellas (1 Pedro 3:7; 2 Pedro 1:5, 8). Pablo dice que los judíos tenían celo por Dios, pero no conforme a ciencia (Romanos 10:2). Aquellos que tienen el conocimiento de las exigencias de Dios no tropiezan por causa de los escrúpulos de los que son débiles en la fe, ni tampoco son ellos causa de que otros tropiecen (1 Corintios 8:1, 8, 10; compare Romanos 14:1-18). El conocimiento claramente tiene que ver con el conocimiento de Dios, Cristo, el evangelio, y las aplicaciones del evangelio a la vida cristiana. Pablo dice: «No hemos recibido el espíritu del mundo, sino el Espíritu que proviene de Dios, para que sepamos lo que Dios nos ha concedido, lo cual también hablamos, no con palabras enseñadas por sabiduría humana, sino con las que enseña el Espíritu» (1 Corintios 2:12, 13).

Todo esto está de acuerdo con la promesa de Cristo de que el Espíritu de verdad testificaría de Él, nos enseñaría todas las cosas, y nos guiaría a toda verdad (Juan 15:26; 14:26; 16:13). Puede haber tan solo una conclusión. Una palabra de ciencia viene como una declaración de verdad evangélica o como la aplicación de ella. Es un don que trae iluminación sobrenatural del evangelio, especialmente en el ministerio de la enseñanza y de la predicación. Dios dio conocimiento de hechos por medio de visiones y en varias otras maneras, pero en la Biblia no hay indicación en absoluto de que el don de la palabra de conocimiento signifique la revelación del lugar donde hallar artículos perdidos o la enfermedad o pecado que afectan a una persona. Más bien, da un entendimiento más profundo de la Escritura.

Puede verse un ejemplo en la casa de Cornelio. Los discípulos que estaban con Pedro en ese lugar se asombraron cuando oyeron a esos gentiles hablar en lenguas como el Espíritu les daba que hablasen. Pero Pedro interpretó eso como un sello de aprobación de Dios a la fe de los gentiles, y dio una palabra de conocimiento allí, y luego también en el Concilio de Jerusalén (Hechos 10:47, 48; 15:7-11).

Fe

La fe como un don es obviamente algo diferente de la fe que salva y de la fe o fidelidad que es el fruto del Espíritu. Algunos consideran que es la fe que mueve montañas o esa clase de fe exhibida por los héroes de Hebreos 11. Pero de la misma manera como se da solo una palabra de sabiduría al Cuerpo para que encare la necesidad de un poco de sabiduría, así también el don de fe puede ser la impartición de fe al Cuerpo. El Espíritu Santo puede usar un cántico, oración, testimonio, o predicación como un canal para comunicar fe o levantar el nivel de fe en el Cuerpo. Esta comunicación de fe hizo de Pablo un ministro capaz del Nuevo Testamento (nuevo pacto) (2 Corintios 3:4-6). Lo capacitó para ayudar a otros a recibir el Espíritu por medio del oír con fe (Gálatas 3:2, 5). Con seguridad estuvo presente también en la oración unida que tuvo como consecuencia un nuevo derramamiento del Espíritu en Jerusalén (Hechos 4:31). Posiblemente se ha expresado en poder para llevar a cabo otros tipos de ministerio también.

Dones de sanidades

Ambas palabras, *dones* y *sanidades*, se hallan en plural en el griego. Algunos consideran que esto significa que existe una variedad de formas de este don. Hay quienes interpretan que ciertos individuos están dotados para sanar una especie de aflicción o enfermedad, y otros otra. Felipe, por ejemplo, fue especialmente usado en la sanidad de los paralíticos y de los cojos (Hechos 8:7). Otros lo toman como que Dios da un don de una provisión de sanidades en una ocasión particular, y que otra provisión es concedida en otra ocasión, tal vez a alguna otra persona, muy probablemente en el ministerio del evangelista. La sanidad del cojo de La Hermosa se toma como un ejemplo (Hechos 3:6, 7).

Hay todavía otros que consideran que cada sanidad es un don especial, es decir, el don es para la persona enferma que tiene la necesidad. De este modo, vista de esta manera, el Espíritu no constituye a los hombres en sanadores. En cambio, provee un nuevo ministerio de sanidad para cada necesidad así como ésta surja en la Iglesia. Por ejemplo, la virtud (poder) que fluyó hacia el cuerpo de la mujer enferma con el flujo de sangre le llevó a ella un precioso don de sanidad (Mateo 9:20-22). Hechos 3:6 es literalmente, «Lo que tengo, esto te doy». «Esto» es singular e indica un don específico dado a Pedro para que lo entregara al cojo. No parece ser que significara que él tenia una reserva de dones de sanidad en sí mismo, sino que él tenía que mirar al Señor y recibir del Espíritu un nuevo don para cada persona enferma a quien ministrara.

No hay evidencia de que los apóstoles pudiesen sanar a quienquiera y cuando ellos quisieran mediante algún poder de sanidad residente en ellos. Y tampoco consideraban ellos que su ministerio principal era la sanidad. Leemos de milagros especiales (extraordinarios) hechos por la mano de Pablo en Éfeso (Hechos 19:11). Esto implica que en conexión con el establecimiento de las siete iglesias en Asia por medio del ministerio de Pablo en Éfeso, se operaron milagros desusados que no tomaron lugar en todas partes. Así, Pablo no tenía ningún don automático en sí mismo que lo constituyera en un sanador. En realidad, en Éfeso Dios usó pañuelos (usados para enjugar la transpiración) y delantales de trabajo de los que Pablo usaba mientras trabajaba haciendo carpas. Se operaban milagros cuando estas cosas se constituían en medios para que las personas enfermas expresaran su fe. No es fácil para una persona que está enferma el expresar fe, y Jesús a menudo hacía o pedía que ellos hicieran cosas que estimularan una expresión activa de fe. En cierta ocasión aun la sombra de Pedro llegó a ser un medio tal (Hechos 5:15, 16). Pero los medios usados eran siempre variados y jamás se permitía que se convirtieran en una forma o ceremonia. La fe de ellos había de estar en el Señor, no en los medios utilizados para ayudarles.

Sin embargo, estas cosas nada tienen que hacer directamente con los dones de sanidades. El énfasis en 1 Corintios 12:9 se halla en la expresión de este don por medio de los varios miembros individuales del Cuerpo. No es necesario que busquemos a un evangelista (la labor de éste es principalmente con pecadores). Tal vez no siempre sea posible llamar a los ancianos de la iglesia (Santiago 5:14, 15). Pero los dones de sanidades están a disposición de cada miembro del Cuerpo para que ministre a los enfermos.

Las operaciones de milagros

Ambos nombres se hallan en plural aquí, y de nuevo la sugerencia es que hay a disposición muchas variedades de milagros o hechos de poder. «Milagros» es el plural de la palabra poder en Hechos 1:8, pero en el plural significa hechos de poder grandioso, sobrenatural, que van más allá de lo que un hombre puede hacer. Son intervenciones divinas directas en el mundo del hombre y de la naturaleza que se distinguen de las sanidades.

Anthony D. Palma señala que «operaciones» se usa casi solo respecto de la actividad de Dios (Mateo 14:2; Marcos 6:14; Gálatas 3:5; Filipenses 3:21) o de Satanás (2 Tesalonicenses 2:7, 9; Efesios 2:2). Él sugiere, por tanto, que este don opera especialmente en conexión con el conflicto entre Dios y Satanás. Estos hechos de poder que le infligen derrota a Satanás podrían incluir el juicio de ceguera sobre Elimas (Hechos 13:9-11) y la expulsión de demonios.

Algunos consideran que este don tiene que ver con la resurrección de muertos o con milagros en la naturaleza, tales como el aquietar la tormenta y caminar sobre el agua. Pero Donald Gee nos advierte que hay una total ausencia de milagros de naturaleza tanto en Hechos como en las Epístolas. Pablo sufrió cuatro naufragios, de lo que sabemos. La descripción del sucedido en Malta muestra que la providencia de Dios les permitió escapar a tierra, pero a nado, y no mediante un milagro (2 Corintios 11:25-27; Hechos 27:43 a 28:5). Se registran solo dos ocasiones de resurrección de muertos (Hechos 9:40; 20:10). En cuanto al resto, fueron referidos al consuelo de la bendita esperanza de la resurrección y del retorno de nuestro Señor (1 Tesalonicenses 4:13-18).

Tanto los dones de sanidades como los dones de las operaciones de milagros nos demuestran a nosotros y le demuestran al mundo que Jesús ciertamente es vencedor. En la cruz fue pagado el precio completo y fue sellada la condenación de Satanás. Pero el resultado pleno de esto no se verá sino hasta que seamos cambiados y se nos den cuerpos inmortales e incorruptibles, y hasta que Satanás sea finalmente echado al lago de fuego, y el ultimo enemigo, la muerte, sea destruido (1 Corintios 15:51-54; 15:26; Apocalipsis 20:10-14). Mientras tanto, hay dones espirituales de gracia a nuestra disposición para darnos un gusto anticipado de esto en sanidades y milagros, no conforme a las exigencias nuestras, sino según sea la voluntad del Espíritu (1 Corintios 12:11).

Profecía

Se discutió la naturaleza de este don en conexión con 1 Corintios 14 y con el profeta. Lo que necesita decirse todavía es que el don estaba a disposición de cualquier miembro de la congregación, y no tan solo de aquellos que tenían un ministerio regular de profetas. Efectivamente, por el hecho de que la edificación de la Iglesia es por medio de este don, se insta a todos para que lo busquen. La profecía se halla relacionada también con la iluminación de los misterios del evangelio. Además, debe haber variedad en la expresión del don. Pero en la mayoría de los casos parece estar dirigida al cuerpo de creyentes que se halla reunido. El sermón de Pedro, según ya se ha indicado, fue el cumplimiento de la promesa de Joel concerniente a la profecía. Pero Pedro tomó las lenguas como parte de ese cumplimiento también, y como lo indica 1 Corintios 14, las lenguas necesitan interpretación para servir al propósito de la edificación. Sin embargo, en vista de la naturaleza del sermón de Pedro, es posible que durante el curso de la predicación en otras ocasiones en Hechos pudiera estar en operación el don de profecía. El predicador necesita preparar su predicación, pero aun así puede haber ocasiones en que el Espíritu le dará algo que esté más allá de lo que tiene en sus notas. Si la experiencia de los profetas del Antiguo Testamento puede servir de guía, vemos que Dios a menudo trató con ellos mientras ellos se hallaban a solas con Él, y luego les envió a profetizar, a hablar para Él. También por medio de la profecía el Espíritu toca los puntos sensibles, revela lo que está oculto, y lleva a la convicción y a la adoración, como así también alienta y estimula a la acción.

Los discernimientos de espíritus

Los plurales indican una variedad de modos en los cuales puede manifestarse este don. Involucra una «distinción entre» espíritus. Por el hecho de que es mencionado directamente después del don de profecía, se ha sugerido que participa del juzgar mencionado en 1 Corintios 14:29. Efectivamente, la palabra discernimiento involucra la formación de un juicio y tiene relación con la palabra que se usa para juzgar la profecía. Comprende percepción concedida sobrenaturalmente, distinción entre espíritus, buenos y malos, verdaderos o falsos, con el fin de hacer una decisión.

Juan dice que no hemos de creer a todo espíritu, sino que debemos probarlos (1 Juan 4:1). A veces se necesita un don del Espíritu para hacer esto. En realidad, la Biblia habla de tres espíritus: el Espíritu de Dios, el espíritu del hombre, y el espíritu del diablo (además de los espíritus malignos o demonios asociados con él). Parecería como si en la operación de este don en la asamblea local o reunión de creyentes el espíritu del hombre fuera el principal ofensor. Aun con la mejor de las intenciones, es posible que algunas personas confundan sus propios y profundos sentimientos con la voz del Espíritu. O, a causa de celo excesivo o de ignorancia espiritual al no saber cómo rendirse al Espíritu Santo, el espíritu de uno podría inmiscuirse.

Del mismo modo como los otros dones, éste no eleva al individuo a un nuevo nivel de habilidad. Ni tampoco le da a nadie el poder para que ande por ahí mirando a la gente y diciendo de qué espíritu son. Es un don específico para una ocasión específica. Pueden hallarse algunos ejemplos en Hechos 5:3; 8:20-23; 13:10; 16:16-18.

Lenguas, géneros o familias de lenguas

También se ha descrito la naturaleza de este don en relación con 1 Corintios 14. Es parte de la riqueza de dones que operan por medio de la multitud de creyentes a través de aquel único Espíritu Santo. El Nuevo Testamento indica que era común y se consideraba deseable. Los paralelos entre Hechos y 1 Corintios 14 indican que este don que se presenta aquí es en su forma igual que la evidencia en Hechos; sin embargo, el propósito en 1 Corintios 14 es como un don manifestado en la iglesia y que necesita interpretación para lograr la edificación.

A menudo la gente que no tiene la experiencia lo denomina «jerigonza extática», pero éste no es el punto de vista de Pablo respecto del don. Por medio de él hablamos a Dios. Logra establecer comunicación. Por medio de él hablamos misterios, lo que para Pablo siempre tiene el significado de verdad espiritual (1 Corintios 14:2). La palabra griega significa claramente idiomas, no meras sílabas sin sentido.

Si parecen como sílabas sin sentido, así le pareció a los hebreos el lenguaje de los asirios (Isaías 28:11, 13). Para los que no saben hebreo, este idioma también les parecería como sílabas sin sentido. «Nuestro Padre» en hebreo se pronuncia «ah-vinu». «No temeré mal alguno» es «lo i-rah». Puesto que las lenguas son a menudo asunto de adoración y alabanza, debiera esperarse que se presentaran exclamaciones y repeticiones, como sucede en muchos de los salmos. El Salmo 150:2, «Alabadle por sus proezas», se pronuncia, «ja-le-lu-ju bih-g vuroj-to». Luego se repite «ja-le-lu-ju» una y otra vez en los versículos siguientes.

No importa cómo suene, ni si las lenguas son de los hombres o de los ángeles, lenguas significa idiomas, tanto en Hechos como en Corintios. Cuando oramos en lenguas nuestro espíritu ora, puesto que nuestro espíritu es el medio por el cual opera el don, y de este modo incluye rendir nuestro espíritu y voluntad a Dios, como también nuestra lengua y órganos vocales para la operación del don (1 Corintios 14:14). El resultado es lengua, según el Espíritu conceda expresión.

Interpretación de Lenguas

La interpretación se toma por lo general como la entrega del significado o contenido esencial de la expresión en lenguas. El significado básico de la palabra es traducción. El verbo correspondiente se usa con el significado de traducción en Juan 1:42; 9:7; y Hebreos 7:2. Pero puede significar traducción o interpretación. No obstante, aun cuando signifique traducción, esto no quiere decir necesariamente que signifique palabra por palabra. La tarea del traductor es poner las palabras con sentido correcto y con buena gramática. De este modo el Salmo 23:1 que tiene solo cuatro palabras en hebreo necesita de siete palabras en la Versión Revisada de Reina Valera.

Por cierto que el don no implica que haya algún tipo de conocimiento de idioma por parte del intérprete. Se recibe directamente del Espíritu Santo, y viene en la medida en que uno presta atención al Señor más bien que a las lenguas dadas. Además, el don puede venir de varias maneras, «bien sea por visión, por carga, o por sugerencia, según el Señor quiera hacerlo». También puede requerirse un paso de fe por el hecho de que el Espíritu muy a menudo da solo algunas palabras de la interpretación al principio. Luego, cuando éstas son dadas en fe, viene el resto según el Espíritu conceda expresión.

Administración (Gobernaciones)

El plural parece indicar una variedad de expresión del don para suplir las necesidades de un puesto de dirigente o de administración (1 Corintios 12:28). Otros usos aparte del Nuevo Testamento implican dar consejo sabio. Un nombre estrechamente relacionado significa timonel o piloto de un barco (Hechos 27:11). Parecería como que implica el manejo de los negocios de una congregación como también dar dirección espiritual.

Probablemente éste era el don del Espíritu concedido especialmente al jefe administrativo, llamado el anciano o presbítero por comparación con los gobernantes de las sinagogas, y denominado obispo o sobreveedor (superintendente) en la lengua griega. Este era un oficial elegido. Pero había de ser elegido, no mediante política o juego de poderes, sino mediante la sabiduría concedida por el Espíritu al cuerpo. Luego él estaría equipado con los dones del Espíritu y dependiendo de ellos, y no en su propia habilidad de dirigente.

El plural puede indicar también que el don estaba disponible de igual manera para otros oficios de dirigente o administración.

Ayudas, acciones de ayuda

El plural indica una variedad de acciones de ayuda que pueden estar inspiradas por este don. El verbo correspondiente significa tomar la parte de alguien, o acudir en ayuda de alguien. Se usa respecto de ayudar a los débiles (Hechos 20:35), y de dedicarnos a la bondad (1 Timoteo 6:2).

La palabra se usaba a veces en los tiempos antiguos como un término técnico de la banca para designar a un jefe de contabilidad. Esto correspondería con la clase de trabajo para la cual fueron elegidos los siete en Hechos 6:2, 3. Allí, la palabra mesas significa mesas de dinero, y se refiere a un fondo en efectivo, fondo al cual contribuyó Pablo con ofrendas que trajo, por lo menos en dos ocasiones. Pablo se preocupaba mucho siempre de que las finanzas fuesen manejadas cuidadosamente y de acuerdo con las instrucciones de las iglesias. Lo relacionado con asuntos de dinero en la obra de las iglesias no tiene por qué estar carente de espiritualidad. Esto indicaría también que los diáconos que eran «llenos del Espíritu Santo y de sabiduría» (Hechos 6:3) continuaron con esta responsabilidad, y el Espíritu continuó supliéndoles con los dones que necesitaban en su trabajo. Los diáconos también ministraron la ayuda de la iglesia a los pobres, a los débiles y a los enfermos. De este modo, el significado ordinario de acciones de ayudas armoniza también con el oficio de ellos, según lo vemos en la Iglesia primitiva.

Ministerio, servicio, diaconado

Romanos 12:7 usa la palabra ministerio o servicio, probablemente en relación con el ministerio de un diácono. La misma palabra griega se usa tanto para el ministerio de la Palabra como para el ministerio de los siete en Hechos 6:2, 4. Se usaba con frecuencia para la preparación de una comida, y también para varios tipos de servicio espiritual, tal como el ministerio de reconciliación (2 Corintios 5:18). Otro uso común era en relación con la ayuda o socorro a los pobres. Esto también calza con la obra de un diácono. De este modo, el significado del don de ministerio aquí es muy probablemente ese don del Espíritu que permite que el diácono desempeñe su oficio con poder y sabiduría. Ciertamente, no está limitado a los diáconos.

Exhortación

Aunque 1 Corintios 14:3 incluye esto junto con la profecía, Romanos 12:8 lo pone en lista coma un don distinto. Incluye las ideas de apremiar, desafiar, o hacer una apelación. Es posible también que el verbo tenga la idea de conciliar, estimular la amistad, conseguir la unidad del Espíritu.

La exhortación específica a soportar hasta el fin y mantener la esperanza de la venida de Cristo ante nosotros es otro aspecto importante de este don. Nuestra esperanza es un elemento vital en nuestra vida cristiana, y aun cuando el estudio de la Escritura es importante para mantenerla (Romanos 15:4), el don del Espíritu puede estimularnos a la luz de esta esperanza y hacer que ella viva.

Dar, compartir

Esto implica dar una parte de lo que usted tiene, compartirlo con otros, se trata especialmente de dar a los necesitados (Efesios 4:28). Tal como Efesios lo indica, esto no es principalmente un don del Espíritu para ayudar a que los ricos compartan su riqueza. Es a los pobres a los que se pide que trabajen con sus manos con el fin de poder compartir con los necesitados. Era el don o ministerio del Espíritu en el cual todos participaban inmediatamente después de Pentecostés (Hechos 2:44, 45; 4:34, 37). Había de hacerse con sencillez, sinceridad, y generosidad. Bernabé es uno de los mejores ejemplos, en cambio Ananías y Safira son una demostración de cómo no debe hacerse.

Presidir, dirigir, cuidar, dar ayuda

Aun cuando presidir se usa respecto de tener la superintendencia de algo, se usa también acerca de manifestar preocupación, cuidar de la gente, y dar ayuda. Repetimos otra vez que el dirigente no debe ser quien domine a los demás ni haga el papel de tirano, sino alguien que preste servicio. El pensamiento aquí no es de presidir en el sentido de dirigir la obra del Espíritu o destruir la espontaneidad en la adoración. Este es más bien el don que ayuda a nuestros dirigentes para que se preocupen de nuestras almas y que hace que toda la iglesia sienta interés por ayudarse unos a otros bajo la dirección que Dios nos ha dado.

Hacer misericordia

Este don final en la lista de Pablo (Romanos 12:8) tiene que ver con un ministerio de obrar actos de misericordia, de ayudar a otros con benevolencia y compasión. Involucra el cuidado personal de los necesitados, los enfermos, los que tienen hambre, los desnudos (que tienen ropas insuficientes), y los presos. Es uno de los dones más importantes, según Jesús mismo lo indicara (Mateo 25:31-46).

Puede incluir un ministerio tal como el de Dorcas (Hechos 9:36-39). Pero al examinar las Escrituras vemos que el ciego clamó para que Jesús, mediante un acto de misericordia, le hiciera ver (Marcos 10:47, 51). El hombre rico en el Hades pidió que Lázaro fuese enviado y en un acto de misericordia tomara una gota de agua y refrescara su lengua (Lucas 16:24). El samaritano mostró actos de misericordia hacia el hombre que cayó entre ladrones (Lucas 10:37). Pero a menudo se usa la misma palabra respecto de la misericordia de Dios al dar salvación, bendición, y ministerio (Romanos 11:30; 1 Pedro 2:10; 2 Corintios 4:1). Porque Dios es rico en misericordia (Efesios 2:4). De este modo, este don puede ministrar la misericordia de Dios y ayudar a los que se encuentran en necesidad, ya sea su necesidad física, económica, mental, o espiritual.

Este don ha de ser ministrado con jovialidad, alegría, y benevolencia. El llevar a cabo estas acciones de misericordia como por cumplir con un deber, o con la esperanza de recibir recompensa, o como una expresión de bondad humana, jamás será suficiente. Efectivamente, la eficacia de un acto de misericordia depende muy a menudo de la forma en que se haga más bien que de lo que se haga o de la cuantía de ello. Se precisa del don del Espíritu para tener un ministerio que cumpla con estos requisitos. Sin embargo, este don, junto con el don de dar, está abierto a todos nosotros y, en efecto, es muy necesario a todos nosotros. Tal vez sería bueno si cada cristiano leyera Mateo 25:31-46. No importa cómo se interprete el pasaje, los principios están allí. Aun cuando nuestra salvación no depende de las obras, si es que es genuina irá acompañada de obras. El Espíritu, que se complace en glorificar a Cristo nos ayudará a hacer todas estas cosas como para Él.

Todos los dones son necesarios

Durante la mayor parte de la historia de la Iglesia ha habido mucha dependencia de los recursos humanos. Cuando los fondos, el equipo, los hombres, los materiales, y la habilidad técnica se hallan disponibles, los proyectos se impulsan con expectativas de pleno éxito. Sin embargo, a menudo fracasan a pesar de todo esto. Por otra parte, algunos han comenzado con casi nada pero con una tremenda confianza en Dios y dependiendo de los dones y la ayuda del Espíritu Santo, y lo imposible se ha convertido en posible.

Es una gran cosa aprender a usar los recursos humanos que tenemos a nuestra disposición, al mismo tiempo que se depende del Espíritu. Los dones del Espíritu son todavía los principales medios divinos para la edificación de la Iglesia, espiritualmente y en número. Ninguna otra cosa puede hacerlo.

Imagínense un Rolls Royce, un Cadillac, o algún otro lindo automóvil equipado con todos los aditamentos externos, el tapiz, los cojines, la pintura, y con tal vez unas pocas joyas u oro añadidos para decoración, Pero luego supóngase que en lugar de motor tuviese un juego de pedales para que los ocupantes lo impulsaran con su propia fuerza. ¿Ridículo? ¡Pero así es ante los ojos de Dios aquella iglesia que tiene un tremendo potencial humano, maravillosos edificios y equipo, una linda organización y planes, pero a la que le faltan los dones del Espíritu!

Del mismo modo como el don del Espíritu, el bautismo en el Espíritu, es para nosotros, así también todos los dones son para nosotros. ¿Por qué no reclamarlos, ejercitarlos, y depender de ellos? Ellos son los medios que Dios ha provisto para que podamos avanzar sobre el fundamento que está colocado en Cristo Jesús-Señor nuestro. El Espíritu Santo, que gusta de honrar y revelar a Jesús, ministrará su poder a cada uno de nosotros, y por medio de nosotros. Él no nos defraudará, porque todos los dones glorificarán a Jesús y nos prepararán para su regreso. Entonces ya no los necesitaremos. Pero hasta entonces ellos permanecen.

Notas

Notas

Notas

Notas

Notas

Printed in the USA
CPSIA information can be obtained
at www.ICGtesting.com
JSHW030746140724
66378JS00008B/67